suhrkamp taschenbuch
wissenschaft 1683

Zwischen Ökonomie und Medienwissenschaften gibt es fraglos zahlreiche Überschneidungen. Aber lassen sich ökonomische Modelle konkret für die Medienwissenschaften erschließen? Hartmut Winkler zeigt in seinem Buch, dass sich die Zirkulation der Waren als Modell für den Weg der Zeichen durch das Netz der Gesellschaft eignet. Ökonomischer Tausch und Austausch/Kommunikation sind auf vielfältige Weise untereinander verbunden. Dabei geht es nicht primär um die geldökonomische Seite der Medien; Winkler nimmt vielmehr an, dass es eine Art von »innerer Ökonomie« der Medien gibt, die bis in semiotische Mechanismen hineinreicht. Darüber hinaus soll aber auch eine Grenze gezogen werden: Wenn die Ökonomie immer weitere Teile des Gesellschaftlichen bestimmt, scheint es dringlich, auch das *Spezifische* der Medien neu zu beschreiben.

Hartmut Winkler, geboren 1953, ist Professor für Medienwissenschaft, Medientheorie und Medienkultur an der Universität Paderborn. Er hat u. a. veröffentlicht: *Docuverse – Zur Medientheorie der Computer* (1997).

Hartmut Winkler
Diskursökonomie

*Versuch über
die innere Ökonomie
der Medien*

Suhrkamp

Bibliografische Information Der Deutschen Bibliothek
Die Deutsche Bibliothek verzeichnet diese Publikation
in der Deutschen Nationalbibliografie
http://dnb.ddb.de

suhrkamp taschenbuch wissenschaft 1683
Erste Auflage 2004
© Suhrkamp Verlag Frankfurt am Main 2004
Umschlag nach Entwürfen von
Willy Fleckhaus und Rolf Staudt
Satz: TypoForum GmbH, Seelbach
Druck: Nomos Verlagsgesellschaft, Baden-Baden
Printed in Germany
ISBN 3-518-29283-8

1 2 3 4 5 6 – 09 08 07 06 05 04

Inhalt

Einleitung

Der Ausgangspunkt des vorliegenden Buches ist relativ einfach: Es geht darum, ökonomische Modelle für die Medienwissenschaft fruchtbar zu machen, um die Mediensphäre auf neue Weise von der *Zirkulation* her zu begreifen. Muster ist hier die Warenzirkulation. Und die Vorstellung ist, dass zwischen der Zirkulation der Zeichen, d. h. dem symbolischen Verkehr, Medien, Kommunikation und ›Austausch‹, und der Zirkulation der Waren, d. h. Ökonomie und ›Tausch‹, eine strukturelle Ähnlichkeit gezeigt werden kann.

Innerhalb der Medienwissenschaften sind die Fragen der Distribution deutlich unterbelichtet. Medien werden als Technologien begriffen, die die Macht haben, den Akten und den Inhalten der Kommunikation eine Form aufzuerlegen. Man hat sie als technisch-symbolische Dispositive analysiert, um dieser Prägekraft nachzuforschen, und für verschiedene Stationen der Mediengeschichte hat man inzwischen ein Bild, auf welche Weise Medientechnik und Gesellschaft sich jeweils neu konstellieren. Sehr viel schwieriger aber scheint es, den tatsächlichen Verkehr einzubeziehen, der auf den medialen Netzen läuft. Und mehr noch: Dieser Verkehr ist *als Verkehr*, als eine Kraft, die die technischen Netze trägt, als ein Netz und als Struktur, noch kaum in den Blick gekommen. Meine Hypothese ist, dass die Akte der Kommunikation selbst strukturbildende Kraft haben, wieder parallel zum Warenverkehr und zur Ökonomie, wo der einzelne Tauschakt das Atom bildet, aus dem alles, was an Strukturen vorzufinden ist, sich aufbaut.

Am ehesten wohl widmen sich Mediensoziologie und Medienökonomie der Sphäre der Zirkulation. Hier ist es der Institutionenaspekt der Medien, dem die hauptsächliche Aufmerksamkeit gilt, und ihre Einbindung in unmittelbar ökonomische Prozesse, die Geld- und Verwertungsseite der Medien. Nicht um diese aber soll es zentral gehen. Annahme ist vielmehr, dass es eine Art ›innere Ökonomie‹ der Medien und des Symbolischen gibt, die mit der Geldseite verbunden sein mag, mit ihr aber keineswegs zusammenfällt. Es soll gezeigt werden, dass innerhalb von Diskursen vielfältige Mechanismen wirksam sind, die man als ökonomisch beschreiben kann: So verbindet, um ein Beispiel zu nennen, eine Druckmaschine ein quantitatives und ein qualitatives Moment; indem von einem Text eine größere Auflage gedruckt wird, wird die Aufmerksamkeit sehr vieler Leser auf diesen einzelnen Text konzentriert.

Andere Beispiele sind komplizierter und führen in das skizzierte Feld tiefer hinein. Der Begriff der ›Verdichtung‹ etwa, den Freud als einen ökonomischen definiert, kann dazu helfen, auch symbolische Prozesse wie die Schemabildung auf neue Weise zu fassen. Auf diese Weise reicht die Frage nach der Zirkulation bis in Mechanismen, die man traditionell der Semiotik zugerechnet hätte.

Und dies gilt allgemeiner. Die Beschäftigung mit der Ökonomie scheint geeignet, sehr etablierte Gliederungen innerhalb der Medienwissenschaft noch einmal zu irritieren: Kommunikationsakte können nicht länger als die Nutzung einer vorgängigen Infrastruktur beschrieben werden, Quantitäten/Auflagenhöhen werden strukturrelevant, Zustellung und Erreichbarkeit (Überwindung des Raums, Post, Telekommunikation) werden ökonomisch interpretierbar.

Eine Argumentation, die die Zirkulation in den Mittelpunkt stellt, scheint mir hier ihren hauptsächlichen Effekt zu haben. Und was traditionell als ›Medienökonomie‹ firmiert, denke ich, wäre an eine kulturwissenschaftlich ausgerichtete Medienwissenschaft nur dann anzuschließen, wenn diese bereit ist, in ihre eigenen Überlegungen diskursökonomische Kriterien stärker einzubeziehen.

Die Idee, bei einer Analyse der Medien von der Ökonomie auszugehen, ist selbstverständlich nicht neu. Sie ist vorvollzogen etwa bei Harold Innis, der beruflich von der Ökonomie herkam und sich, ausgehend von der Untersuchung des Pelz- und Holzhandels, wie McLuhan schrieb, den ›trade-routes of the mind‹ zuwandte.[1] Und geht man weiter zurück, trifft man etwa auf Josias Ludewig Gosch, der schon 1789 mit seinen wunderbaren ›Fragmenten über den Ideenumlauf‹ Nationalökonomie und Zeichenprozesse, den Umlauf der Waren und eben der Ideen, zusammengeführt hat.[2] Gosch wurde von Georg Stanitzek für die dt. Medienwissenschaft wieder entdeckt. Dass zwischen Nationalökonomie und Medientheorie wissenschaftshistorisch wie systematisch eine Beziehung besteht, hat

---

1 Zit. nach: Barck, Karlheinz: »Harold Adams Innis – Archäologe der Medienwissenschaft«. In: ders. (Hg.): *Harold A. Innis. Kreuzwege der Kommunikation. Ausgewählte Texte.* Wien, New York 1997, S. 4.

2 Gosch, Josias Ludewig: *Fragmente über den Ideenumlauf.* Kopenhagen 1789; es ist geplant, diesen Band im Faksimile neu herauszugeben.

Dierk Spreen in seinem Buch ›Tausch, Technik, Krieg‹ herausgearbeitet.[3] Josef Vogl untersuchte die Herausbildung des ›ökonomischen Menschen‹,[4] Lorenz Engell und Friedrich Balke haben ökonomisch argumentiert, Jochen Hörisch hat in verschiedenen Publikationen das Geld mit den Medien verglichen, McLuhan selbst hat das Geld den Medien schlicht subsumiert.

Und selbstverständlich ließe sich die Liste beliebig verlängern. Derrida bezeichnet die ›Différance‹ in der Grammatologie als einen ökonomischen Begriff,[5] es gibt Titel zur Beziehung von Münzwesen und Semiotik, es gibt Batailles Ökonomie der Verausgabung auf der Schnittstelle zwischen Zeichen und Ökonomie, es gibt ›Economies of Signs and Space‹,[6] und Ökonomien der Aufmerksamkeit, der Gabe, des Common Sense,[7] der Kultur[8] und der Literatur,[9] und weitere, die ich auslasse, weil sie im Folgenden detaillierter vorgestellt werden. Und schließlich eine sehr allgemeine Formulierung bei Dewey:

»The comparison of thinking with commerce is no forced analogy. There is but one commerce: The meeting of Mind and Reality. Sometimes the meeting is of one kind and we call it Thought; sometimes it is of another and we call it Language; sometimes another and we call it Art; sometimes another and we call it Justice, Rightness; sometimes another and we call it Trade. Only because we are such materialists, fixing our attention upon the rigid thing instead of upon the moving act, do we identify the last exchange espe-

3 Spreen, Dierk: *Tausch, Technik, Krieg. Die Geburt der Gesellschaft im technisch-medialen Apriori.* Berlin 1998. Relevant für die hier verfolgte Frage ist vor allem der erste Teil (S. 21-62, 84-96), in dem Spreen zeigt, dass innerhalb der Medienwissenschaft das Erbe der Nationalökonomie zunächst verdrängt wird, Basis dafür, das eigene Fach dann an die geräumte Stelle zu setzen.

4 Vogl, Josef: *Kalkül und Leidenschaft. Poetik des ökonomischen Menschen.* München 2002.

5 Derrida, Jacques: *Grammatologie.* Frankfurt am Main 1983 (OA., frz.: 1967), S. 44.

6 Lash, Scott; Urry, John: *Economies of Signs and Space.* London, Thousand Oaks, New Delhi 1994.

7 Watkins, Evan: *Everyday Exchanges. Marketwork and Capitalist Common Sense.* Stanford (Cal.) 1998.

8 Groys, Boris: *Über das Neue. Versuch einer Kulturökonomie.* Frankfurt am Main 1999 (OA.: 1992).

9 Shell, Marc: *The Economy of Literature.* Baltimore, London 1993 (OA.: 1978); Shell liefert u. a. eine kurze Vorgeschichte der Idee, Ökonomie und Sprache zusammen zu denken (ebd., S. 4-6).

cially as commerce. There is only one economy in the universe; and of this, logic, political economy, and the movements of molecules are equally phases. All contact involves two parties; all contact means exchange, and all exchange is governed by the law of reciprocity, is commercial, whether it be exchange of thought with fact [?], or of cotton with shoes. [...] The due proportion of outgo and income is the problem of intelligence as of business life.«[10]

Der vorgeschlagenen Perspektive allerdings ist auch grundsätzlich widersprochen worden. So wendet sich Baudrillard, dessen Frühwerk durchaus selbst politökonomisch argumentiert, von diesem Maßstab entschieden ab:

»Die wirklich radikale Alternative [...] liegt anderswo«; [...] »vielleicht ist die marxistische Theorie der Produktion [und Distribution/Zirkulation?] hoffnungslos partiell und kann überhaupt nicht verallgemeinert werden.«[11]

Kulturelle Produktionen und Zeichenprozesse scheinen eigenen Regeln zu unterliegen, einer eigenen Ökonomie, die von derjenigen der Waren her nicht erschlossen werden kann. Die Sphäre der Zeichen, so seine bekannte These, gewinnt die Überhand, und die 3-d-solide Ökonomie der Waren löst sich in Zeichenprozesse weitgehend auf. Wenn ich es, diese Warnung im Ohr, mit ökonomischen Kriterien dennoch versuchen will, dann nicht ignorant, sondern weil man mit der Wende, die Baudrillard vollzogen hat, nicht in jedem Fall glücklich sein muss.

Dies führt unmittelbar zum zweiten Projekt des vorliegenden Buches. Gerade wenn man nämlich die Ökonomie zum Vergleichspunkt wählt und mit Strukturanalogien zwischen Waren- und Zeichenverkehr arbeitet, entsteht gleichzeitig die Notwendigkeit, auch die Grenzlinie zwischen beiden Sphären neu zu bedenken. Zwischen

10 Dewey, John: »The Scholastic and the Speculator«. In: ders.: *The Early Works, 1882-1898*, Bd. 3. London, Amsterdam 1969 (OA.: 1891), S. 148-154, hier: S. 151 f. (Erg. H. W.); Dank für den Fund an Bärbel Tischleder.

11 Baudrillard, Jean: »Requiem für die Medien«. In: ders.: *Kool Killer oder Der Aufstand der Zeichen*. Berlin 1978, S. 85 (Erg. H. W.) (Auszug aus: ders.: *Pour une critique de l'économie politique du signe*. Paris 1972). Sein Projekt einer ›Kritik der politischen Ökonomie des Zeichens‹ ist deshalb doppeldeutig: zitiert die Formulierung einerseits den Untertitel des ›Kapitals‹, geht es Baudrillard gleichzeitig darum, die Unhaltbarkeit einer Orientierung an der politischen Ökonomie, zumindest soweit sie auf die Produktion zentriert ist, zu zeigen.

symbolischen und außersymbolischen Prozessen bestehen signifikante Unterschiede. Und wenn die Ökonomie, dies wäre meine Ausgangsintuition, ihr Zentrum im Tatsächlichen hat, so tritt umso schärfer hervor, dass die Medien es immer mit kleinen, schwachen Symbolen zu tun haben.

Die Debatte der letzten Jahre hat diese Grenze fast vollständig unkenntlich gemacht. Ob die Pädagogik das Massaker in Erfurt auf die Gewalt in den Medien zurückführt oder der Ministerpräsident von NRW Kohlegruben durch Medienstandorte substituiert, die Macht der Medien schien nahezu grenzenlos; nicht vierte sondern eigentlich erste Gewalt; verbunden mit dem Selbstbewusstsein, in einer ›Mediengesellschaft‹, ›Informationsgesellschaft‹ oder eben Alvin Tofflers ›dritter Welle‹ zu leben. Gleichzeitig ist diese Sichtweise kokett: Jeder, der mit Technikern oder Wirtschaftsleuten zu tun hat, wird verblüfft feststellen, mit welch unverbrüchlichem Selbstvertrauen diese ihren Gegenstandsbereich – Wirtschaft und Technik – konstituieren: ›Ohne uns gar nichts. Kein Fortschritt und keine Moderne, kein Frühstück, kein Warmwasser, keine dreidimensional solide Realität.‹

Selbst wenn sie sich dazu aufschwingen wollten, Medien und Medienwissenschaft könnten eine vergleichbare Sicherheit nicht einmal simulieren. Was aber heißt dann Informations- oder Mediengesellschaft? Was ist mit der These, die Zeichen hätten das Reale erobert und überformt, ›die Simulation‹, ›das Visuelle‹ oder ›der Computer‹ seien an die Stelle eines ohnehin sich entziehenden Realen getreten, gewiss sei alleine, was in den Medien erscheine, und da die Wahrnehmung konstruiert sei, komme es allein darauf an, diese Konstruktionen zu rekonstruieren?

Die Medienwissenschaft als Fach muss sich vorwerfen lassen, dass sie verwandte Thesen in elaborierterer Form selbst vertreten und stark gemacht hat. Das Fach, so könnte man sagen, hat versucht, die Welle zu surfen. Parallel hat es selbstverständlich immer auch warnende Stimmen gegeben. Und spätestens seit der Dot-com-Krise ist dieses Selbstbewusstsein zusammengebrochen. Mit dem Absturz der Aktien am neuen Markt – T-online: minus 90 %, EM-TV: minus 95 % – und dem Ende des Kirch-Imperiums hat sich herumgesprochen, dass auch im Feld der Medien nicht (mehr?) alles möglich ist. Das gesellschaftliche Teilsystem ›Ökonomie‹ hat das gesellschaftliche Teilsystem ›Medien‹ auf den Teppich zurückgeholt. Überwiegend privatwirtschaftlich organisiert, ist der Mediensektor an den Code ›Geld‹ ohnehin fest gebunden; und es hat sich gezeigt, dass Wünsche, Hoffnungen und Börsenphantasien möglicherweise die Welt, nicht aber den Mediensektor regieren.

Die Medientheorie ist auf diese Veränderung inzwischen einge-schwenkt.[12] Wenn im vorliegenden Buch die Ökonomie also auch als Widerlager der Medien beschrieben werden soll, als Gegenüber und als Anreiz, das *Spezifische* der Medien und der symbolischen Prozesse zu denken, dann um zu dieser Revision beizutragen. Ich denke, dass es sinnvoll ist, die Sphäre der Medien und der Medien-wissenschaft bewusst zu begrenzen, um von dort aus eine gezielte Außenpolitik zu machen und sich auf gesellschaftliche Systeme zu beziehen, die nicht zum Bereich der Medien gehören und entspre-chend eigenen Regeln unterliegen. Die Ökonomie scheint mir eines dieser Felder zu sein. Die Schwierigkeit also besteht in einer theoreti-schen Doppelbewegung: Strukturähnlichkeit und faktische Durch-dringung einerseits, und andererseits eine Grenzziehung.

Die Grenzziehung wird Gegenstand vor allem der letzten drei Kapi-tel sein. Das Buch beginnt mit zwei Kapiteln zur Technischen Re-produktion und zum Geld, die ich vorgezogen habe, um dem Leser einen möglichst lesbaren Einstieg in die Problematik zu bieten. Die Abschnitte zum Tausch, zur Zirkulation und zur Übertragung gehen mehr ins Detail. Der Begriff des *Tauschs* scheint mir geeignet, sym-bolische und außersymbolische Prozesse ins Verhältnis zu setzen; ähnlich wie innerhalb der Ökonomie selbst, etwa wenn Texte gegen Geld oder Geld gegen Texte ausgetauscht werden. Mein eigentliches Argument entfaltet die Überlegung zur *Zirkulation*. Hier werden verschiedene theoretische Ansätze vorgestellt, die diesen Begriff ent-weder verwenden, oder aber das Verhältnis von Ökonomie und symbolischen Prozessen in einem weiteren Umfeld zu beschreiben versuchen. Zentral ist hier der zweite Teil des Kapitels, wo mit Rossi-Landi und Goux zwei sicher kontroverse, gleichzeitig aber sehr weit-reichende Ansätze vorgestellt werden. Das Kapitel zur *Übertragung*

---

12 Explizit bei Geert Lovink, dessen letztes Buch den Titel *My First Recession* trägt (Lovink, G.: *M. F. R.. Critical Internet Culture in Transition.* Rotterdam 2003); bei Maresch/Werber implizit, und so ungebrochen ›ontologisch‹, als hätte man nie-mals anders argumentiert (Maresch, Rudolf; Werber, Niels: »Permanenzen des Raums«. In: dies. [Hg.]: *Raum, Wissen, Macht.* Frankfurt am Main 2002, S. 7-30).

versucht, von der physischen Übermittlung der Zeichen eine Brücke hinein in semantische Prozesse zu schlagen.

Den quantitativ größten Abschnitt des Buches bilden fünf Kapitel, die der inneren Ökonomie der Medien und speziell dem Verhältnis zwischen Medien, Medientechnik und Semantik nachgehen. Ausgehend von Überlegungen, die ich in meinem Buch ›Docuverse‹ bereits angedacht habe, werden ökonomische Mechanismen im Feld einzelner Medien untersucht; so der Begriff der ›Form‹, der in sehr vielen Medien eine Rolle spielt, im Feld der Computer und der Formalsprachen aber besondere Bedeutung gewinnt; weiter das Problem der Schemabildung und der Wiederholung, sowie der technisch-institutionellen Verselbstständigung medialer Systeme. Den Abschluss bildet eine Überlegung zum ›Normalismus‹, wie ihn Jürgen Link in die Diskussion eingebracht hat; auch dieses Konzept, denke ich, kann im Kontext einer diskursökonomischen Perspektive reinterpretiert und, klarer noch als bei Link selbst, für ein Verständnis der Medien fruchtbar gemacht werden.

Der Schlussteil, wie gesagt, dreht die Fragerichtung um. Da es nun darum geht, die Trennungslinie zwischen Medien und Ökonomie in den Blick zu nehmen, wird zunächst untersucht, was symbolische *Praxen* von außersymbolischen unterscheidet. Ein zweiter Ansatz vertieft dies im Rückgriff auf das gegenwärtig viel diskutierte Konzept der *Performativität*; ein Kapitel zum Problem der *Gewissheit* und eine provisorische Summierung schließen die Überlegung ab.

Von ihren LeserInnen verlangt die vorliegende Arbeit die Bereitschaft, sich auf sehr unterschiedliche Kontexte und Argumentationsfelder einzulassen. Die Besinnung auf die Ökonomie zwingt dazu, Medienaspekte, die bis dahin strikt getrennt erschienen, in Kontakt zu bringen. Denn wer würde denken, dass physischer Transport und z. B. die Signifikatbildung überhaupt miteinander zu tun hätten, dass es möglich sei, sie in anschlussfähigen Termen zu diskutieren? Wir sind es gewöhnt, die Debatte um die Medien sauber in ›Ebenen‹ zu trennen; die Ebene des Institutionellen verweisen wir an die Soziologie, die Technik an die Hardwareorientierten, die Ebene der Bedeutung an die Semiotik.[13] Nur wenn man mit dieser

13 »The edifice of signs divides into the three levels of the physical (or technological), semantic, and political. [...] Its study has been up to the present day partitioned

Lösung unzufrieden ist, wird man sich für alternative Ansätze überhaupt interessieren. Die Ebenen der Medienwissenschaft aber sind Konstrukt. So etabliert sie sind, in so klarer Weise verstellen sie den Blick auf jene Interdependenz *zwischen* den Medienaspekten, die den Gegenstand aller interessanteren Medientheorien bildet. Medien sind nicht einerseits Hardware und ›gleichzeitig‹ Handlungsraum, Träger von Bedeutung und ›daneben‹ Wirtschaftsgut. Sie sind all dies tatsächlich in einem. Und eine Argumentation mit Blick auf die Ökonomie scheint mir geeignet, solche systematischen Wechselbeziehungen zu zeigen.

Ich möchte die Gelegenheit wahrnehmen, den Personen und Institutionen zu danken, die das Buch ermöglicht haben: der Universität Paderborn und der UC Berkeley für ein vorgezogenes Freisemester in der Bay Area, Bärbel Tischleder für die Zeit dort und für die fördernd-kritische Begleitung des Projekts von allem Anfang an; Geoffrey Winthrop-Young für wichtige inhaltliche Anstöße, Andreas Böhm, Barbara Becker, Ulrike Bergermann und vielen anderen für begleitende Lektüre und konstruktives Feedback. Bernd Stiegler und dem Suhrkamp Verlag danke ich für eine inhaltlich kompetente Abwicklung der Publikation.

into air-tight disciplines«; »we are quite illprepared to deal with crossings and composites.« (Debray, Régis: *Media Manifestos. On the Technological Transmission of Cultural Forms.* London, New York 1996 [OA., frz.: 1994], S. 17).

1 Technische Reproduktion

Benjamin hat die Medien über den Begriff der technischen Reproduktion bestimmt, und die Beschäftigung mit den Medien damit auf eine neue, materialistische Grundlage gestellt.[1] Gleichzeitig aber wirft der Begriff einige Folgeprobleme auf. Denn was, so wird man fragen müssen, umfasst die ›technische Reproduktion‹ wirklich? Gibt es eine innere Logik der technischen Reproduktion, jenseits der unterschiedlichen Medien, an denen sie konkret zu beobachten ist? Gibt es eine *Geschichte* der technischen Reproduktion, hinter, neben oder unterhalb der Geschichte der technischen Medien? Sicher gibt es eine Wechselbeziehung zur industriellen Serienproduktion. Ist technische Reproduktion Re-produktion, und damit ein Sonderfall von Wiederholung?

Ausgangsintuition der folgenden Überlegungen ist, dass die technische Reproduktion zwei interessante Register miteinander verbindet: Zunächst eine techniktheoretische Perspektive; diese ist innerhalb der Medienwissenschaft inzwischen einigermaßen etabliert, wenn sie auch relativ selten systematisch auf die technische Reproduktion bezogen oder aus diesem Begriff heraus entwickelt wird. Und zweitens, sehr viel schwieriger zu fassen, aber mindestens ebenso weitreichend, die Frage nach der Medien*zirkulation* und -verbreitung. Wenn technische Reproduktion zuallererst Vervielfältigung ist, und wir diesen Aspekt in unserem alltagssprachlichen Medienkonzept stillschweigend voraussetzen, so liegt es nahe, ausgehend von der technischen Reproduktion nach den Quantitäten des zirkulierenden Materials zu fragen. Ich möchte dies die *ökonomische* Dimension nennen, oder genauer, um einen vorschnellen Bezug auf Volkswirtschaft und Geld-Ökonomie zu vermeiden, die diskursökonomische Dimension. Size does matter. Auch Quantitäten und Ökonomie sollte man nicht allein der Statistik überlassen; und der Begriff der technischen Reproduktion macht es möglich, hier einen Anschluss an theoretische Konzepte zu finden.

Wann innerhalb der Mediengeschichte beginnt technische Reproduktion? Benjamin setzt den Begriff gegen denjenigen der ma-

---

1 Benjamin, Walter: »Das Kunstwerk im Zeitalter seiner technischen Reproduzierbarkeit«. Zweite Fassung [1936/39]. In: *Gesammelte Schriften*, Bd. I/2, Frankfurt am Main 1980, S. 471-508.

nuellen Reproduktion ab. Während eine manuelle Reproduktion von Kunstwerken immer schon möglich war, konstatiert er für die Gegenwart – seine Gegenwart, also die dreißiger Jahre –, dass die technische Reproduktion nun das Kunstwerk ergriffen hat. Mediengeschichtlicher Hintergrund ist die Erfahrung des Films, der innerhalb des Kunstwerkaufsatzes die zentrale Rolle spielt, daneben, 1936 schon etwa 100 Jahre etabliert, die Photographie. Mit dem ›Kunstwerk‹ also adressiert Benjamin die bildende Kunst. Nur hier ist die Spannung zum ›Original‹, die den Aufsatz trägt, konstitutiv, und offensichtlich war nur hier der Schock spürbar, der die technische von der manuellen Reproduktion trennt. Der Text, so könnte man sagen, ist im Register des Visuellen geschrieben, was, betrachtet man ihn als Beitrag zunächst zur Kunsttheorie, nicht verwunderlich wäre; und er vollzieht damit vor, dass ›Medien‹ und ›audiovisuelle Medien‹ für weitere fünfzig Jahre Theoriebildung weitgehend in eins gesetzt werden.

Wenn diese Entscheidung dennoch verwunderlich ist, dann aus der Perspektive eines allgemeineren Medienbegriffs, wie er theoriegeschichtlich gerade vom Kunstwerkaufsatz eröffnet wird: Nun nämlich muss auffallen, dass z. B. der Buchdruck in die Diskussion um die ›technische Reproduktion‹ nicht oder nur am Rande miteinbezogen wird. Literarische Kunstwerke aber, der Einwand ist naheliegend, sind bereits seit Gutenberg technisch reproduzierbar gewesen; hier gibt es kein ›Original‹, mit dem die Reproduktion in Konkurrenz treten könnte, die handschriftliche Vorlage kann diese Rolle nicht übernehmen; und die Entauratisierung, wenn es sie denn gibt, scheint in die Schriftkultur selbst, und zwar bereits in die Handschriftenkultur, regelgebunden und sehr weitgehend formalisiert, als ein konstitutiver Wesenszug eingegangen zu sein. All dies erscheint irritierend. Gerade weil es sich um ein abstraktes Konzept handelt also reizt die technische Reproduktion dazu an, sie an Gegenständen, die mediengeschichtlich vor der Photographie liegen, zu erproben.

Definition

Zunächst scheint eine Begriffsbestimmung sinnvoll zu sein. Geht man vom Alltagsverständnis aus, bezeichnet ›technische Reproduktion‹ die Möglichkeit, von einer Text- oder Bildvorlage weitere Exemplare herzustellen [Def._1.1], möglicherweise in größerer Zahl [1.2], und zwar zwingend auf einem im engeren Sinne ›technischen‹ Wege, was eine manuelle Bearbeitung des Einzelexemplars weitgehend ausschließt [1.3]. Eine zweite Bestimmung wäre, dass der technische Charakter der Reproduktion eine weitgehende ›Identität‹ der Einzelexemplare entweder zum Ziel oder zum Resultat hat [2.1]; eine dritte schließlich, dass wie im Fall der industriellen Serienproduktion eine drastische Verbilligung der Einzelexemplare deren weite Verbreitung ermöglicht [3.1]. Hierauf vor allem bezieht sich Benjamins politisch hoffnungsvolle Bewertung.

Sind damit alle Medien der technischen Reproduktion zutreffend beschrieben? Am besten sicher jene, die tatsächlich materielle Kopien von materiellen Vorlagen ziehen: Druck, Bilddruck, fotografische Reproduktion und Fotokopie, die Herstellung von fotografischen Abzügen, Grammophonplatten, CD-ROMs und Verleihkopien beim Film. Aber geht ›technische Reproduktion‹ hierin auf? Radio und Fernsehen etwa wären sicher analog zu denken, obwohl sie doch augenscheinlich nicht oder nur vermittelt Exemplare herstellen. Hier könnte man sagen, dass das Empfangsgerät Signale technisch reproduziert; dass diese Signale abgespeichert und in Exemplare zurückverwandelt werden können, spricht zusätzlich dafür.

Was aber ist mit einer Lautsprecheranlage oder einem Amphitheater? Schließlich sind auch dies technische Wege der Distribution, die die Reichweite von Klangereignissen erheblich vergrößern. Ort der Speicherung wären hier, wie beim Radio, die Köpfe und Körper der Rezipienten. Können Exemplare, technisch reproduziert, also auch in Köpfen abgelegt werden?

Zusätzlich kompliziert wird die Situation, weil Benjamin sagt, mit der Photographie seien nicht nur Vorlagen, sondern auch Ereignisse und die äußere Realität technisch reproduzierbar geworden.[2] Die Photographie scheint diese Verdopplung und Doppeldeutigkeit nahe zu legen: ist sie doch materiell eine Kopiertechnik, und ande-

2 Ebd., S. 485 ff., 489 ff.

rerseits eine Maschine, die mechanisch eine ›Reproduktion‹ der Situation vor der Linse erlaubt; ob dies ein Kunstwerk ist, dies war der Ausgangspunkt, zweidimensional bildhaft oder eine dreidimensionale Skulptur, eine Inszenierung, ein Stück zweite, oder eben ein Stück erste Natur, scheint auf eigentümliche Weise indifferent. Die Frage nach der technischen Reproduktion scheint hier in diejenige nach dem Realismus der Abbildung überzugehen; im Folgenden soll sie aus Gründen der Überschaubarkeit ausgespart bleiben.

Abdruck und Guss

Muster für die technische Reproduktion sind Abdruck und Guss. Dies sind Techniken zunächst der materiellen Produktion, was die Deutung nahe legt, dass die technische Reproduktion erst sekundär in die Sphäre des Symbolischen übernommen wurde. Abdruck und Guss treten in verschiedenen technischen Kontexten auf.

Die Metallbearbeitung etwa ist, als eine Technik der Verflüssigung, von Beginn an auf Guss und Form angewiesen; mit Beginn der Kupferverwendung, in Kleinasien also um 5000 v. Chr.,[3] ist die Bedingung einer technischen Reproduktion damit zwangsläufig gegeben. Besonderheit ist hier, dass die Form mit dem Einzelguss zunächst zerstört wird, so dass zwar die Dialektik von Form und Abguss, nicht aber Vervielfältigung und Serialität eine Rolle spielen. Die Form selbst, und auch dies wird die gesamte Logik der technischen Reproduktion bis hin zum Photo bestimmen, zerfällt in ein Positiv und ein Negativ; die eigentliche Gussform, die immer negativ ist, kann entweder direkt hergestellt werden, z. B. durch manuelle Eingrabung in Sand, oder aber indirekt, als Abdruck eines vorgefertigten Positivs. Auffällig ist, dass das Positiv dem schließlichen Abguss weit mehr als das Negativ ähnelt, obwohl nur das Negativ

---

3 »-6700 Früheste Keramik- und Metallgegenstände. […] Neolithische Kultur der stadtartigen Siedlung Catal Hüyük (Anatolien) […] Kupfer- und Bleiverwendung. […]. -5000 Kupferguß in Kleinasien. […] -3900 Beginn der Kupferzeit in Ägypten u. Mesopotamien. […] Metallschmelzkunst. […] -3700 Schmelzen von Kupfer, Silber u. Gold mit Blasrohrofen in Ägypten. […] -3000 Sumer. Schmiede stellen aus Silber und Kupfer mit Hilfe von Öfen Werkzeug u. Waffen her. […] -2700 Älteste Bronze mit 9:1 Kupfer:Zinn-Mischung [Ägypten]. […] -2500 Metallgießverfahren (Kupfer) [Mesopotamien]. […] Bronzeguß in Kleinasien.« (Stein, Werner: *Der große Kulturfahrplan.* Wien 1987, S. 17-31).

beim Abguss faktisch beteiligt ist. Die Herstellung des Negativs bedeutet damit eine signifikante Stufe der Abstraktion; die Kette selbst, der Weg vom Modell über das Negativ hin zum schlussendlichen Guss, gehorcht einer Logik des *Aufschubs*; auf beides, Abstraktion wie Aufschub wird in einer erweiterten Definition der technischen Reproduktion zurückzukommen sein.

Mit der Prägung von Münzen (ab 700 v. Chr.[4]) treten – verbleibt man im Kontext der Metallbearbeitung – zwei Dinge hinzu: die Logik des Abdrucks, die den Vorgang der Reproduktion idealtypisch-schockhaft auf einen Schlag reduziert; und eine Dimension des Symbolischen, insofern Münzen Mischwesen sind, die neben ihrer funktional-praktischen Seite auch einen symbolischen Aspekt haben.

Der zweite technische Kontext, der hier zu reflektieren ist, und geschichtlich wesentlich früher, ist die Keramik. Da es sich beim Ton um ein weiches Material handelt, das unter den Händen die Form verändert und jede Einwirkung, jeden Eindruck als Spur bewahrt, erscheint er in einzigartiger Weise geeignet, das Spiel von Form und Abdruck, Stylus und Engramm in Gang zu setzen. Und darüber hinaus, sehr viel eher noch als die Metallbearbeitung, das Gesetz der Serie: Was auch immer in den Ton eingedrückt wird, bietet sich für eine Wiederholung und Anreihung an; Keramik und Ornament sind eng assoziiert; und im Ornament kommen schon sehr früh Abdruck, technische Reproduktion und Wiederholung zusammen. (Dass es auch und überwiegend manuell hergestellte Ornamente gibt, beschädigt das Argument nicht; manuelle und technische Wiederholung vielmehr wären historisch wie systematisch exakter aufeinander zu beziehen.)

Ähnlich dem Münzwesen hat es auch im Reich der Keramik ›Mischwesen‹ zwischen tatsächlicher und symbolischer Sphäre gegeben: Mit zu den frühesten Zeugnissen der Geschichte der Schrift gehören *Rollsiegel,* die, aus Stein gefertigt, die Logik von Form und Abdruck, das Repetetive im Abrollvorgang selbst, und die technische Reproduktion verbinden.[5]

---

4 »-700 Älteste lydische Münzen bestehen aus Elektrum (natürl. Gold-Silber-Legierung).« (Ebd., S. 91).

5 »-3200 Sumerische Siegelrollen mit religiösen Darstellungen (zur Siegelung der Gefäße mit Abgaben an die Tempel.« (Ebd., S. 21).

Ton und Rollsiegel drängen die Argumentation in die Richtung der *Schrift*. Da es eine anerkannte Geschichte und Theorie der Schrift gegenwärtig nicht gibt und ihre Anfänge wie insbesondere ihre Vorgeschichte im Dunkel liegen, kann hier über den Zusammenhang von Schrift und technischer Reproduktion nur spekuliert werden. Haarmann vertritt, dass die Geschichte der Schrift im engeren Sinne – gefasst als eine Abfolge von Zeichen, linear angereiht, von Bildern durch einen gewissen Abstraktionsgrad unterschieden, und mutmaßlich auf ein symbolisches System, Sprache oder Semantik bezogen – im heutigen Jugoslawien, etwa 5300 vor Christus, beginnt.[6] Diese ersten Schriften sind in Tonobjekte eingekratzt. So gefasst wäre Schrift selbstverständlich zunächst Handschrift, Zeichen für Zeichen manuell eingraviert, und entsprechend weit entfernt von jeder technischen Reproduktion, die als eine ›sekundäre‹ Errungenschaft später hinzuträte.

Wenn es Zweifel an dieser Bestimmung gibt, dann insofern man die Schriftdefinition selbst angreifen kann: König etwa hat eine sehr andere Vorgeschichte der Schrift zumindest skizziert.[7] In den selben prähistorischen Höhlen Frankreichs, in denen andere Forscher ausschließlich Bildwerke aufgefunden hatten, Basis der Annahme, dass figürliche Darstellungen (und damit implizit die bildende Kunst) Abstraktion und Schrift in jedem Falle vorangingen, konnte König eine Fülle von Engrammen zeigen, die, mutmaßlich aus der selben Entstehungszeit, vollständig abstrakte Strukturen zeigen: feste, sich

6 »Wo ist […] der Schlüssel für die Anfänge des Schriftgebrauchs in den antiken Kulturen zu suchen […]? […] Dies ist nicht der Kulturkreis der Sumerer in Mesopotamien, von dem auch heute noch viele annehmen, er sei die ›Wiege‹ der zivilisierten Menschheit. […] Die alteuropäische Zivilisation findet ihre Wurzeln im Neolithikum, also in der Periode der jüngeren Steinzeit. […] Um die Mitte des 6. Jahrtausends v. Chr. [..] tritt der Kulturkomplex des zentralen Balkangebiets […] in den Vordergrund. Dieses Areal […] ist als Vinča-Kultur bekannt geworden, benannt nach einem Fundort 14 km östlich von Belgrad an der Donau […]. Beschriftete Tonware und Votivgaben sind in allen Regionalkulturen Alteuropas gefunden worden. Die meisten beschrifteten Objekte stammen allerdings aus Fundorten der Vinča-Kultur […]. Die Anfänge der Schriftverwendung in Alteuropa gehen auf das Ende des 6. Jahrtausends v. Chr. zurück.« (Haarmann, Harald: *Universalgeschichte der Schrift*. Frankfurt am Main, New York 1991, S. 70-73).

7 König, Marie E. P.: *Am Anfang der Kultur. Die Zeichensprache des frühen Menschen*. Frankfurt am Main o. J. (OA.: 1973).

wiederholende Raster, hoch typisierte geometrische Konstellationen, Kerben, die auf eine vielfach wiederholte (rituelle?) Einschlagung am gleichen Ort hindeuten, und so fort. So wenig man der Neigung Königs folgen muss, das Gefundene unumwunden-spekulativ semantisch zu deuten,[8] so klar ergibt sich eine vollständig andere Bestimmung der Schrift: Es erscheint plausibel, dass die Einschreibung/Niederlegung abstrakter Einzelsymbole ihrer linearen Anreihung in jedem Fall vorangeht; Abstraktion, Modell- und Symbolbildung allgemein müssen entsprechend in die Tiefe der ›schriftlosen‹ Vorgeschichte zurückverlegt und von der Sprache möglicherweise gelöst werden.

Für die Frage nach der technischen Reproduktion bedeutet dies, dass auch das Engramm selbst, zumindest dann, wenn es an gleicher Stelle rituell wiederholt wird und die Spur des Werkzeugs trägt, zwischen technischer und manueller Reproduktion zumindest oszilliert. Ebenso und fast deutlicher noch wären jene Handabdrücke, die man ebenfalls in vorgeschichtlichen Höhlen gefunden hat, der Traditionslinie von Siegel und Abdruck und damit der Logik der technischen Reproduktion zuzurechnen.

Methodisch kann es keineswegs darum gehen, eine Kategorie, die bis dahin zumindest einigermaßen klar umgrenzt zu sein schien, nun auf beliebige geschichtliche Räume auszudehnen; Behauptung aber ist, dass mit dem scheinbar selbstverständlichen Bild der Schriftgeschichte möglicherweise auch die ›technische Reproduktion‹ neu modelliert werden muss.

Werkzeug und Wiederholung

Das Beispiel des prähistorischen Handabdrucks und des rituellen Einschlags wäre nun weiterzudenken. Die Grenzbestimmung zwischen technischer und manueller Reproduktion – bzw. was als manuelle und was als ›technische‹ Reproduktion überhaupt angesprochen werden kann – hat sich nämlich unter der Hand verschoben. Wenn wir eine Einkratzung als manuell ansehen und einen Stempelabdruck als technische Reproduktion, so geht es ganz offensichtlich in beiden Fällen um *Wiederholung*, um ein Muster und

8 Ebd., S. 75 ff.

dessen Reproduktion; ob manuell oder ›technisch‹, scheint insofern nur mit Blick auf das Werkzeug entscheidbar, bzw. abhängig davon, welchen Anteil das Werkzeug und welchen die manuelle Tätigkeit hat.

Betrachten wir also das Werkzeug. Eine sehr verblüffende Definition hat Leroi-Gourhan, ebenfalls im Rahmen einer paläontologischen Studie, geliefert: Werkzeuge, sagt Leroi-Gourhan, sind Artefakte, die die Situation ihrer Verwendung überdauern und situationsübergreifend eingesetzt werden.[9] Diese Bestimmung enthält fast alles, was hier weiterführen kann, definiert sie das Werkzeug doch über die Wiederholung, anstatt, wie man denken sollte, über seine Materialität oder seinen ›Zweck‹. Werkzeuge also müssen in Wechselbeziehung zu Praxen gedacht werden; zur Praxis ihres Einsatzes, insofern dieser sich wiederholt:

»[Im Tierreich sind Sprach- und Technikgebrauch] dadurch gekennzeichnet, daß sie unter dem Eindruck eines äußeren Reizes spontan entstehen [?] und ebenso spontan wieder verschwinden, oder gar nicht erst entstehen, wenn die materielle Situation, die sie auslöste, aufhört oder gar nicht erst entsteht. Herstellung und Gebrauch des Chopper oder des Faustkeils [– der menschlichen Werkzeuge also –] gehen auf einen ganz anderen Mechanismus zurück, denn die Operationen, die zu ihrer Herstellung erforderlich sind, existieren schon vor den Gelegenheiten, bei denen sie benutzt werden, und schließlich bleibt das Werkzeug im Hinblick auf spätere Verwendung erhalten. Der Unterschied zwischen Signal und Wort hat den gleichen Charakter, der Fortbestand des Konzeptes ist zwar von anderer Art, aber durchaus der Permanenz des Werkzeugs vergleichbar.«[10]

Erste Eigenschaft des Werkzeuges also ist, dass es nicht in einer einzelnen Situation, sondern in einer Kette ähnlich gearteter Situationen verwendet wird.

Die zweite wichtige Bestimmung spricht Leroi-Gourhan im Zitat ebenfalls an: Das Werkzeug muss, und zwar bevor es in der Produktion eingesetzt werden kann, selbst hergestellt werden. Zwei Praxen, zwei Produktionsakte, zwei zeitliche Räume sind insofern zu unter-

---

9 Leroi-Gourhan, André: *Hand und Wort. Die Evolution von Technik, Sprache und Kunst.* Frankfurt am Main 1988 (OA., frz.: 1964).

10 Ebd., S. 150 (Erg. H. W.). Dass Werkzeuggebrauch in der Tierwelt ausschließlich situativ entsteht, würde die heutige Verhaltensforschung bestreiten: So hat man beobachtet, dass Schimpansen etwa zwei Jahre trainieren müssen, ehe sie in der Lage sind, mithilfe eines Querholzes und eines Ambosssteins Nüsse zu knacken.

scheiden: eine Phase der Präparation, deren Resultat das Werkzeug ist, und dann die Kette seiner Verwendungen. Beide Praxen fallen zunächst auseinander: Während das Werkzeug hergestellt wird, kann es nicht eingesetzt werden; die Arbeit, die in seine Erstellung eingeht, wird im Vorgriff – fast könnte man sagen: auf Kredit – verausgabt; Antrieb ist die Erwartung, dass das Werkzeug die eigentliche Produktion möglich macht oder erleichtert.

Die grundsätzliche Logik der Technik und der Maschine ist diese Verschiebung. Arbeit wird verlagert aus der eigentlichen Produktion hinein in die Herstellung von Werkzeugen als der zunehmend komplizierten Voraussetzung von Produktion; mit jedem Schritt der Technikentwicklung werden die Werkzeuge komplizierter, für die Herstellung der Endprodukte muss, dank derselben Technik, proportional immer weniger Mühe aufgewandt werden.

An dieser Stelle berühren sich Technik, Wiederholung und Ökonomie. Das Kalkül geht nur dann auf, wenn das Werkzeug letztlich mehr Arbeit einspart, als für seine Herstellung verausgabt werden muss. Und dies wiederum zwingt dazu, das Werkzeug möglichst oft wiederholt zu verwenden. Dass die Produktion zur Herstellung von *Serien* übergeht, ist insofern in der Logik des Werkzeuges selbst angelegt, dies ist die quantitative Seite von Leroi-Gourhans Argument. Und nun lässt die Perspektive sich umdrehen: Das Werkzeug selbst nämlich erlaubt nicht nur seine wiederholte Verwendung, sondern es verdankt sich ihr, zumindest ökonomisch, ganz und gar; die Wiederholung selbst, so könnte man sagen, bringt das Werkzeug hervor.[11]

Die Überlegung zur technischen Reproduktion wird hierdurch gleichzeitig einfach und kompliziert. Einfach, insofern Werkzeug und Reproduktion nicht mehr – z. B. als ›Zweck‹ versus ›Mittel‹ – einfach kategorial auseinander fallen. Parallel zum Gesagten vielmehr müsste man konstruieren, dass nicht mehr ein vorgängiges Werkzeug (etwa ein Stempel) für den Zweck der technischen Reproduktion eingesetzt wird, sondern die Reproduktion selbst ihre Werkzeuge hervorbringt; die Druckmaschine *verdankt* sich der Auflage, die komplizierte Technik der Fernsehproduktion verdankt sich

11 Die Wiederholbarkeit und das heißt eine strukturelle Ähnlichkeit seiner Einsatzsituationen ist vorausgesetzt, und umgekehrt wird das Werkzeug, einmal vorhanden, Situationen nach dem Maß seines Einsatzes schaffen, und das heißt Situationen mit dem Fluch der Wiederholung/Ähnlichkeit schlagen.

der Vielzahl der verteilten Empfänger.[12] Materiell zusammengeballt enthält sie in sich, was an Arbeit aus der Herstellung der Einzelkopien ausgegliedert wurde. Und wenn oben gesagt wurde, dass die technische Reproduktion Technik und Ökonomie systematisch verschränkt, so dürfte dies hier besonders plausibel sein.

Zweite Folge ist, dass die technische Reproduktion und die manuelle sich ebenfalls nicht mehr schlicht gegenüberstehen; da auch die manuelle selbstverständlich an Werkzeuge gebunden ist, gehorcht sie letztlich derselben Regel; beide, manuelle wie technische Reproduktion, erscheinen zusammengesetzt aus je einem Werkzeuganteil und einem Anteil aktueller ›manueller‹ Arbeit; in möglicherweise unterschiedlicher Proportion, und im Fall der avancierteren, technischen Reproduktion in Richtung hin zum Werkzeug verschoben. Technische Reproduktion erscheint plötzlich skalierbar; und es erscheint denkbar, dass, was heute als ›technische Reproduktion‹ auftritt, morgen schon das ›manuelle‹ Gegenüber der nächst technischeren Stufe sein könnte.

Logik der Schrift

Technische Reproduktion also konstelliert Werkzeug und Arbeit. Und was als ihr unverrückbar-solider Technikanteil erschien, zeigt sich von Wiederholung und Reproduktion immer schon affiziert. Und diese Verunsicherung lässt sich fortsetzen. Wenn die Technik nämlich als Präparation beschrieben wurde, als Vorbereitung und Verschiebung zugunsten (oder ungunsten) der aktuellen Situation, so erinnert dies unmittelbar an die Funktionsweise der Schrift. Schreiben bedeutet dreierlei: Anders als im Fall der mündlichen Kommunikation sind Produktion und Rezeption auf der Zeitachse systematisch getrennt. Schreiben bedeutet, ähnlich wie die Technik, Präparation; dies schirmt die Produktion gegen den Druck der aktu-

---

12 Dieser Gedanke findet sich bereits bei Benjamin: »Die technische Reproduzierbarkeit der Filmwerke ist unmittelbar in der Technik ihrer Produktion begründet. Diese ermöglicht nicht nur auf die unmittelbarste Art die massenweise Verbreitung der Filmwerke, sie erzwingt sie vielmehr geradezu. Sie erzwingt sie, weil die Produktion eines Filmes so teuer ist, daß ein Einzelner, der z. B. ein Gemälde sich leisten könnte, sich den Film nicht mehr leisten kann.« (Benjamin, *Das Kunstwerk*, a. a. O., S. 481 f.).

ellen Situation ab und stellt sie unter eine eigene Zeit. Zweitens, und mit dem gerade Gesagten verbunden, ist Schrift systematisch verlangsamt. So kann die Präparation ungleich mehr Zeit beanspruchen als in einer aktuellen Situation jemals denkbar und möglich wäre, Schrift ist, wie Technik, verdichtete Zeit; und als Produkt und mit der Autorität der Verdichtung tritt sie den aktuellen Vollzügen gegenüber. Zum dritten schließlich ist sie, ebenfalls wie die Technik, materielle Niederlegung. Dies erlaubt es ihr, selbst als eine Maschine der Wiederholung zu funktionieren: Schriftliche Texte können mehrfach und von vielen gelesen werden, Schrift ist insofern, so könnte man sagen, immer und grundsätzlich ›technische Reproduktion‹.

Wiederholung und Zeichen

All dies aber scheint, wenn man noch einmal weiter gehen will, grundsätzlich für jedes Zeichen zu gelten. Man kann das Zeichen selbst über seine Wiederholbarkeit bestimmen; Zeichen kann nur sein, was wiederholbar ist, was seine – wie auch immer prekäre – Identität im Durchgang durch wechselnde Kontexte durchhalten kann.[13] Zeichen sind dadurch gekennzeichnet, dass sie anreihbar sind, dass sie in sehr unterschiedliche Syntagmen (und Kontexte) eintreten können. Im Resultat bedeutet dies eine Spannung zwischen Kontext und Zeichen-Identität: Der Kontext tastet die Identität des Zeichens an, nimmt Einfluss auf seine Bedeutung und will sie verschieben,[14] mit dem Eigengewicht seiner historischen Determination[15] aber stemmt sich das Zeichen diesem Einfluss entgegen.

In gewisser Weise also erscheint das Zeichen selbst wie gestempelt. In jedem konkreten Auftreten ist es Reproduktion seiner selbst, bzw. Reproduktion jenes Musters, das ›hinter‹ seinem konkreten Auftreten steht.[16] Und die Dialektik von Muster und Einzelereignis

13 Der Zusammenhang wird im 5. Kapitel ›Übertragen‹ ausgeführt werden.
14 Dies ist die Basis für die vielen Theorien, die – irrig wie ich meine – Bedeutung insgesamt vom Kontext abhängig machen.
15 Zur Arbitrarität als historischer Determination siehe: Winkler, Hartmut: *Docuverse*. München 1997, S. 214 ff.
16 Die Type-Token-Logik und die Grundvorstellung einer Sprachkompetenz, die den sprachlichen Äußerungen gegenübersteht, wird von kompetenter Seite gegen-

– die Linguistik sagt: Type und Token – erinnert unmittelbar an die ›technische Reproduktion‹.

Mit Blick auf die Medien-Materialität wäre deshalb zu fragen, wo das Muster abgelegt ist, das im Zeichen (technisch?) sich reproduziert. Im Fall der mündlichen Kommunikation läge das Muster im Kopf dessen, der die Äußerung macht; Sitz seiner Sprachkompetenz, die sicher eine gesellschaftliche Technologie ist, die man intuitiv aber eher der ›manuellen‹ als der technischen Reproduktion zurechnen würde. Verlangen wir also von der technischen Reproduktion, dass das Muster selbst materialisiert, und zwar außerhalb der Köpfe materialisiert ist, um von dort aus auf technischem Wege reproduziert zu werden?

Innerhalb des Normalverständnisses sicher ja. Auch hier aber sind Zweifel möglich. Je ernster ich die Definition der Sprache als einer gesellschaftlichen Technologie nehme, desto mehr muss mich interessieren, wie es die Sprache schafft, als eine redundante Struktur/Kompetenz in die Köpfe der Vielen zu kommen. Die Köpfe selbst erscheinen gestempelt, oder schüchterner gesagt: geprägt durch das sprachliche System, bevor sie ihrerseits – sprachkompetent – Äußerungen ausprägen können.

Mein Vorschlag wäre, zwei Stufen technischer Reproduktion zu unterscheiden. Die erste wäre jene gesellschaftliche Basis-Technologie, die uns bereits in sprachlichen Zeichen gegenübertritt. Zweite Stufe wäre die im engeren Sinne technische Reproduktion. Die Mediengeschichte geht dazu über, Redundanz in erweitertem Maßstab zu produzieren und ihre Herstellung auf eine neue technisch-apparative Grundlage zu stellen; sie bedient sich dazu der Logik des Werkzeugs, das, wie beschrieben, seine wiederholte Anwendung quasi erzwingt. Die relative Identität der Exemplare, so sehr sie ins Auge fällt, ist dabei nur Mittel zum Zweck; wie im Fall des ersten Typs technischer Reproduktion geht es letztlich darum, mithilfe redundanter Texte Redundanz in den Köpfen zu produzieren.

All dies mag relativ grob und mechanistisch erscheinen. Der Vorteil des Erarbeiteten aber ist, dass die Differenz zwischen ›manueller‹ und ›technischer‹ Reproduktion sich weitgehend auflöst; zugunsten

wärtig bestritten: Siehe z. B.: Krämer, Sybille: »Sprache – Stimme – Schrift. Sieben Thesen über Performativität als Medialität«. In: Fischer-Lichte, E.; Kolesch, D. (Hg.): *Kulturen des Performativen*. Sonderband Paragrana, Internationale Zeitschrift für Historische Anthropologie, Bd. 7, H. 1, Berlin 1998, S. 33-57.

eines historisch allgemeineren Modells, das es erlaubt, unterschiedliche mediengeschichtliche Phasen ohne ihre Differenz zu negieren tatsächlich in Verbindung zu bringen.

Nehmen wir nun die Frage auf, wann technische Reproduktion mediengeschichtlich beginnt. Fasst man den Begriff im engeren Sinne der hier zweitgenannten Definition, bleibt es sicher dabei, dass Rollsiegel und Münzwesen die wohl frühesten Beispiele sind. Die erste Stufe aber, und darauf kommt es mir an, ist im Funktionieren der symbolischen Systeme immer schon gegeben. Wenn technische Reproduktion ein Typus von Wiederholung ist, dann insofern die Wiederholung selbst zu den Basismechanismen des Semiotischen zählt.

Die Vorstellung, die technische Reproduktion habe ausgehend von der materiellen Produktion auf die Sphäre des Symbolischen übergegriffen, muss insofern revidiert werden. Innerhalb des Symbolischen ist Wiederholung konstitutiv; ebenso, wie gezeigt, für das Werkzeug; im Schnittpunkt beider entsteht die technische Reproduktion.

Diachronie

In Leroi-Gourhans Blick auf Werkzeug und Wiederholung bereits wurde klar: Technische Reproduktion ist u. a. eine Technik der Diachronie, eine Technik kultureller Tradierung. Wenn z. B. in mittelalterlichen Klöstern Texte abgeschrieben wurden, dann vor allem um den Inhalt auf Dauer zu sichern; entweder um ein schadhaft gewordenes Original zu ersetzen, oder um weitere Exemplare zu gewinnen. Wir sind es gewöhnt, jede Kreuzigung, die in Öl gemalt ist, als ein Original zu betrachten; vom Motiv her gedacht aber handelt es sich ebenfalls um Reproduktion, um die Herstellung von Exemplaren, und diachron um die Tradierung dieses Motivs.

Die Materialität der Einschreibung ist insofern doppelt bestimmt: einerseits stemmt sie sich mit der Beharrungskraft des Materiellen dem Verfall und der Zeit entgegen. Da die Materialität der Exemplare dennoch dem materiellen Verschleiß – letztlich der Entropie – ausgesetzt ist, muss sie in Zyklen erneuert werden, unterliegt selbst also dem Mechanismus der Wiederholung.

Ein ernstes Problem bei der manuellen Reproduktion sind

Kopierfehler; ihre Zahl muss in der Kette der Kopien, und Kopien von Kopien, notwendig zunehmen, mit der Konsequenz, dass die Traditionsbildung selbst bedroht ist oder jedenfalls vom Ideal einer monumentalen Stabilität und Identität sich entfernt. Technische Reproduktion nun zielt u. a. darauf ab, solche Kopierverluste so gering wie möglich zu halten. Der Einsatz technischer Mittel steht für eine besondere Treue der Reproduktion, die im Fall der Musikproduktion – ›HiFi‹ – bereits in die Bezeichnung eingeht;[17] eine ›ideale‹ Reproduktion sozusagen, die die Identität des Reproduzierten so weit wie möglich bewahrt. Von der Photographie bis hin zum Digitalen lässt sich diese Zielvorstellung einer ›Reproduktion ohne Verlust‹ zeigen. Obwohl mit einer technisch bestimmten Moderne assoziiert, der man die Bereitschaft zu ständigem Wechsel und Neuerung zuschreiben würde, ist dies innerhalb der technischen Reproduktion ein fast archaisch-monumentaler Aspekt.

Auch innerhalb der technischen Reproduktion allerdings muss das Ideal Ideal bleiben, insofern es Kopien ohne Verluste nicht gibt. Was im Fall der manuellen Reproduktion von menschlichen ›Fehlern‹ abhängt, vielmehr lässt sich im Fall der technischen Reproduktion fast algorithmisch beschreiben: Je weiter die Kopie sich vom ›Original‹ entfernt, desto höher der Kopierverlust; der Verlust nimmt von Generation zu Generation zu, bis an die Grenze, wo das Rauschen das Signal schließlich verschlingt.[18] Der Verlauf dieser Kurve ist abhängig von den technischen Eigenschaften des Mediums; im Fall von VHS-Videos ist sie steil, im Fall digitaler Kopien deutlich flacher und durch Prüfalgorithmen weiter zu optimieren; grundsätz-

17 Und wenn Kittler gegen dieses Versprechen polemisiert, so nur deshalb, weil ihn die diskursökonomischen Probleme der Überlieferung nicht zentral interessieren (Kittler, Friedrich: *Grammophon, Film, Typewriter.* Berlin 1986, S. 59).

18 J. J. Murphy hat 1974 einen wunderbaren Film ›Print Generation‹ gedreht, der eine kurze Sequenz ca. 50-mal wiederholt; immer wieder kopiert und von der Kopie weiter kopiert, »beginnt [der Film] mit der unschärfsten, letzten Kopiergeneration, in der nur noch diffuse Farbflecke zu erkennen sind; aus ihnen entwickeln sich in Minutenschritten immer faßbarer werdende Bilder, bis zur perfekten Schärfe. An diesem Punkt macht der Film kehrt und verfährt gegenläufig«; das klare Bild löst sich nach und nach wieder auf, bis die vollständig abstrakte Fläche des Anfangs übrigbleibt, die nur noch in einer schwachen Rhythmisierung die Länge der ursprünglichen Sequenz zeigt. (Brinckmann, Christine N.: »Struktureller Film, strukturierende Farbe. Jenny Okuns ›Still Life‹«. In: *Frauen und Film.* Nr. 58/59, 1996, S. 100).

lich zu vermeiden aber ist der Kopierverlust nicht. Ausgerechnet im Feld der technischen Reproduktion wird der Besitz des ›Originals‹ deshalb wichtig, als Garantie dafür, qualitativ möglichst gute Kopien ziehen zu können, und als materiale Basis des Copyrights; und es entsteht ein weiteres Mal jene Hierarchie zwischen Zentrum und Peripherie, zentralisierter Äußerungskompetenz und dezentralisierter Rezeption/Weiterbearbeitung, die das wesentliche Strukturmerkmal zumindest der Massenmedien ist. Dass diese Hierarchisierung nicht Zufall ist, zeigt die Tatsache, dass technische Standards u. a. so gewählt werden, dass die Kopiermöglichkeit zielgerichtet *begrenzt* wird; im Fall von Software oder DVDs z. B. durch Algorithmen, die Kopien verhindern oder die Verwendung auf bestimmte regionale Räume begrenzen. Hier stehen sich, fast ist man an den Marx'schen Widerspruch zwischen Produktivkräften und Produktionsverhältnissen erinnert, das technische Potential der technischen Reproduktion und seine gesellschaftliche Verfasstheit – das Copyright – unmittelbar gegenüber.

Zeichenkomplexe

Ebenso wichtig wie die Diachronie sind Synchronie bzw. Simultaneität. Technische Reproduktion im engeren, zweitgenannten Sinn wäre nun zu bestimmen als eine Reproduktion, die nicht die einzelnen Zeichen, sondern ganze Zeichenkomplexe erfasst [Def. 4.1]. Dies impliziert Benjamins These, das Kunstwerk (als ganzes und im Singular) sei technisch reproduzierbar geworden, und das Verfahren des Buchdrucks, der zwar einzelne Typen abgießt, damit dann aber ganze Buchseiten simultan reproduziert. Interessant ist nun beides: das Moment der Simultaneität wie die Beschränkung auf die einzelne Seite. Im Druck werden keineswegs ganze Bücher sondern eben Seiten, zusammengefasst in 12er-Bögen, technisch reproduziert, und selbst die großen Rotationsmaschinen, auf denen Illustrierte gedruckt werden, können pro Zylinder nur eine bestimmte Anzahl Illustriertenseiten in einem Zug herstellen. Diese werden gefaltet, geschnitten und die Lagen zum Heften gesammelt; dies mag weitgehend automatisch vor sich gehen, vom Ideal einer schlagartig-zeitenthobenen Simultaneität, wie die Münzprägung sie vorführt, aber ist dieser Vorgang weit entfernt. Auch dies deutet darauf hin, dass es *Stufen* der technischen Reproduktion gibt; Stufen der Annäherung an das Ideal der Simultaneität, verbunden mit einer immer weiter voranschreitenden Automation. Die CD-ROM etwa, die den gesamten Jahrgang der Illustrierten enthält, wäre bereits simultan oder quasi-simultan herzustellen; für das Fernsehen, das seine Signale zeitlich-sukzessive aber weitgehend automatisiert prozessiert, stellt die Frage sich anders.

Identität der Exemplare

In der Ausgangsdefinition war bereits gesagt worden, dass die technische Reproduktion eine weitgehende ›Identität‹ der Einzelexemplare entweder zum Ziel oder zum Resultat hat. Diese Eigenschaft übernimmt die technische Reproduktion von der industriellen *Serie*.

Ob man die technische Reproduktion als eine Variante der Serienproduktion oder als ihren Ursprung betrachtet, hängt ein weiteres Mal davon ab, ob man die engere oder die weitere Bestimmung des Begriffs in Anspruch nehmen will; dass technische Reproduktion Serienproduktion tatsächlich *ist*, zeigt die Geschichte der Drucktechnik, die manufakturmäßige Organisation, Mechanisierung, Arbeitsteilung und kapitalistische Spekulation erstmals im Universum des Symbolischen miteinander verbindet.[19] Als die materielle Produktion auf die Herstellung von Serien umgestellt wurde, geschah dies aus ökonomischem Kalkül. In der Logik des Werkzeugs selbst angelegt, hat die Wiederholung von Vorgängen einen ökonomischen Effekt, und je mechanisch-exakter diese Wiederholung ist, desto mehr Aufwand wird, bezogen aufs Einzelexemplar, eingespart. Entsprechend beginnt bereits in der Manufaktur die Zerlegung der Produktion in immer kleinere Einheiten. Der Einsatz immer spezialisierterer Maschinen und ihre Verkettung zu einem kontinuierlichen Materialfluss, Taylors Arbeitswissenschaft und die Fließbänder in den Chicagoer Schlachthöfen, weit vor Henry Ford bereits um 1870, konvergieren darin, die einzelnen hergestellten Waren über jedes bis dahin vorstellbare Maß hinaus zu verbilligen.

19 Febvre, Lucien; Martin, Henri-Jean: *The Coming of the Book. The Impact of Printing* 1450-1800, London, New York 1990 (OA., frz.: 1958); Darnton, Robert: *Glänzende Geschäfte. Die Verbreitung von Diderots ›Encyclopedie‹ oder: Wie verkauft man Wissen mit Gewinn?* Frankfurt am Main 1998 (OA., am.: 1979).

Dass in diesem Vorgang seriell-›identische‹ Exemplare entstehen, wird hierbei keineswegs angestrebt, sondern allenfalls in Kauf genommen:

»We make things alike«, schrieb ein Rationalisierungsexperte 1922, »because it is cheaper rather than for the sake of having them alike«.[20]

Die Gleichheit entspringt den eingesetzten Techniken und der Notwendigkeit, Einzelteile ohne Nachbearbeitung zu kombinieren. Standardisierung und die Festlegung von Toleranzen waren die hauptsächlichen Mittel, die industrielle Logik von Zerlegung und Rekombination überhaupt zu ermöglichen. Auf der Seite der Konsumenten stießen die standardisierten Waren auf erheblichen Widerstand; sie wurden als seelenlos, kalt und als selber standardisierend betrachtet; Maßstab war eine handwerkliche Produktion, die andere Materialien und Techniken verwendete und sich auf die Wünsche des einzelnen Kunden wesentlich exakter einstellen konnte. Allenfalls dass die Massenproduktion billig war, wurde geschätzt, eine Produktion für die Massen eben, die auch den ärmeren Schichten eine Teilhabe am gesellschaftlichen Reichtum ermöglichte.

Im Feld des Symbolischen, dies ist meine Behauptung, verhält sich dies anders. Selbstverständlich gibt es auch hier den Gegensatz zwischen der preziösen Handschrift und dem massenproduzierten Paperback; und dies selbst dann, wenn beide den exakt gleichen Text enthalten; *dass* der Text exakt gleich ist, aber hat für sich bereits einen Wert. Niemand, denke ich, will einen leicht modifizierten Heidegger lesen. Innerhalb der Auflage ist die Identität garantiert durch die technische Reproduktion selbst, und zwischen den Auflagen u. a. in dem Maß, in dem technische Mittel der Reproduktion eingesetzt werden. Die Identität der Exemplare hat hier, es wurde gesagt, Konsequenzen für den Mechanismus der Überlieferung selbst.

Im Feld des Symbolischen also spielt die Serialität eine besondere Rolle. Sie fungiert als ein Faktor, der das bedrohliche Gleiten der Signifikanten begrenzt; als ein Moment von Stabilität, um nicht zu sagen, Monumentalität, das den Zeichen als Zeichen ansonsten abgeht. Geliehen ist diese Monumentalität von den Monumenten selbst; wie diese die Härte des Materials gegen die nagenden Ein-

20 Zitiert bei: Beniger, James R.: *The Control Revolution.* Cambridge (Mass.), London 1986, S. 308.

flüsse der Zeit ausspielen, so auch im Fall der technischen Reproduktion: Es ist keineswegs gleichgültig, dass Gutenberg die Holzlettern durch die zähen Bleilettern ersetzt und ganze Seiten zu unverrückbar materiell stabilisierten Einheiten zusammenbindet, die er dann reproduziert.

Oder genauer: Da Bleilettern abgegossen, also ihrerseits technisch reproduziert werden, kommt es außerhalb der aktuellen Verwendung auf die Stabilität des Exemplars kaum noch an. Verallgemeinert kann man sagen, dass die technische Reproduktion die beiden klassischen Mechanismen diachroner Stabilisierung miteinander verbindet: Wiederholung und Redundanz, wie sie z. B. im Universum des Mündlichen konstitutiv ist, eine Strategie, die auf die Menge setzt und das Einzelexemplar weitgehend negiert;[21] und zweitens die materielle Beharrung, die materielle Monumentalisierung. Dass beide überhaupt zu vereinigen sind, denke ich, ist die Entdeckung der technischen Reproduktion.

Ökonomie, Strukturbildung

Kehrt man nun zur Simultaneität zurück, so hat diese noch eine zweite, wichtige Dimension, und nun werden quantitativ-ökonomische Überlegungen tatsächlich zentral. Technische Reproduktion zielt auf die Herstellung einer größeren Anzahl von Exemplaren ab, die den Markt und eine entsprechend große Anzahl von Rezipienten ›simultan‹ erreichen. Dies hat den Effekt einer Herstellung von *Redundanz*, oder schwächer: von Koordination im wörtlichen Sinne einer Zu- und Zusammenordnung.

Am deutlichsten ist dies im Fall der elektronischen Medien: Die Stimme aus dem Volksempfänger oder die 20-Uhr-Tagesschau synchronisiert (zeitlich) und koordiniert (sachlich-semantisch) eine ganze Nation, wie auch immer die Inhalte von den einzelnen aufgenommen werden; ähnlich übrigens wie die Uhr selbst, die als eine räumlich verteilte Technologie die verstreuten Individuen auf einen annähernd gleichen Taktschlag bringt.

Erst auf Basis der technischen Reproduktion ist es möglich, jene sternförmigen One-to-many-Strukturen herzustellen, die typisch für

21 In der Natur ist dies die Logik der Insektenpopulationen oder im Verlauf der geschlechtlichen Vermehrung der quantitative Luxus der verstreuten Samen.

die Massenmedien und die von ihnen koordinierten Massengesellschaften sind; und dieser Struktureffekt, denke ich, ist die wohl wichtigste Wirkung der technischen Reproduktion.

Das Universum der historischen, oralen Gesellschaften kannte vergleichbare One-to-many-Strukturen nicht. Auf Reziprozität angelegt, auf den ständigen Wechsel zwischen Sprecher- und Rezipientenrolle und auf die sofortige Erwiderung, entstand eher ein ›Netz‹ als ein ›Stern‹ (ein Netz, das in der heutigen mündlich-alltagssprachlichen Kommunikation unter veränderten Bedingungen fortexistiert). Die Schrift und in der Folge die Massenmedien geben diese Wechselseitigkeit auf. Sie riskieren, so könnte man sagen, den Skandal der Monologizität, die ein Risiko ist,[22] um den genannten Struktureffekt zu erzielen.

Zwischen beiden Polen ständen die Präsenzöffentlichkeiten der Versammlung, der öffentlichen Rede und des Theaters: Hier wird zwischen Sprecher- und Rezipientenrolle bereits systematisch getrennt, ebenfalls um eine Synchronisierung und Koordinierung der Anwesenden zu bewirken. Die Reichweite ist begrenzt durch die eingesetzte Technologie: Für fast 2500 Jahre war das Amphitheater das wohl potenteste Mittel, die schwache menschliche Stimme an möglichst viele Ohren zu bringen, mit der elektronischen Tonverstärkung auf Rockfestivals und in Sportstadien gehen Versammlung und Präsenzöffentlichkeit unmittelbar in die Logik des Radios über.

Das wichtigste an der technischen Reproduktion scheint mir dieser Umschlag von Quantität in Struktur. In Auflagenhöhen und Zuschauerzahlen, Box-Office-Ergebnissen, Einschaltquoten und den Clickraten im Internet manifestiert sich, was ein – wenn auch multizentrischer – Zentralismus ist. Technische Reproduktion, dies war Benjamins Hoffnung, erlaubt eine Teilhabe der Vielen am sozialen, politischen und kulturellen Prozess. Der Preis allerdings ist hoch: Dass diese Vielen am falschen Ende einer letztlich monologischen Verteilung weitgehend zum Schweigen verurteilt sind, ist nicht Zufall, sondern Teil der One-to-many-Anordnung selbst; Preis der Erreichbarkeit und der Koordination einer immer größeren Anzahl von Rezipienten, und als solches durch politisch guten

---

22 Monologizität bedeutet gleichzeitig Blindheit; nie wissen die Macher eigentlich, für wen sie produzieren; immer muss das Produkt damit rechnen, von einem diffus-unwilligen Publikum zurückgewiesen zu werden.

Willen nicht einfach zu verändern.[23] Was den Rezipienten bleibt – das Nachbearbeiten des Gehörten am Stammtisch, eine marginalisierte Amateurproduktion oder das trotzige Beharren auf der politischen Präsenzöffentlichkeit etwa der Straße –, wird als eine Anstrengung komplementär zur technischen Reproduktion lesbar.

Der Pakt mit der Ökonomie

Wenn die technische Reproduktion also kaum einlöst, was sie 1936 politisch noch zu versprechen schien, so hängt dies, und dies wird der letzte Punkt meiner Analyse sein, mit einer zusätzlichen Tatsache zusammen. Diskursökonomische Fakten nämlich, die erwähnten Quantitäten wie deren Struktureffekte, korrelieren tückisch mit den immanenten Gesetzen auch der Geld-Ökonomie. Zentralismus, dies ist trivial, definiert die Positionen, an denen ›Gatekeeper‹ sich überhaupt nur wirksam festsetzen können; und indem die technische Reproduktion die Äußerungskompetenz an wenigen Punkten zusammenzieht, macht sie die Struktur selbst steuerbarer und durchlässiger für die Interventionen der Macht.[24]

Weit weniger trivial ist die Tatsache, dass die immer elaborierteren Werkzeuge der technischen Reproduktion immer mehr technisches Know-how, immer spezialisiertere Spezialisten und immer mehr Geld-Kapital zu ihrer Realisierung erfordern.[25] Wenn oben gesagt wurde, dass die technische Komplexität des Fernsehsenders *Effekt* seiner massenhaften Verbreitung ist, Arbeit, die, ausgelagert aus dem Einzelexemplar, in der Herstellung der Produktionsvoraussetzungen sich zusammenballt, so gilt dies für nahezu alle Medien der technischen Reproduktion. Und nun sind zwei mögliche Perspektiven zu unterscheiden: Der Kinofilm etwa würde normalerweise als eine Maschine beschrieben, die *zwar* technisch-organisato-

---

23 Die Forderung Brechts und Enzensbergers, die Medien müssten nach dem Sprechen nun das Zuhören lernen, kommt hier an eine Grenze: Wenn das Radio zuhören könnte, ginge es – wie weiland der CB-Funk – in weißem Rauschen unter.

24 Innerhalb der Medienwissenschaft wird entsprechend die Frage des ›Zugangs‹ zu den Strukturen zunehmend intensiv diskutiert (vgl. etwa Rifkin, Jeremy: *The Age of Access*. New York 2001 [OA.: 2000]).

25 Das Internet und die Verbilligung/Verbesserung/Vereinfachung bestimmter Medientechnologien markieren eine interessante Gegentendenz.

risch sehr voraussetzungsvoll ist, auf dieser Basis *aber* umso prächtigere Resultate erlaubt. Mein Vorschlag nun ist, diese Perspektive umzudrehen. Möglicherweise nämlich ist der Kinofilm die einzige gesellschaftliche Technologie, die es erlaubt, 100 Millionen Dollar, einen äußerst elaborierten Maschinenpark und die arbeitsteilige Aktivität mehrerer tausend Beteiligter in einem einzigen Text von 90 Minuten Länge zu komprimieren; einem Text, der auf dieser Basis so attraktiv ist, dass er ein Massenpublikum anzieht, das ihn refinanziert. Der Film selbst ist, so betrachtet, das Nadelöhr, durch das die gesamte Anstrengung hindurch muss; die genannten Ressourcen werden im Produkt kondensiert, um sich dann – technisch reproduziert – an die Massen zu verteilen.

Wenn es also um die Zentralisierung der Äußerungskompetenz geht, dann arbeitet der technisch-ökonomische Aufwand dieser Zentralisierung zweifellos zu. Geld und Technik sind leichter zu akkumulieren als die Äußerungskompetenz selbst, so dass Ökonomie und Technik zu einem *Mittel* werden, die genannten One-to-many-Strukturen überhaupt auf Dauer zu sichern. Implizit bedeutet dies, dass die Diskurse sich mit außer-diskursiven Mitteln stabilisieren; dies ist ein regelhafter Punkt des Übergangs zwischen diskursiver und außerdiskursiver Ökonomie.

Technische Reproduktion bedeutet breite Verteilung und Zugänglichkeit der Produkte; aber eben auch, dass die Mediensphäre in ein regelhaftes Bündnis mit Technologie und Kapital sich hineinmanövriert. Symbolische Vergesellschaftung, Vernetzung, Koordination und Redundanz aber scheinen, zumindest im Maßstab jenseits des Amphitheaters, auf anderem Weg nicht zu haben.

2 Versuch über Geld

Das zweite Thema, das mir für eine Annäherung an Ökonomie und Medien geeignet scheint, ist das Geld. Geld hat viele Seiten, und darunter zweifellos eine mediale. Geld *ist* ein Medium, ein Medium des ökonomischen Tauschs; und gleichzeitig würde man es – ganz und gar unsymbolisch – den harten Fakten der Ökonomie zurechnen. Geld hat insofern Anteil an beiden Sphären, die hier zu diskutieren sind.

Geld ist auf dem Wege, zum gesellschaftlichen Universalsignifikanten zu werden. Indem die Logik der Ökonomie auf immer weitere gesellschaftliche Bereiche durchgreift, behäbige Bahnbeamte in smarte Dienstleister verwandelt, Industriekonglomerate in Profitcenter zerlegt und die Wissenschaft auf Effizienz und Drittmittel verpflichtet, scheint außer Frage zu stehen, was tatsächlich mehr als fraglich und fragwürdig ist: dass nämlich Ökonomie und Geld überhaupt in der Lage sind, diese Totalisierung zu leisten.

Zunächst und augenfällig widerspricht dies der Experten-Prognose; hatte doch Luhmann mit Parsons eine unumkehrbare Differenzierung der gesellschaftlichen Sphären versprochen;[1] Ökonomie und Geld wären Produkt dieser Differenzierung und ein eigener Sektor mit eigenen Regeln; eines von mehreren, symbolisch generalisierten Kommunikationsmedien mit eigener Leitdifferenz, in Konkurrenz etwa zur Wissenschaft/Wahrheit, zur Liebe und zur Macht, die anders als das Geld funktionieren und andere Leitdifferenzen verwalten. Geld und Ökonomie wären damit notwendig partikular. Wie aber wäre eine Totalisierung der Ökonomie, wenn es sie denn gibt, dann zu deuten?

Aus der Perspektive der Medien (und der Medientheorie) ist die Frage mehr als relevant. Jeder Versuch, den Raum zu bestimmen, den die Medien einnehmen, zu einer sinnvollen Grenzziehung und schließlich zu einer valenten Bestimmung der Medien zu kommen, ist darauf angewiesen, die Relation zu beschreiben, in der die Medien zu anderen gesellschaftlichen Funktionssystemen stehen. Alternative wäre eine Totalisierung der Medien selbst. Diese ist versucht

---

1 Siehe z. B.: Luhmann, Niklas: »Einführende Bemerkungen zu einer Theorie symbolisch generalisierter Kommunikationsmedien«. In: ders.: *Soziologische Aufklärung*. Bd. 2, Opladen 1991 (OA.: 1975), S. 170-192.

worden (und die Theorie Luhmanns scheint als Basis nicht ungeeignet); in meinen Augen aber ist sie unglücklich. Sehr viel eher scheint es mir darum zu gehen, die Medien in ihrer Spezifik zu fassen; und wenn der Raum der Medien ein spezifischer ist, muss es möglich sein, ihn von demjenigen der Ökonomie, trotz beschreibbarer Interferenzen, zuverlässig zu trennen.

Jochen Hörisch hat das Verdienst, eine solche Grenze evaluiert, und zumindest Geld und Literatur probeweise ineinander verrechnet zu haben;[2] sein Ergebnis ist, einigermaßen ironisch, dass dem Geld die skizzierte Totalisierung tatsächlich gelingt: Unvermeidbar, allgegenwärtig und in buchstäblich jeder Hand hat das Geld erreicht, wovon der Literat allenfalls träumen konnte. Wo die Literatur unkontrolliert wuchert, ist das Geld immer und notwendig knapp; Basis seiner einzigartigen Überzeugungs- und Wirkungsmacht, und Basis dafür, seine Wirkung letztlich erzwingen zu können.

Hörischs Ironie deutet an, in welcher Richtung vielleicht weiter zu denken wäre: Wenn die Literatur ihr Spezifikum darin hat, dass sie ihre Wirkung gar nicht erzwingen *will*, wenn sie ihren Raum eher im Möglichen als im Tatsächlichen findet, eher im Konjunktiv als im Indikativ (selbst der Beschreibung), und in deutlicher Spannung zum Muss, das ohnehin weite Terrains der Gesellschaft regiert, dann wäre damit möglicherweise eine provisorische Bestimmung auch der Medien gefunden.

Geld und Zeichen, Immaterialisierung?

Zweifellos gibt es zwischen Geld/Ökonomie und Medien ebenso schlagende wie verwirrende Gemeinsamkeiten. Dass die meisten Medien privatwirtschaftlich verfasst sind und ihre Produkte in Warenform zirkulieren, sei hier zunächst ausgespart. Aber gehört nicht zumindest das Geld, das Tauschmittel der Ökonomie, selbst der Ordnung des Symbolischen an? In seiner heutigen Form als Papier-

2 Hörisch, Jochen: *Kopf oder Zahl. Die Poesie des Geldes.* Frankfurt am Main 1998 (OA.: 1996); ich habe das Buch rezensiert: Winkler, Hartmut: »Jochen Hörisch: Kopf oder Zahl. Die Poesie des Geldes. Rezension und ›add on consideration bonus pack«. In: *Medienwissenschaft,* Nr. 2/98, S. 9-13, www.uni-paderborn.de/~winkler/kopfzah2.html.

oder Giralgeld hat es seine Bindung an Materie und materiellen Wert, zumindest oberflächlich betrachtet, verloren. Gemeinsam mit den medialen Zeichen, zum Teil im gleichen Code und auf den selben Leitungen, umrundet es massefrei-leicht den Globus. Die fragliche Grenze scheint damit unwiderruflich niedergebrochen zu sein.

Die Theorie der Simulation behauptet exakt dies; in Baudrillards Perspektive wäre Geld und Zeichen gemeinsam, dass sie von jeder Substanz sich verabschiedet haben. Zunächst in der ›Immaterialisierung‹ der Signifikanten, die die Funktionsweise von Geld und Zeichen selbst tiefgreifend verändert; und dann, indem die Verbindung abreißt, die Geld wie Zeichen an die reale Welt kettet; Referenz und Weltbezug werden problematisch und Geld wie Zeichen gehen in weitgehend autonome Spiele über, eine Welt mit eigenen Regeln und einer Determination nur innerhalb des Spiels selbst.

Diese Vorstellung ist populär, möglicherweise aber nicht wahr. In einer ersten groben Annäherung jedenfalls wären drei Phasen zu unterscheiden: Solange Geld aus Gold bestand – Phase 1 –, fielen Signifikant und Bezeichnetes unproblematisch zusammen; Geld konnte darauf verzichten, Zeichen zu sein, weil es – Ideal des Zeichens schlechthin? – substanziell *war*, was es gleichzeitig bezeichnete. Es war, was es zu sein vorgab; als Tauschwert funktional, und zumindest potentiell auch Gebrauchswert, insofern man das Geld für praktische Zwecke einschmelzen konnte. In Zeiten der Golddeckung – Phase 2 – wird der Zeichencharakter unabweisbar. Das Papiergeld verweist auf die eingelagerten Goldbestände; immer noch ein relativ ideales Zeichen; zumindest solange es das Gold tatsächlich gibt, scheinen Referenz und Weltbezug garantiert. Als die Golddeckung (1931 in England) aufgegeben wurde – Phase 3 – aber beginnt das Problem. Seitdem gibt es weder eine einheitliche Geldtheorie innerhalb der Volkswirtschaftslehre, noch kann der Alltagsverstand den Zweifel abschütteln, wie und warum das Geld auch ohne diese ›Deckung‹ funktioniert.[3]

---

3 Die Inflationserfahrung, dass man mit Geld plötzlich die Wände tapezieren konnte, wirkt hier über Generationen traumatisch.

Gehen wir davon aus, dass es funktioniert, hieran lassen Geldmarkt-politik, Börsenkurse und die Praxis im Supermarkt wenig Zweifel. *Wenn* es funktioniert, dann augenfällig nur, weil es nicht allein mit sich ist. Geld, so weitgehend ›immaterialisiert‹ es sein mag, ist ein-gebunden in äußerst materielle Prozesse: Sehr materielle Institutio-nen garantieren sein Volumen, schützen es gegen Umverteilung, Entwendung, regelkonträren Gebrauch und vor allem: unautori-sierte Vervielfältigung. Panzerglas, strenge Gesetze, Polizei und Straf-vollzug wirken darin zusammen, den filigranen Geldzeichen in der tatsächlichen Welt Geltung zu verschaffen.

Diese sehr spezifische Einbindung in gesellschaftlich-materielle Zwangsmechanismen setzt das Geld gegen andere Sorten von Zei-chen ab. Wer statt des Geldes sprachliche Zeichen vervielfältigt, mag gegen das Copyright verstoßen, das die Logik von Geld und Besitz auf die Sphäre der Zeichen projiziert; das Strafmaß aber wird un-gleich moderater ausfallen. Es gibt keine Banken für das gespro-chene Wort und kein staatlich fixiertes Zeichenvolumen, kein Pri-vateigentum an den Zeichen, sieht man vom interessanten Fall der Markennamen ab, und keine Zeichenpolizei.

Offensichtlich also handelt es sich beim Geld um ganz besondere Zeichen. Will man diese Besonderheit aus der Perspektive der Se-miotik und eben nicht der Geldtheorie beschreiben, so findet sich ein möglicher Schlüssel, so denke ich, im Begriff der *Performativität*. Performativität bezeichnet, wieder sehr grob gesagt, die Tatsache, dass Zeichen und Zeichengebrauch die Welt nicht allein beschrei-ben – dies ist ihre referentielle Dimension – sondern auch tatsäch-lich verändern. Austin, der den Begriff bekanntlich geprägt hat, benutzt die Eheformel als Beispiel: Das Ja-Wort hat materielle Kon-sequenzen, indem es den rechtlichen Status der Beteiligten verän-dert; formelhaft institutionalisiert hat es die Macht, in die tatsächli-che Welt wie eine tatsächliche Handlung einzugreifen. Zeichenge-brauch, sagt Austin allgemeiner, hat grundsätzlich eine performative Seite. Allenfalls kann man verschiedene Niveaus von Performativität unterscheiden: deskriptive Aussagen wären schwach performativ, Befehle, Flüche und eben Eheformeln wären umso performativer.[4]

4 Austin, John L.: *Zur Theorie der Sprechakte. How to do things with Words.* Stuttgart 1979 (OA., am.: 1962).

Geld also, dies wäre mein erster Vorschlag zur Definition, ist gekennzeichnet durch eine hohe oder extrem hohe Performativität. Es handelt sich um Zeichen, deren Wirkungsdimension in besonderer Weise determiniert und gesellschaftlich festgelegt ist.

Zwei Welten

Um die Sache exakter zu fassen, lohnt es, etwas mehr ins Detail zu gehen. Performativität nämlich, und dies ist der eigentliche Drehpunkt in Austins Ansatz, verbindet zwei Register, die bis dahin weit auseinander fallen: die Sphäre des Symbolischen und die Sphäre des Tatsächlichen. Zwischen beiden Sphären klafft traditionell ein Abgrund auf. Zeichen verweisen zwar auf die Welt, immer aber sind sie dem Zweifel ausgesetzt, dass sie das Bezeichnete systematisch verfehlen; Zeichen können ›lügen‹, perspektivisch oder ideologisch verzerrt sein, die erwähnte These ihrer völligen Autonomisierung bildet nur den extremsten Punkt dieses Zweifels.

Das Konzept der Performativität scheint für einen vergleichbaren Zweifel keinen Ansatz zu bieten. Der Abgrund zwischen dem Symbolischen und dem Tatsächlichen wird souverän überbrückt, beide Sphären werden als immer schon verbunden und als nur scheinbar getrennt remodelliert. Dies macht das Konzept attraktiv für Theorien, die zugrunde liegende Zweiteilung selbst angreifen und remodellieren wollen; so hat z. B. Krämer einen Vorschlag gemacht, gestützt auf die Performativität die traditionellen Zeichenmodelle zu überwinden; und ohne Zweifel ist das Projekt selbst plausibel.[5]

5 Krämer, Sybille: »Sprache – Stimme – Schrift. Sieben Thesen über Performativität als Medialität«. In: Fischer-Lichte, E.; Kolesch, D. (Hg.): *Kulturen des Performativen.* Sonderband Paragrana, Internationale Zeitschrift für Historische Anthropologie, Bd. 7, H. 1, Berlin 1998, S. 33-57.
Plausibel ist das Projekt, weil die semiotische Tradition, zwischen Zeichen und Welt, Signifikanten, Signifikaten und Referenten zumindest analytisch-begrifflich möglichst sauber zu trennen, in unübersehbar ernste Probleme geführt hat. Eng verbunden mit der schematischen Gegenübersetzung von Körper und Geist, die das Descartes'sche ›cogito‹ innerhalb der Philosophie auf die prekäre Formel bringt, und immer im Verdacht, die Seite des Geistes idealistisch zu favorisieren, scheinen wichtige Probleme auf dieser Basis unlösbar zu sein. Jede Überlegung zur Technik, Mischprodukt aus Körper und Geist, muss deshalb mit der Dualität hadern, ebenso jede Überlegung zur ›Referenz‹, die, selbst wie die Performativität ein Brückenschlag

Wenn hier am Bild der ›zwei Welten‹ dennoch festgehalten werden soll, so nicht naiv, sondern mit dem Ziel, Performativität wie Geld gerade in der Spannung beider Welten neu zu verorten. Dass die Geldzeichen offensichtlich anders als andere Zeichen funktionieren, lässt, so scheint mir, einen Durchblick auf die Funktionsweise der Performativität wie der Zeichensysteme zu.

Was Austin theoretisch fassbar macht, ist in meinen Augen ein regelhafter Übergang, nicht eine immer schon garantierte Verschmelzung. Und die Bedingungen des Übergangs sind relativ präzise benannt im Begriff der Institutionalisierung.[6] Institutionalisiert sind die performativen Sprechakte selbst, die eine bestimmte Form erfüllen müssen, sollen sie funktionieren; vor allem aber ist die Sprache in ihrer performativen Dimension angewiesen auf institutionelle Bedingungen, die selbst keine sprachlichen sind; im Fall der Eheformel die Institutionen des Staates, des Steuerrechts usf., die aus dem Ja-Wort faktische Konsequenzen ziehen, im Fall des Geldes auf die genannten Zwangsmechanismen, die das symbolische Geld an die Sphäre des Außersymbolisch-Faktischen koppeln.

Das Geld ist insofern nicht referentiell – dies schien die Frage aus der Perspektive der Golddeckung zu sein – *sondern* performativ, auch wenn die Sprechakttheorie selbst ein solches ›sondern‹ nicht kennt. *Performativität scheint Referenz substituieren zu können;* die Geltung des Geldes hängt von der Performativität ab, und umgekehrt ist das Geld eine der Institutionen, die Geltung auf Performativität und eben nicht auf Referenz oder Wahrheit gründen. Performativität, so könnte man sagen, *substituiert* die Substanz, die Baudrillard noch schmerzlich vermisste, gestützt allerdings auf außersymbolische Institutionen, die so materiell sind, dass selbst Baudrillard ihnen Substanz wahrscheinlich nicht absprechen würde.

über den Abgrund, zu einer immer problematischeren Kategorie innerhalb der Semiotik sich entwickelt. Unter dem Einfluss der poststrukturalistischen Ansätze wurde die Kategorie der Referenz skandalisiert bzw. tabuisiert; die amerikanischen Theorien der ›direkten Referenz‹ umgekehrt erklären sie fast unberührt von diesen Zweifeln zur Basis der Bedeutungskonstitution.

6 In der gegenwärtigen Hausse der Performativität scheint mir der Aspekt der Institutionalisierung wenig beachtet.

Geld und Zeichen haben zweitens gemeinsam, dass sie gesellschaftliche Maschinen der *Traditionsbildung* sind. Im Fall des Geldes ist dies offensichtlich, ist doch die Möglichkeit Wert aufzubewahren (neben der Tausch- und Rechenfunktion) Teil seiner Basisdefinition.[7] Das Erbrecht und der Wunsch, gesammelte Werte an die nächste Generation weiterzugeben, und allgemein die Tendenz zu Schatzbildung und Akkumulation, die dem Geld eingeschrieben ist, macht deutlich, dass das Geld – ähnlich wie die Monumente – eine Bastion gegen die Zeit zu errichten versucht. Geld ist, deutlicher noch als die Ökonomie allgemein, mit einer Logik des Aufschubs verbunden. Im Vorgriff auf tatsächlich Brauchbares ist Geld immer Kredit, immer Wechsel; und ähnlich eben für die Akkumulation: Was als Geldschatz erhalten bleibt, wurde gerade nicht konsumiert; was umgekehrt in den Zyklen von Begehren, Konsumtion, Lust (und Reue) untergeht, wurde verflüssigt und der Akkumulation wie der Schatzbildung entzogen.

Im Fall des Zeichens liegen die Dinge ähnlich, doch komplizierter. Um das Zeichen als eine Apparatur der gesellschaftlichen Traditionsbildung lesbar zu machen, benötigt man ein Zeichenmodell, das Diachronie (Zeichenverwendung, -geschichte) und Synchronie (Zeichensystem) in beschreibbarer Weise aufeinander bezieht. Dass das Zeichensystem ein Erbe ist, in das wir hineingeboren werden, dürfte kaum strittig sein; dies ist die Basis für Ansätze, zwischen Geld/Kapital und Sprache eine systematische Verbindung zu suchen.[8]

Kapital

Wer Geld akkumuliert, versucht, zwischen sich und dem Elend einen Damm zu errichten. Die Bildung von Vorräten soll gegen die Wechselfälle einer unabsehbar-bedrohlichen Zukunft schützen, die Entscheidung, das Saatgut nicht aufzuessen, wird sich, wenn überhaupt, erst ein halbes Jahr später beweisen. Was wir als *Kapital* an-

---

7 »Geld [...] Funktionen: Geld ist allgemeines Tausch- und Zahlungsmittel, Wertmaßstab aller Güter und Leistungen, Mittel zur Wertaufbewahrung und Wertübertragung. [...]« (www.Brockhaus.de, 13. 7. 02).

8 Dieser Faden wird im Folgenden aufzunehmen sein.

sprechen, ist – zumindest idealtypisch – nach diesem Vorbild entworfen. Weil die Kinder es einmal besser haben sollen (und weil die Verwertungslogik des Kapitals es so will), wird ein möglichst großer Teil des Gewinns in die Firma reinvestiert. Ein Schatz, der neue Schätze generieren soll, ist die Firma der eigentliche Speicher des immer gefährdeten Werts; Gebäude und Maschinen sind nur die Form, in der das nomadisierende Geld kurzzeitig sich niederlegt; der Zyklus der Verwertung selbst drängt immer schon weiter, auf der Suche nach neuen Anlagemöglichkeiten und neuer unbestreitbar materieller Materialisierung.

Genau dieser Logik folgt der Umbau der gesamten materiellen Welt: Was gegenwärtig in Beton gegossen wird, sei es als Autobahn, Kirche oder Multiplexkino, verbindet via Kapital die Vergangenheit mit der Zukunft: Die Vergangenheit hat die notwendigen Mittel an einer Stelle zusammengeführt, Basis für die Berechtigung, die Zwecke der Planung zu determinieren. Über die Zukunft ist damit in gewissem Maße mitentschieden; wo der Freeway verläuft, wird man Parkanlagen nicht mehr errichten; Tradition, die andauern will (und die, anfällig für Änderungen, möglicherweise gefährdet wäre), findet in der Trägheit und Beharrungskraft der Materie eine nachhaltige Stütze. Anders als andere Zeichen schreibt das Geld nicht auf filigranes Papier, sondern unmittelbar in die Sphäre des Referenten sich ein. Was gestern Geld war, ist heute materielle Realität und sinnvoll nicht zu bestreiten; auch dies macht die ungeheuerliche Glaubwürdigkeit dieses speziellen Zeichensystems aus.

Und drittens ist Kapital, so leicht man dies übersieht, Speicher vergangener Arbeit. Das eigentliche Geheimnis des Geldes ist, dass es die Kraft hat, Arbeit, die bereits verausgabt wurde, dazu einzusetzen, der zukünftigen Arbeit die Richtung vorzugeben. Zombis und Untote erscheinen, wie Marx sagt, demgegenüber als relativ harmlose Wesen; und wenn alle Tradition darin besteht, dass die Vorväter aus dem Grab heraus weiterregieren, so im Fall des Kapitals auf besonders drastische Weise: Ist der materielle Reichtum, den sie hinterlassen haben, ein Geschenk an die Nachfolgenden, so verläuft der eigentliche Kredit exakt andersherum: insofern die Gegenwärtigen mit ihrer lebendigen Arbeit nur exekutieren, was die bereits Toten in der Struktur der materiellen Welt und der Verteilung des Reichtums immer schon festgeschrieben haben.

Bleiben wir bei der Zeitachse, so ist auffällig, dass Geld – ganz entgegen dem Augenschein, der Geld als etwas positiv Vorhandenes auffassen würde – immer *Schuld* bedeutet. Dass Geld Aufschub ist, wurde gesagt, d. h., es ist Schuld und Kredit zunächst in der zeitlichen Abfolge; insofern Geld für sich keinen Gebrauchswert hat, drängt es immer über sich hinaus und hinein in den nächsten Tauschakt, der Geld wieder in Solides und Brauchbares verwandelt. Geld aber ist Schuld vor allem im Verhältnis zwischen denen, die Geld haben, und denjenigen, die kein Geld oder weniger Geld haben. Aus der dritten Welt wird von Fällen berichtet, wo Kredite über eine Schuldknechtschaft abgegolten werden, die oft lebenslang dauert. In zivilisierterer Form aber entspricht dies dem Normalfall; wer über Kapital *nicht* verfügt, ist gezwungen, lohnabhängig zu arbeiten, die Behausung mietet man von einem Geschäftsmann, der die Wohnung nur gekauft hat, weil er ›Geld unterbringen‹ musste, und auf dem Immobilienmarkt konkurriert, selbst wer sein gutes Auskommen hat, gegen die Zahlungskraft von Leuten, die das mehrfache verdienen. Ist das Eigenheim endlich gebaut, wird es 30 Jahre lang an die Bank abgezahlt werden.

Wer wenig Geld hat, also hat es mit denen zu tun, die es haben. Geld hat seinen Effekt darin, *Relationen* zu setzen, weniger zwischen den Dingen und ihrem Preis (oder Dingen und Dingen) als zwischen Reich und Arm, zwischen dem aufgehäuften gesellschaftlichen Reichtum und denjenigen, die über ihn zunächst nicht verfügen. Dies bedeutet, dass man Schulden auch dann hat, wenn das Konto im Positiven ist. Zudem ist ein großer Teil der Haushalte direkt verschuldet.[9]

All dies ist wichtig, weil Schuld Gesellschaft konstituiert.

»Tauschriten«, schreibt Esser, »[…] helfen Verpflichtungen aufzubauen und die Verläßlichkeit von Handelspartnern auch über weite Entfernungen, über längere Zeiträume und bei wechselnden Personen abzusichern.«[10]

---

9 »Inzwischen liegen die Schulden eines amerikanischen Durchschnittshaushalts über seinem Nettojahreseinkommen.« (Fischermann, Thomas: »Kaufen, bis der Abschleppwagen kommt«. In: *Die Zeit*, Nr. 24, 5. 6. 03, S. 22); die Schulden des Staates und der Sozialversicherungen kommen hinzu; in der Bundesrepublik sind dies gegenwärtig 1.285.900.000.000,- €, d. h. etwa 16.000,- € pro Einwohner (*Frankfurter Rundschau*, 27. 9. 03, S. 7).

10 Esser, Hartmut: *Soziologie. Allgemeine Grundlagen.* Frankfurt am Main, New York 1996, S. 24 (OA.: 1993).

Schuld ist ein sozialer Klebstoff, dies gilt für ökonomische wie moralische Schuld, vor allem aber für deren Verknüpfung. Schuld ist gesellschaftlich funktional. Und Geld ist eine gesellschaftliche Maschine, die ein System wechselseitiger Verpflichtungen organisiert, und zwar ohne dass das Moment von Schuld – Geld ist immer positiv – an der Oberfläche erscheint.

Dekontextualisierung

Die dritte Bestimmung des Geldes scheint mir in deutlicher Spannung, fast im Gegensatz zu seinen traditionsbildenden Kräften zu stehen. Wenn Geld, wie die Redensart weiß, nicht stinkt, so bezeichnet dieses ›non olet‹ den Fakt, dass dem Geld seine konkrete Herkunft, sei sie sauber oder weniger sauber, grundsätzlich nicht anzumerken ist. Aus welcher Quelle immer es stammt, wogegen immer dieses Geld eingetauscht wurde, sobald der Tausch (oder Raub) einmal vollzogen ist, ist alles Geld gleich. Geld ist insofern immer Geldwäsche.[11]

Semiotisch betrachtet ist Geld eine Maschine der *Kontext-Entbindung*. Seine konkrete Gegenwart erscheint vom Kontext seiner Vergangenheit zielgerichtet entkoppelt; und ebenso vom Kontext seiner zukünftigen Verwendung. Zwischen beide Kontexte tritt das Geld als ein neutraler Vermittler. Dies ist, ebenfalls in semiotischer Perspektive, verbunden mit einem Vorgang der *Abstraktion*. Ausdruck jener Abstraktion, die Marx als eine Eigenheit schon des Tauschs analysiert: Weil grundsätzlich Ungleiches getauscht wird, der Tausch dieses Ungleiche aber gleich, oder zumindest äquivalent setzt, fungiert schon der Tausch als eine Maschine der Abstraktion;[12] das Geld steigert diese Eigenheit, indem es dem Tausch ein eigenes Medium schafft, das seine Abstraktheit – paradox – konkretisiert und vergegenständlicht.

Dies gilt zumindest im Fall von Bargeld. Zahlungen über Kreditkarten, Giralgeld oder das Handy haben diese Eigenschaft nicht;

11 »Da die Ware in ihrer Geldwerdung verschwindet, sieht man dem Geld nicht an, wie es in die Hände seines Besitzers gelangt ist oder was in es verwandelt ist. Non olet, wessen Ursprungs auch immer.« (Marx, Karl: *Das Kapital. Kritik der politischen Ökonomie.* MEW, Bd. 23, S. 124).

12 Ebd., S. 63 ff., 70 ff.

jeder Zahlungsakt hinterlässt hier eine Spur in einem Netz von Computern, die ihn zumindest potentiell rekonstruierbar und nachvollziehbar machen. Und auch beim Bargeld gibt es deutliche Grenzen: So hat eine chemische Untersuchung europäischer Banknoten ergeben, dass auf tatsächlich 90 % der Scheine Mikrospuren von Kokain/Heroin nachzuweisen waren. Ein großer Teil des Geldes also stinkt zweifellos; für den alltäglichen Zahlungsverkehr aber scheint diese Tatsache eine geringe Rolle zu spielen.

Entsemantisierung

Kontextentbindung und Abstraktion sind semiotische Mechanismen. Sie korrelieren mit der vierten und vielleicht signifikantesten Eigenschaft des Geldes: Geld ist definitiv *anti-semantisch*. Während andere Zeichen grundsätzlich eine Dimension von Bedeutung aufweisen, behauptet das Geld, hierauf explizit zu verzichten. Hörisch hebt diese Eigenschaft hervor, weil sie Geld und Literatur auf so augenfällige Weise trennt.[13] Dies kann man verallgemeinern, weil das Geld seine Effekte geradezu in Polemik gegen jede Bedeutung erzielt.[14]

Geld ist der große Gleichmacher, der im Tausch die unterschiedlichsten Dinge gleichsetzt; es tritt ihnen als das allgemeine Äquivalent[15] gegenüber und nivelliert, was an ihnen unterschiedlich ist. Wenn die Dinge also ihre Bedeutung haben, so hat diese mit ihrer Geld-Seite wenig zu tun; Möbel und körperliche Liebe, Grundbesitz oder Lebenszeit, alles scheint unterschiedslos zu skalieren und auf schlichte Quantitäten reduzierbar zu sein.

Diese spezifische ›Armut‹ des Geldes ist seine besondere Pointe.

13 Hörisch, *Kopf oder Zahl*, a. a. O., S. 66.
14 »More than any other, modern society has divorced economic practices from their diffuse symbolic valences. This divorce is even what has made possible the autonomy of the economic, establishing it as an independent agency.« »In other words, the libidinal, the intersubjective, and the semantic are completely divorced from economic relations, which are henceforth uncovered as such. For the first time, the economic value of a commodity can be conceived and fixed as an abstract exchange-value, apart from the subjective appreciation of its meaning.« (Goux, Jean-Joseph: *Symbolic Economies. After Marx and Freud.* Ithaca/NY 1990, S. 122, 125 [OA., frz.: 1973/78]).
15 Wieder ein Marx'scher Begriff (Marx, *Kapital*, a. a. O., S. 80 f.).

46

Man wird sich klarmachen müssen, dass die Bedeutungen der Zeichen wie der Dinge grundsätzlich strittig sind; die Semantik ist Schauplatz erheblicher gesellschaftlicher Auseinandersetzungen, und unzählige Presseartikel arbeiten daran, den Term ›Großstadt‹ entweder mit ›Freiheit‹ oder mit ›Verbrechen‹ zu assoziieren. Gerade weil das semantische System für das Funktionieren der Gesellschaft zentral ist, ist es ständig davon bedroht, in unvereinbare Perspektiven auseinander gerissen zu werden; und gleichzeitig kann es nur funktionieren, solange es zumindest in pragmatischen Grenzen Konsens ist.

Das Geld nun bietet einen mehr als patenten Ausweg; ebenfalls in der Mitte der Gesellschaft schafft es einen Raum, der von diesem Streit vollständig unabhängig erscheint; einen Raum, in dem die Dinge fraglos für sich zu stehen scheinen, solange sie bereit sind, sich in Geld verrechnen zu lassen. »Umweltbelastung muss Geld kosten«, sonst fällt sie aus der Rechnung wortlos heraus; und wer zumindest einigermaßen zahlungsfähig ist, sieht sich einer Vielzahl auch semantischer Probleme auf diese Weise enthoben.[16]

In der radikalen Konsequenz bedeutet dies, dass Geld und semantische Zeichen funktional parallel gedacht werden müssen, ja mehr noch: dass das Geld Semantik tatsächlich substituieren kann. Gesellschaftliche Kohärenz ist auf dem einen wie auf dem anderen Weg zu erreichen; und in beiden Fällen entsteht ein gesellschaftliches Netz, einmal im Blick (im relativen Bewusstsein) und einmal im Rücken der beteiligten Subjekte.

Geld und Begehren

Die letzte Bestimmung des Geldes ist wahrscheinlich die komplizierteste. Geld nämlich ist jenes Symbolsystem, das am entschiedensten das Tatsächliche mit dem *Begehren* verschränkt. Hieraus vor allem bezieht es seine unwiderstehliche Macht, und wenn das Geld Verwaltungsmittel ist, dann nicht primär des Tatsächlichen, sondern vor allem des Begehrens.

Der Ausgangspunkt erscheint widersprüchlich: stehen sich doch Tatsächliches und Begehren komplementär gegenüber; was begehrt

16 Ein Immobilienmakler sagte mir einmal, die Jungprofis, an die er am liebsten vermiete, hielten sich mit Vertragsdetails grundsätzlich nicht auf.

wird, kann gerade nicht der Fall, nicht tatsächlich sein, das Begehren wächst dort, wo das Tatsächliche defizitär ist, ausfällt oder versagt. Gemessen an jenem Möglichkeitsraum, den das Begehren eröffnet, muss das Tatsächliche insgesamt als eng und arm, wie eine Art Gefängnis erscheinen; wie also bringt das Geld dies überein?

Das Geld findet den genialen Kompromiss, das Begehren selbst, das zunächst keine Richtung kennt, nomadisiert und die Möglichkeitsräume ungerichtet durchschweift, ausgerechnet auf das Faktische zurückzuorientieren. Was für Geld zu kaufen ist, muss faktisch vorhanden sein. Die hauptsächliche Leistung des Geldes also ist, an den Wünschen selbst zu arbeiten; es teilt die Wünsche ein in solche, die realitätskompatibel sind, potentiell realisierbar und damit überhaupt wünschenswert, und in solche, die als ›utopisch‹ möglichst wortlos ausgeschlossen werden. Es ist dies eine drastische Recodierung der Wünsche selbst, darauf haben vor allem Negt/Kluge aufmerksam gemacht.[17] Plötzlich und unter der Hand also sieht sich der Möglichkeitsraum drastisch eingeschränkt; und das allgemeine Äquivalent erweist sich als weit weniger allgemein als gedacht.

Totalisierung?

Kehren wir nun zur Ausgangsfrage nach einer möglichen Totalisierung von Geld und Ökonomie zurück. Wenn man in die Mechanismen der Ökonomie gegenwärtig fast unbeschränktes Vertrauen setzt, so exakt auf der Achse der hier skizzierten Substitution: Semantik wird ab-, und Ökonomie wird aufgewertet; wo der politische Streit als zunehmend vordergründig erscheint, und die Kultur als ein Randbereich, den man als einen teuren Luxus sich allenfalls leistet, muss die Ökonomie umso substanzieller und unhinterschreitbarer scheinen. Da es zweifelsfrei ohne Wirtschaft und Ökonomie nicht geht, tritt die Ökonomie auf als das Basisgesetz, gegen das man, ähnlich wie gegen die Naturgesetze, straflos nicht verstoßen kann; anders als die Gesetze der Legislative ist es nicht Resultat von Verhandlung; vielmehr scheint es in den Dingen selbst zu liegen und, wieder ähnlich wie die Naturgesetze, eher ein Gegenstand der Beob-

17 Negt, Oskar; Kluge, Alexander: *Öffentlichkeit und Erfahrung. Zur Organisationsanalyse von bürgerlicher und proletarischer Öffentlichkeit.* Frankfurt am Main 1978 (OA.: 1972), S. 66 ff., 239 ff.

achtung als einer bewussten Gestaltung zu sein. Und damit ein Boll-werk gegen jene Arbitrarität, die Semantik und Politik miteinander verbindet.

Geld und Ökonomie erscheinen als Hort einer wie auch immer limitierten Rationalität; die Limitierung erscheint nicht als solche, sondern wird als die Reduzierung eines bedrohlich großen Möglich-keitsraums eher begrüßt; und wo die Rationalität des Diskurses in berechtigtem Zweifel steht, zieht man die unsichtbar ordnende Hand[18] der sichtbar-ordnenden in jedem Fall vor.

Also doch eine Totalisierung der Ökonomie? Wenn Medien und Ökonomie jeweils Vergesellschaftung leisten, wenn beide auf dieser Basis funktional (und in Grenzen) substituierbar sind, so bedeutet dies nicht, dass sie in jedem Sinn parallel funktionieren. Die Frage eben ist, ob die gesellschaftliche Vernetzung im Rücken oder unter dem Blick der Beteiligten sich vollziehen soll. Die Sphäre des Symbolischen, der Semantik, der Medien ist mit der Utopie verbunden, das Faktische luxuriös zu verdoppeln und damit einer bewussten Anschauung zugänglich zu machen. Und dies in klarer Absetzung vom Tatsächlichen und seiner unbestritten/unbestreitbar/bestreit-baren Macht. Wenn es Gründe gibt, nicht gleich, nicht blind und nicht irreversibel handeln zu wollen, macht es Sinn, diejenige Sphä-re, die ein reversibles Probehandeln erlaubt, zu favorisieren. Symbo-lisches Probehandeln ist vom Handeln auf signifikante Weise ver-schieden; das Geld gehört der Sphäre des Handelns, die Medien gehören zumindest mit einer ihrer Seiten dem symbolischen Probe-handeln an.

Und schließlich das Begehren. Es gibt guten Anlass, die Wünsche selbst vor der beschriebenen Recodierung in Schutz zu nehmen und zu verhindern, dass sie vom Realisierbaren vorschnell vereinnahmt werden. Die Wünsche, sagen Negt/Kluge, sind das einzige Poten-zial, das der überwältigenden Definitionsmacht der Realität gegen-übertreten kann. Wenn die Wünsche also mit beidem paktieren können, mit Geld und Ökonomie unter dem Vorzeichen der Reali-sierbarkeit und mit dem Symbolischen ohne diese Rücksicht, dann verläuft hier vielleicht die interessanteste Grenze zwischen Geld/Ökonomie und Medien.

---

18 So die bekannte Formel in Adam Smiths *The Wealth of Nations* [1776].

3 Tausch

Betreten wir nun den Hauptteil mit einer Überlegung zum Tausch, und beginnen wir im Konkreten. Jemand schreibt ein Buch. Andere geben ihm Geld dafür, weil sie das Buch lesen wollen; das setzt den Autor in die Lage, so dreidimensional solide Dinge wie sein Frühstück zu finanzieren. Soweit in vollständiger Analogie zur materiellen Produktion, der Autor hätte statt des Buches im Rahmen der gesellschaftlichen Arbeitsteilung auch etwas anderes Nützliches herstellen können.

Tatsächlich aber ist der Vorgang mehr als verwunderlich: Der Autor nämlich schreibt kein Buch sondern einen Text, ein zunächst symbolisches Konstrukt, das aus filigranen, kleinen Zeichen zusammengesetzt ist. Für den materiellen Träger sorgt eine ganze Apparatur; der Verlag, eine Zellstofffabrik, Druckerei, Binderei, ein Vertrieb usf., und 95 % des Geldes, das der Kunde zahlt, weil er den Text lesen will, gehen keineswegs an den Autor, sondern an diese Apparatur der Materialisierung/Vermittlung. Das Buch als dreidimensional solides Objekt nimmt den Text zum Anlass seiner Existenz, drängt ihn dann aber sehr schnell an den Rand, daran lassen die Formulierungen in Verlagsverträgen keinen Zweifel.[1]

Und verwunderlich ist etwas grundsätzlicher zweitens, dass zwischen der Ebene des Symbolischen und der Ebene des Ökonomischen überhaupt ein regelhafter Austausch besteht. Mündliche Äußerungen etwa nehmen selten Warenform an, hier ist derselbe Übergang offensichtlich blockiert. Um symbolische Produkte gegen Geld tauschen zu können, bedarf es der Niederschrift auf einen materiellen Träger,[2] der dann, Objekt unter Objekten (?), in den gesellschaftlichen Tauschkreislauf eintritt.

Was aber bedeutet dies? Bedient sich das Symbolische des Ökonomischen, um seinen Austausch zu organisieren? Fährt es quasi Huckepack, parasitiert an einem System, dessen Netz und dessen Austauschpotenz – Luhmann sagt: Medien gewährleisten Erreich-

---

1 Am deutlichsten darin, dass der Autor sein Copyright an den Verlag abtritt.
2 ... oder eines relativ strikten institutionellen Zusammenhangs.

barkeit – offensichtlich überlegen ist?[3] Ist nicht das Symbolische selbst immer schon durch Austausch gekennzeichnet?

Tausch, Reziprozität

Treten wir einen Schritt zurück und versuchen zunächst den Begriff des Tauschs selbst näher zu klären. Der Alltagsbegriff des Tausches unterstellt, dass Äquivalente getauscht werden, dass etwas hingegeben wird und ein anderes dafür zurückkommt; dass der Tausch also eigentlich zwei Akte, die sich reziprok zueinander verhalten, miteinander verbindet. Tausch ist eine Sache grundsätzlich auf Gegenseitigkeit. Es mag gerechten und ungerechten Tausch geben, die Intervention von Zwang, Nötigung oder Betrug; und Tausch und Täuschung sind eng verbunden. Zumindest in seiner idealen Form aber ist der Tausch frei von all dem und frei vor allem von Gewalt, Basis dafür, dass er in den Mittelpunkt ganzer Gesellschaftsutopien tritt, wie diejenige der ›Marktwirtschaft‹, in der Vorstellungen einer ökonomischen Rationalität, von persönlicher Freiheit, Transparenz, Öffentlichkeit und herrschaftsfreiem Diskurs scheinbar mühelos konvergieren.

Und Tausch unterstellt zweitens Wertäquivalenz, das ökonomische Pendant der Gerechtigkeit. Die Waage, die Justitia in der Hand hält, hundertfach vor jedem Amtsgericht, ist der Sphäre des Ökonomischen, des Tauschs und des Handels entnommen; im Bild der Waage werden so heterogene Register wie Wertschätzung und Quantifizierbarkeit, Begehren (Emotion, Interesse) und Abwägen (Ratio) in einem pazifizierten Bild zusammengeführt. Weil Wechselseitigkeit und Wertäquivalenz fehlen, würde man weder im Fall des Geschenks (das nicht gewogen wird) von einem Tauschprozess sprechen, noch im Fall von Diebstahl und Raub, obwohl auch hier Dinge ihren Besitzer wechseln.

Wie aber kann all dies appliziert werden auf die Medien? Sind

3 Symbolisches Produkt

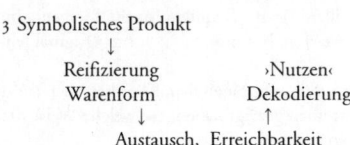

51

Medien, zumindest im Fall der technischen Massenmedien, nicht gerade durch die Unterbrechung von Gegenseitigkeit, durch ihren monologisch-einseitigen Charakter gekennzeichnet? Baudrillard, der in seinem Frühwerk relativ nah zum hier Vorgetragenen eine ›Kritik der politischen Ökonomie des Zeichens‹ versucht, kommt exakt zu diesem Ergebnis:

»Die Massenmedien sind dadurch charakterisiert, daß sie anti-mediatorisch sind, intransitiv, dadurch, daß sie Nicht-Kommunikation fabrizieren – vorausgesetzt, man findet sich bereit, Kommunikation als Austausch zu definieren, als reziproken Raum von Rede und Antwort (parole et réponse), als Raum also einer Verantwortung (responsabilité) […]. Die Medien sind dasjenige, welches die Antwort für immer untersagt, das, was jeden Tauschprozeß verunmöglicht […]. Darin liegt ihre wirkliche Abstraktheit. Und in dieser Abstraktheit gründet das System der sozialen Kontrolle und der Macht.«[4]

Baudrillard polemisiert hier gegen Enzensberger, der ausgehend von einem emphatischen Begriff der Kommunikation den monologischen Charakter der Medien attackiert hatte; mit der Perspektive allerdings, gestützt auf ihr demokratisches Potential die Medien im Zuge einer gesellschaftlichen Veränderung aneignen und restrukturieren zu können. Baudrillard beansprucht, die Analyse tiefer zu legen, kühl analytisch zu verfahren und vom Monolog der Medien immer schon auszugehen; ihre Weigerung in einen Austausch einzutreten erscheint als Basis ihrer Macht und ihrer Verflechtung in die gesellschaftlichen Machtmechanismen.

»Die Macht gehört demjenigen, der zu geben vermag und dem nicht zurückgegeben werden kann. […] In der Sphäre der Medien verhält es sich ebenso: hier wird zwar gesprochen, aber so, daß nirgends darauf geantwortet werden kann.«[5]

Diese Macht ist *formal*, an bestimmte Inhalte, Absichten oder Ideologien also ausdrücklich nicht gebunden. Es ist die Macht der Medien, der Kommunikation eine Form aufzuerlegen, die in ihrer spe-

---

4 Der Text wurde schon genannt: Baudrillard, Jean: »Requiem für die Medien«. In: ders.: *Kool Killer oder Der Aufstand der Zeichen*. Berlin 1978, S. 91 (im Original fehlerhaft: »welche die Antwort«).
5 Ebd., S. 91 f.; Baudrillard stützt sich hier auf die ethnologischen Klassiker Mauss und Malinowski, die in verschiedenen Feldstudien gezeigt haben, auf welche Weise die *Gabe* die untersuchten Gesellschaften konstituiert.

zifischen Abstraktheit und in der Macht des Codes sich manifestiert.[6]

Auf einer ersten Ebene ist es also der *Bruch* mit dem Tauschmodell, der die Medien in Baudrillards Perspektive kennzeichnet. Auf einer zweiten Ebene aber ist Baudrillard Enzensberger möglicherweise gar nicht so fern: nach wie vor nämlich, und dies ist auffällig, werden die Medien an der Möglichkeit einer Antwort gemessen; und damit – selbstverständlich – am Ideal des Tauschs und des Dialogs. Und da die Medien diesen Maßstab nicht erfüllen, muss Baudrillards Analyse, Enzensberger überbietend, in eine frontale Medienkritik münden; konsequent setzt er fort:

»Deshalb besteht die einzig mögliche Revolution in diesem Bereich – aber auch in allen anderen Bereichen, die Revolution überhaupt – in der Wiederherstellung dieser Möglichkeit der Antwort. Diese einfache Möglichkeit setzt die Umwälzung der gesamten gegenwärtigen Medienstruktur voraus. Eine andere mögliche Theorie oder Strategie gibt es nicht. Jeglicher Versuch, die Inhalte zu demokratisieren, sie zu unterwandern, die ›Transparenz des Codes‹ wiederherzustellen, den Informationsprozeß zu kontrollieren, eine Umkehrbarkeit der Kreisläufe zu erreichen oder die Macht über die Medien zu erobern, ist hoffnungslos, – wenn nicht das Monopol der Rede gebrochen wird, und zwar nicht, um jedem Einzelnen das Wort zu erteilen [?], sondern damit die Rede ausgetauscht, gegeben und zurückgegeben werden kann, wie manchmal der Blick oder ein Lächeln, und ohne daß sie je angehalten, zum Gerinnen gebracht, gespeichert und an irgendeiner Stelle des gesellschaftlichen Prozesses neu verteilt werden kann.«[7]

Der schlichteste Einwand wäre wiederum faktisch (und dem Baudrillard der Simulationsthese wäre solche Emanzipationsrhetorik ohnehin fremd): scheint es doch geradezu ein Kennzeichen der Medien zu sein, symbolische Ereignisse räumlich/zeitlich zu unterbrechen, anzuhalten, zu speichern und an anderen Ecken in den sozialen Prozess wieder einzuspeisen. Wenn Baudrillard also auf dem

6 »Das genau ist Massenmediatisierung. Nämlich kein Ensemble von Techniken zur Verbreitung von Botschaften, sondern das Aufzwingen von Modellen. In diesem Licht muß McLuhans Formel gesehen werden: Medium is Message, das bewirkt einen Sinntransfer auf das Medium selbst als technologische Struktur. [...] Das Mediatisierte ist nicht das, was durch die Presse, über das Fernsehen und das Radio läuft – sondern das, was von der Zeichen/Form mit Beschlag belegt, als Modell artikuliert und vom Code regiert wird. [und dann interessant:] So wie die Ware nicht das ist, was industriell produziert, sondern vom Abstraktionssystem des Tauschwerts mediatisiert wird.« (Ebd., S. 99 [Erg. H. W.]).

7 Ebd., S. 92 (Erg. H. W.).

53

Muster des Dialogs Anwesender, Blick und Lächeln, beharrt, ist möglicherweise bereits die Wahl des Maßstabs defekt.

Zudem ist das Muster inzwischen einer theoretisch fundierten Kritik unterzogen worden. Sowohl Chang als auch Mattelart und Faßler haben eine grundsätzliche Demontage dieser Vorstellung unternommen, und gezeigt, dass Kommunikation eher von der Abwesenheit als von der Anwesenheit der Kommunikanten her wird gedacht werden müssen.[8]

Einen Rückbezug auf das Tauschmodell gibt es in diesen Ansätzen nicht.[9] Hieraus entsteht die Frage, ob Baudrillard nicht Recht behält, wenn er behauptet, dass die Medien Tausch und Wechselseitigkeit eben verweigern. Behält Baudrillard also Recht? Wenn die These gehalten werden soll, dass Tausch und Austausch miteinander zu tun haben und dass das Modell des Tauschs auch auf die technischen Medien appliziert werden kann, dann wird viel davon abhängen, das Moment von Gegenseitigkeit überhaupt aufzufinden.

Tausch von Umgleichartigem

Der Schlüssel hierzu scheint mir zu sein, dass im Tausch grundsätzlich nicht Gleichgeartetes sondern gerade *Ungleichartiges* getauscht und äquivalent gesetzt wird. Dies muss den Suchraum dramatisch erweitern; anstatt auf eine Erwiderung im gleichen symbolischen System zu warten, darauf also, dass die Masse der Zuschauer beginnt 35mm-Spielfilme zu drehen, erscheint es möglich, dass die ›Antwort‹ überhaupt außerhalb der Medien und des Symbolischen erfolgt. Es wäre möglich, wenn man das Ausgangsbeispiel aufgreifen will, dass die Rede im Medium der Schrift vorgetragen wird, die Antwort aber im Medium des Geldes erfolgt. Wenn die Ausgangsthese also war, dass zwischen dem Symbolischen und dem Außersymbolisch-Tatsächlichen – dem Textinhalt des Buches und seiner Warenform – ein systematischer Übergang besteht, so affiziert dies das Tauschmodell unmittelbar, würde es selbst aber keineswegs sprengen.

---

8 Chang, Briankle G.: *Deconstructing Communication. Representation, Subject, and Economies of Exchange.* Minneapolis, London 1996; Mattelart, Armand: *The Invention of Communication.* Minneapolis, London 1996 (OA., frz.: 1994); Faßler, Manfred: *Was ist Kommunikation?* München 1997.

9 … obwohl etwa Chang ›exchange‹ im Untertitel nennt.

Die politisch-moralische Bewertung würde sich hierdurch möglicherweise kaum ändern, muss es doch politisch keineswegs befriedigen, wenn als Medium der Erwiderung zunächst nur das Geld sich anbietet und es jenseits der Box-Office-Abstimmung beim Schweigen der schweigenden Mehrheit bleibt; zudem gerät das Argument in die Nähe der Kulturindustrie, die ohnehin immer gesagt hatte, das Publikum setze via Markt letztlich ›seine‹ Inhalte und Bedürfnisse durch, und hieran sind Zweifel sicher mehr als berechtigt. Nicht darauf aber kommt es hier an. Zu prüfen wäre vielmehr, ob nach dem selben Muster nicht auch andere Medien für eine ›Einsprache‹ des Publikums infrage kommen.

Das Tauschmodell selbst eröffnet die Möglichkeit, in abstrakter Weise nach dem Äquivalent zu fragen, gegen das die symbolische Leistung der Medien sich austauscht. Dass als Erwiderung Geld fließt, ist Fakt. Daneben aber, und dies wird nun interessant, haben konkurrierende Theorien konkurrierende Äquivalente vertreten: Georg Franck etwa eine ›Ökonomie der Aufmerksamkeit‹, die die Zuwendung des Publikums als die eigentliche Währung betrachtet.[10] Hinter dem Modell steht die Tatsache, dass die privaten Fernsehsender weniger Sendungen an Zuschauer, als Zuschauer an Werbende verkaufen; deren Aufmerksamkeit/Zuwendung also scheint das Geld wert zu sein, das die Sendungen kosten.

Das relativ schlichte Ausgangsmodell der Buchproduktion wäre entsprechend zu modifizieren: Nicht ein Kunde/Rezipient zahlt für ein symbolisches Produkt, das er will, sondern eine Firma finanziert eine Sendung, die der Kunde/Rezipient will, und vermischt diese mit einer anderen, die der Kunde/Rezipient keineswegs will; der Rezipient akzeptiert diese Mischung, weil es ihn von unmittelbaren Zahlungen zunächst freistellt; die Firma schließlich hofft, über den Verkauf ganz anderer, dreidimensional-tatsächlicher Produkte an dieselben Kunden/Rezipienten das vorgelegte Geld zurückzubekommen; der Kunde/Rezipient akzeptiert dies oder hofft, dies durch seine Marktentscheidung noch beeinflussen zu können.[11] Die

10 Franck, Georg: *Ökonomie der Aufmerksamkeit. Ein Entwurf.* München, Wien 1998. Anschließend an diesen und ähnliche Entwürfe gab es eine interessante Debatte im Onlinemagazin *Telepolis.*

11 Kleinsteuber hat die Tatsache, dass die Kunden mit den Produkten letztlich auch die Werbung bezahlen, auf die provokative Formel einer ›Werbesteuer‹ gebracht (Kleinsteuber, Hans J.: »Die Werbesteuer«. In: *Süddeutsche Zeitung,* 11.9.97).

Rekonstruktion zeigt, dass die Welt kompliziert ist, und die Aufmerksamkeit, anders als Franck konstruiert, nur ein Zwischenglied.

Jeremy Rifkin hat, strukturell nicht ganz unähnlich, ›The Age of Access‹ ausgerufen.[12] Hier geht es um Zugang, und Geld ist ein Mittel, das diesen Zugang eröffnet; nun müssen nicht die Werbenden um die Rezipienten, sondern die Kunden/Rezipienten müssen um ihr Zugangsrecht fürchten. Das Symbolische wird zum Arkanbereich. Und der eigentliche Nutzen, der ausgetauscht und gehandelt wird, ist das Recht überhaupt mitzuspielen. Selbstverständlich hat auch diese Deutung einiges für sich. Wenn zwei aktuelle Studien zu ›Video on demand‹, 120 und 150 Seiten stark, vierstellige Summen kosten,[13] so schließt dies z. B. die Forschung der Universitäten von den Ergebnissen aus. Es ist dies eine grundsätzliche Änderung gegenüber herkömmlichen Wegen der Veröffentlichung und ein Bruch mit einer ›Ökonomie der Information‹, die bis dahin gesichert schien. Private Datenbanken, Seminare und Tagungen erheben ähnlich hohe Gebühren oder sind für die Öffentlichkeit grundsätzlich nicht zugänglich; der Binnenraum privater Firmen und ihrer Archive orientiert sich, was die Organisation des Zugangs angeht, am Vatikan.

Es wäre nicht schwierig, weitere ähnliche ›Ökonomien‹ zu entwerfen. Sie haben gemeinsam, dass sie innerhalb eines komplexen Prozesses jeweils ein einzelnes Moment verabsolutieren, daneben aber, positiv, dass sie die Grenze zwischen symbolischem und außersymbolischem Tausch, Zeichen und Geld, Textinhalten und soziologischen Tatbeständen leichtfüßig überspringen. Texte eben können sich gegen Geld, und Geld gegen Zugang austauschen; Aufmerksamkeit/Lebenszeit kann man als eine ›Währung‹ betrachten, die als solche Geld substituieren und gegen Texte sich austauschen kann.

12 Rifkin, Jeremy: *The Age of Access. The New Culture of Hypercapitalism Where All of Life is a Paid-for Experience.* New York 2001 (OA.: 2000). Im Konkreten ein Buch, das mit ökonomischen und gesellschaftstheoretischen Kategorien eher nachlässig verfährt.

13 Internetrecherche, Nov. 2001.

Rückkanal

Nehmen wir noch einmal den einfachen Fall: Text gegen Geld. Mein Vorschlag ist, das Geld als jenen *Rückkanal* zu betrachten,[14] den Baudrillard und Enzensberger in so klarer Weise vermissten. In dieser Perspektive wird klar, dass die monologischen Medien so monologisch nicht sind; sie schließen eine Antwort keineswegs aus, sondern fordern diese vielmehr definitiv ein, mit der Besonderheit eben, dass die Antwort über den Kanal des Geldes erfolgt. Und der Kanal des Geldes, es wurde oben gesagt, hat die Eigenschaft, dass er auf spezifische Weise *entsemantisiert* ist. Semantik/Zeichen also werden ausgetauscht gegen Geld, und Geld ist seiner ganzen Struktur nach *gegen* jede Semantik gesetzt.

Für die Netzarchitektur bedeutet dies, dass sie auf zwei Ebenen verfährt: Hin- und Rückkanal erscheinen systematisch getrennt, die Systemlogik wechselt zwischen beiden Ebenen hin und her, und in dieser Bewegung – fast fühlt man sich an die ›Suture‹-Ansätze der französischen Filmtheorie erinnert[15] – werden Semantik und Ökonomie systematisch miteinander verbunden.

Und als vollständig entsemantisiert wird man auch das Geld nicht betrachten können. Die Zahlung von Geld setzt eine diffuse Zustimmung voraus, und diese Zustimmung ist es, auf die sich die Medien mit Vorliebe berufen; im Starren auf die Einschaltquote, das Boxoffice-Ergebnis, die Position in den Charts oder den Umsatz wird im Grunde der Rückkanal abgehört; Markt und Marktforschung fallen hier zusammen; und jenseits des Ökonomischen entfaltet das Ökonomische ein semantisches Potential.

14 »Medienöffentlichkeiten. Wer darin Absender, wer Bote und wer Empfänger ist, lässt sich oft nicht mehr bestimmen. Die gesellschaftlichen Machtverhältnisse werden komplexer und nebulöser, unter anderem, *weil die Kommunikation über kommerzielle Rückkopplungsschleifen läuft*. Politik muss sich zunehmend stärker über Medien an die Bürger adressieren, Medien müssen sich an die Endverbraucher verkaufen, die Endverbraucher wählen Politiker und Programme. Geschichte scheint sich in solche Schleifen aufzulösen.« (Orzessek, Arno: »Einleitung. Öffentliche Zerstreuung als demokratische Tugend«. In: Fohrmann, Jürgen; ders. (Hg.): *Zerstreute Öffentlichkeiten. Zur Programmierung des Gemeinsinns*. München 2002, S. 8 [Hervorh. H. W.]).

15 Oudart, Jean-Pierre: »La suture«. In: *Cahiers du cinéma*, Nr. 211, April 1969, S. 36-39 und Nr. 212, Mai 1969, S. 50-55; engl. Version: ders.: »Cinema and Suture«. In: *Screen*, Vol. 18, Nr. 4, Winter 1977/78, S. 35-47.

Politisch, wie gesagt, muss man mit dieser Form der schweigenden Rückmeldung nicht glücklich sein. Die Medientheorie aber muss sie auf eine Weise modellieren, die den Hinweg nicht einfach der Inhaltsanalyse und den Rückkanal der Medienökonomie überlässt.

Begehren

Interessant ist der entsemantisierte Rückkanal des Geldes noch aus einem zweiten Grund. In sehr viel klarerer Weise als die Zeichen selbst nämlich, es wurde oben gesagt, sind Ökonomie und Geld mit dem *Begehren* verbunden. Geld ist eine gesellschaftliche Maschine, die Wunschpotentiale organisiert, sie relationiert, quantifiziert und untereinander vergleichbar macht, die dem Begehren insgesamt eine Form gibt und es tückisch auf Gegenstände zurückorientiert, die selbst Teil der Realität und deshalb geldförmig realisierbar sind.

Möglicherweise ist die Ökonomie das überlegene System, gerade *weil* sie mit der physischen Welt im Verbund bleibt. Wenn Luhmann hier von symbiotischen Mechanismen spricht,[16] ist dies möglicherweise eine Unterschätzung; da das Begehren anders als körpergebunden und körperrelationiert nicht gedacht werden kann, verlaufen die spezifischen Evidenzen hier vielleicht ebenfalls über den Körper.

Zeichen haben das Problem, dass sie referentiell auf die Welt zwar verweisen, dass diese Referenz aber nur möglich ist auf Basis einer systematischen *Entkopplung* von der Welt. Das interesselose Wohlgefallen, das Kant in den Mittelpunkt seiner Kunstdefinition stellt, mag nicht für alle Medien und Zeichensysteme in gleichem Maß gelten; symbolisches und tatsächliches Handeln aber erscheinen getrennt, und Zeichen sind Zeichen, weil sie zur Welt einen bestimmten Abstand halten.

Wenn die Zeichen nun ein Bündnis eingehen ausgerechnet mit der Ökonomie, dann möglicherweise, weil die Ökonomie das zwingendere System ist, weil sie Zwänge ins Spiel bringt, die selbst keine symbolischen sind. Das Bündnis mit der Ökonomie, so könnte man

---

16 Luhmann, Niklas: »Einführende Bemerkungen zu einer Theorie symbolisch generalisierter Kommunikationsmedien«. In: ders.: *Soziologische Aufklärung*. Bd. 2. Opladen 1988 (OA.: 1974), S. 181.

sagen, *substituiert Referenz auch im Reich der Zeichen*; es verschafft den Zeichen einen beschreibbaren zweiten (?) Bezug auf die Realität, wenn auch indirekt – performativ – und nicht im Hin- sondern eben im Rückkanal. Ohne Zweifel ist dies – wie vermittelt auch immer – ein Wahrheitsmodell. Und so unvermutet es auftaucht, so möglich erscheint, dass das eigentümliche Bündnis hier einen Teil seiner Basis hat.

Knappheit, Endlichkeit

Die Ökonomie, um auf dem gleichen Weg ein Stück weiter zu gehen, ist die Verwaltung des Reichtums, vor allem aber eine Maschine der *Verknappung und Knappheit*. Was nicht knapp ist, kann nicht zum Gegenstand von Ökonomie werden, Ökonomie ist die Verwaltung der knappen Güter. Das Geld drückt diese Knappheit aus, indem man seine Gesamtmenge streng limitiert und an das Produktionsvolumen der Gesamtgesellschaft zurückbindet.

Diese Bestimmung ist wichtig, weil es im Reich der Zeichen vergleichbare Grenzen nicht gibt. Zeichen vielmehr tendieren dazu sich schnell zu vermehren; da man möglichst ›leichtes‹ Signifikantenmaterial auswählt, ist dieses selten knapp. Zeichen sind immer ›Reproduktion‹, es gehört zur Basis ihres Funktionierens, dass sie sich vervielfältigen; der Übergang zur technischen Reproduktion schließlich reißt die letzten quantitativen Grenzen ein.

Gleichzeitig aber sind auch Zeichen, und dies ist wiederum eine tückische Dialektik, auf Knappheit angewiesen. *Signifikanz* entsteht dort, wo in der Flut der zirkulierenden Zeichen hierarchisch-privilegierte Inseln sich bilden, wo die Bibel als Buch der Bücher für Jahrhunderte das Schriftuniversum zentriert, extratextuelle Autoritäten bestimmten Texten eine autoritative Stellung verschaffen oder Diskurse sich statistisch-freiwillig um bestimmte Texte gruppieren. Jede Kanonisierung ist ein Mechanismus künstlicher Verknappung. Und Diskurse allgemein wirken als ein Filter, der über Selektion, Wiederholung, Verdichtung aus insignifikanten Zeichenflächen Signifikanz, Hierarchie und Struktur extrahiert.

Meine Behauptung nun ist, dass die Ökonomie auch hier eine präzise Funktion übernimmt. Da die Zeichen für sich genommen nicht knapp sind, greift das Geld regulierend ein und leiht seine

Eigenschaft knapp zu sein neidlos aus. Diskurse haben Wege gefunden *via Ökonomie* Signifikanz zu produzieren oder zu stützen. Im Spielfilm etwa meint ›Production value‹, dass man das eingesetzte Geld im Film selbst sehen kann, dass es dessen Signifikanz steigert; und Hitparaden werden veröffentlicht, um mit Verkaufserfolgen weitere Verkaufserfolge zu triggern. Das Resultat ist in beiden Fällen, dass die Signifikanz des Produkts zunimmt, oder bescheidener: dass es weiter ins hierarchische Zentrum des Diskurses rückt. Geld wird eingesetzt, um diesen Effekt gezielt zu erreichen. Und gleichzeitig eben, dies ist sein Realismusmoment, muss es eingesammelt werden von den Vielen, die jede/r für sich, wenn auch nicht autonom, nörgelnd-kritisch über die Verausgabung ihrer Gelder entscheiden.

Geld scheint für diesen Mechanismus besonders geeignet. Nahezu beliebig akkumulierbar unterstellt es, dass auch Signifikanz in schlichter Weise quantitativ aufgehäuft werden kann. In der Spannung, dass dies so ist und gleichzeitig *nicht* so ist, entsteht die Klaviatur, auf der das Bündnis von Zeichen und Ökonomie spielt.[17]

Äußerungsinteresse

Lösen wir uns vom Geld und kehren noch einmal zum ›monologischen Charakter‹ der Medien zurück. Wenn Mauss und Malinowski sagen, dass die Gabe grundsätzlich erwidert werden muss, und mehr: wenn das schlechte Gefühl auf der Seite dessen liegt, der die Gabe erhält, dann wird der monologische Charakter der Medien zum Rätsel. Wie also hält das Massenpublikum das laufende Beschenktwerden aus?

Drei Antworten auf diese Frage scheinen mir möglich. Die erste hebt darauf ab, dass gerade die *Schuld* die gesellschaftlichen Bande stärkt, dass der monologische Charakter der Medien also *Loyalität* produziert, jenseits aller Inhalte als Bindung ans Medium und möglicherweise darüber hinaus an die gesellschaftliche Apparatur insgesamt. Dies wäre ein notwendig konservativer Effekt, und Baudrillard hatte die Konsequenz gezogen, die Struktur als ganze zur Disposition zu stellen.

---

17 Daneben, selbstverständlich, gibt es andere Signifikanzkriterien; der Name der Autorin/des Autors, in Subkulturen möglicherweise gerade der Abstand zu Mainstream und Kommerz usf.

Die zweite mögliche Antwort wurde bereits gegeben: dass die Gabe eben doch erwidert wird und das Publikum weiß, dass es ›zahlt‹. In welcher Münze es zahlt, wird in den einzelnen Theorien unterschiedlich beschrieben; die Annahme eines Austauschs von Äquivalenten jedenfalls wird dramatischer, sobald klar ist, welche Macht gerade die unerwiderte Gabe entfaltet.

Und drittens schließlich wäre denkbar, dass die Frage falsch gestellt ist. Francks Ökonomie der Aufmerksamkeit impliziert, dass unterhalb der Oberfläche der Medien eine Umkehrung stattgefunden hat von einem Interesse primär der Rezipienten hin zu einem *Äußerungsinteresse auf Seiten der Enunziatoren*. Im Fall der Werbung ist dies unabweisbar. Interesse an dieser Äußerung hat primär der Enunziator, andere gleichgeartete Fälle wären Propaganda und Public Relations, daneben aber z. B. die um sich greifende Praxis im Wissenschaftsbereich, Publikationen an eine Finanzierung durch die Autoren zu binden.[18] Je dominanter diese Logik wird, je weiter die Werbung den redaktionellen Teil der Medien durchdringt[19] und je überwältigender die Gesamtfläche des Geäußerten wird, relativ zur Kapazität der Rezipienten, weitere Angebote überhaupt zur Kenntnis zu nehmen, desto klarer wird, dass das Geschenk keines ist. Der Vektor der Gabe selbst müsste, allem Augenschein zum Trotz, umgedreht werden, und es wäre tatsächlich die Aufmerksamkeit, die in die Position der (unerwiderten?) Gabe vorrücken würde.

Up and down

Symbolische Produkte also können auf zwei Arten in die Welt kommen: weil der Rezipient sich dies wünscht, oder weil der Enunziator ein primäres Interesse an der Äußerung hat. Für die erste Alternative möchte ich den Begriff ›downstream‹ vorschlagen; ›up‹ entsprechend würde den umgekehrten Weg und die größere Anstrengung

18 Was anzeigt, dass sich der Schwerpunkt auf das Äußerungsinteresse der Autoren verschoben hat; wichtigste Währung im Wissenschaftsbetrieb ist das Renommee, daneben sind Veröffentlichungen eine Notwendigkeit für die wissenschaftliche Karriere.

19 Beispiel wären Beiträge in Auto- oder Reisemagazinen des Fernsehens, die immer wieder auf Bildmaterial aus der PR der Firmen selbst zurückgreifen, wenn sie nicht insgesamt unter der Ägide der interessierten Firmen entstanden sind.

bezeichnen, das Produkt überhaupt an die Rezipienten zu bringen. Die Trennung ist sicher überklar und tatsächlich sehr viel häufiger werden Mischformen vorkommen; ihre Stärke aber ist, dass sie Unterscheidungen ermöglicht: Am Pol ›down‹ würden die Produkte der Massenkultur auftreten, die keinerlei Schwierigkeiten haben attraktiv zu sein, große Publika anzuziehen und sich warenförmig gegen Geld auszutauschen; die Zahlungsbereitschaft des Publikums selbst wäre Indikator für die Attraktivität, relativ zur Attraktivität konkurrierender Angebote. Das Produkt findet wie das Wasser seinen Weg. Der Gegenstrom des Geldes wäre grundsätzlich ›up‹, weil Geld immer nur gegen einen gewissen Widerstand locker zu machen ist.

Am Pol ›up‹ wie gesagt wäre die Werbung zu finden, politische Propaganda, daneben aber zum Beispiel auch die politische Aufklärung, gerade dann, wenn sie verbreiteten Commonsense-Strukturen oder Erwartungen widerspricht. Es war die Erfahrung der studentischen Linken in den Siebziger Jahren, dass selbst dort, wo sie Recht hatte, das Publikum die Botschaft keineswegs hören wollte und mit einiger Aggressivität auf die Verunsicherung reagierte. Ebenso ›up‹ wären schlechte Nachrichten, für die man allzu gerne den Boten erschlägt,[20] und zudem – interessant – auch jene ›Hochkultur‹, die auf Subventionen angewiesen ist, weil sie durch die zahlungskräftige Nachfrage allein nicht refinanziert werden kann.[21]

Selbstverständlich sind Definitionen von Attraktivität denkbar, die sich weniger umstandslos in Geld umrechnen lassen, und die Argumentation gerät in Gefahr, auf die Binnenlogik der Ökonomie allzu schnell einzuschwenken. Da Teile des Kulturbetriebs aber faktisch markt- und warenförmig organisiert sind, ist es sicher nicht unberechtigt, den Fluss des Geldes als einen Indikator zu lesen.

Mischformen werden auftreten, weil Rezipienten selten genau das wünschen, was das Produkt tatsächlich bietet, weil es häufig eher die Hoffnung als die Befriedigung ist, für die gezahlt wird – weshalb die Kasse am Eingang und nicht am Ausgang der Kinos steht –, und

---

20 Eine interessante Ausnahme sind die ›schlechten Nachrichten‹ der Nachrichten selbst, die offensichtlich einigen Unterhaltungs- oder Orientierungswert haben.

21 Beim Angeln, um im Feld der wässrigen Beispiele zu bleiben, wäre der Wurm ›down‹, der Haken ›up‹. Und Thoma, der Ex-Chef von RTL, weiß dies, wenn er bezogen auf seine Sendungen meinte, der Wurm müsse dem Fisch und nicht dem Angler schmecken.

weil Enunziatoren etwa dort, wo die Eigenlogik des Medienapparats sie dazu zwingt, bestimmte Produktstrukturen auch gegen die Bedürfnisse der Rezipienten durchsetzen. Die Tatsache, dass gerade auch für die Massenprodukte z. B. der Filmindustrie in exzessiver Weise geworben wird,[22] zeigt, dass diese weniger selbstverständlich ›downstream‹ sind als man denken würde und ohne die Werbung (›up‹) möglicherweise keine Massenprodukte wären. Die Werbung selbst versucht unterhaltsam zu sein und mit blauem Himmel und schnellen Schnitten ihren ›up‹-Charakter zu kaschieren; die Cannes-Rolle schließlich erreicht, dass für 90 Minuten Werbespots Eintritt gezahlt wird, und konsequent wird vor der Cannesrolle im Kino – Werbung gezeigt.

Wenn die Unterscheidung zwischen ›up‹ und ›down‹ Sinn macht, dann weil sie erlaubt, im Feld des Symbolischen nach der Attraktivität und damit der Flusslogik der Produkte zu fragen. In der Perspektive des Tauschs ist die Warenform den Kulturprodukten nicht äußerlich; Phänomene der *Zirkulation* vielmehr müssen mit solchen des Inhalts und der technisch-institutionell-medialen Anordnung in Verbindung gebracht und systematisch auf diese bezogen werden. Bestseller, Star, Hit oder Killerapplication eben sind nicht allein ein ökonomisches Phänomen; gleichzeitig sind sie Knoten im Netz der Diskurse, ›Knotenpunkt im Weltverkehr‹,[23] und es zeichnet sich die Notwendigkeit ab, eine Diskursökonomie zu entwerfen, die Zirkulationsphänomene ernst nimmt, ohne der Rhetorik der Einschaltquote schlicht aufzusitzen.

Geschenkökonomie

Aber gibt es nicht, so wird man fragen müssen, auch eine Ökonomie des Geschenks? Sind Geschenke für das Symbolische nicht ebenso typisch wie Erwiderung und Vergeltung? Und unterbricht nicht zumindest dieses den Tausch?

Dass die Gabe für sich genommen kein Geschenk ist, weil sie Reziprozität voraussetzt, wurde gesagt. In der Tat aber hat der französische Staat die Erfindung der Photographie angekauft und feier-

---

22 Bis zu 50% des Produktionsetats werden inzwischen für Werbung eingesetzt.
23 Faure, Ulrich: *Im Knotenpunkt des Weltverkehrs. Herzfelde, Heartfield, Grosz und der Malik-Verlag 1916-1947.* Berlin, Weimar 1992.

lich an die Öffentlichkeit übergeben. Ebenso regiert in weiten Teilen des Internet eine Ökonomie des Geschenks, und z. B. Tauschbörsen wie Napster sind keine, insofern sie Leistung und Gegenleistung nicht bilanzieren.

Am Geschenk, denke ich, findet die Logik des Tauschs tatsächlich eine Grenze. Die Entwicklung der Medientechnik arbeitet – in sich widersprüchlich – auch dieser Geschenkökonomie zu. Steht auf der einen Seite die Zentralisierung, die auf immer avanciertere Maschinen und große, zentralisierte Kapitalien sich stützt, so wirkt gleichzeitig eine Gegentendenz darin, dass viele Medienmaschinen immer billiger und zugänglicher werden, und die Signifikanten immer ›leichter‹ bis eben hin zur ›Immaterialisierung‹, wo weitere Kopien keine zusätzlichen Kosten mehr machen.

Es ist dies ein weiteres Mal die Logik der technischen Reproduktion, die die Exemplare verbilligt, völlig parallel zu den Produkten der Industrie, die ja ebenfalls die Verbilligung der Exemplare und schließlich das Überflüssigwerden der Arbeit versprach. Sprengt diese Verbilligung nicht den Mechanismus des Tauschs auf, indem sich die Gegengabe in schlichter Weise erübrigt? Auch dies hatte die Industrieentwicklung in ähnlicher Weise versprochen. Es schien allein die gesellschaftliche Verfasstheit zu sein, die die Produktivkräfte hinderte, sich bis zu diesem utopischen Punkt zu entfalten.

Im Reich des Symbolischen sind es allein die rabiaten Mittel eines staatlich-repressiven Copyrights, die ermöglichen, mit dem Verkauf von Softwarekopien Milliardengewinne zu machen. Allein das Gesetz, so könnte man sagen, hält die technische Reproduzierbarkeit bislang in Schach. Noch einmal also: strebt zumindest das Symbolische einer Geschenkökonomie zu?

Dass es Inseln dieser Geschenkökonomie gibt, zeigt zumindest, dass Zeichen und Waren, symbolischer und außersymbolischer Tausch nicht zwangsläufig eins sind. Selbst wenn auf einer allgemeinen Ebene richtig ist, dass alleine Reziprozität Gesellschaft konstituiert, dann gilt dies keineswegs ebenso zwangsläufig auf der Ebene jeden einzelnen Akts. Und das Symbolische scheint es leichter als der Warentausch zu machen, Gabe und Gegengabe, Äußerung und Erwiderung mit produktivem Effekt auch von einander zu trennen.

4 Zirkulation

Dass Ökonomie und Zeichen/Medien miteinander zu tun haben, sei nun unterstellt. Die Zeichen zirkulieren wie die Waren, sie bilden gesellschaftliche Netze aus, Teil jenes riesigen Tausch- und Austauschsystems, das wir insgesamt als ›Gesellschaft‹ ansprechen und das immer symbolische wie außersymbolische Register umfasst. Es ist der ›Verkehr‹, der Gesellschaft konstituiert; der materielle Verkehr auf den Straßen und der symbolische Verkehr über das Netzwerk der Medien; wenn Marx von ›Verkehrsformen‹ spricht, ist exakt dies gemeint,[1] und wenn Luhmann die ›Kommunikation‹ zur Grundlage der Gesellschaft erklärt, bezieht er, abweichend vom alltäglichen Sprachgebrauch, den Austausch materieller Güter ausdrücklich ein.[2]

Gleichzeitig gibt es relativ wenige medienwissenschaftliche Überlegungen, die diese Parallele tatsächlich ausarbeiten. Es sind wenige, aber es gibt sie, und im Folgenden sollen zumindest einige dieser Ansätze nach bestimmten Fragestellungen gruppiert vorgestellt werden. Das Projekt, einen Medienbegriff von der *Zirkulation* her zu entwerfen, stößt auf beschreibbare Schwierigkeiten. Denn handelt es sich, wenn die Zirkulation Ökonomie und Medien gleichermaßen umfasst, um mehr als eine Metapher? Ein weiteres Mal wird es darum gehen, was beide Sphären trennt und verbindet.

Zudem droht die Zirkulation, immer in Bewegung und geographisch/logistisch/technisch weit verzweigt, sich zumindest einer direkten Beobachtung zu entziehen. Anders als Text- oder Hardwarestrukturen, die auf dem Tisch stillhalten, kann sie analysiert werden nur in Termen der Statistik und der Quantitäten, die verstreute Ereignisse unter dem Auge der Wissenschaft wieder versammeln; oder auf der Ebene einer strukturellen Beschreibung, die, notwendig ›abstrakt‹, das beschriebene Konkrete häufig verfehlt. Im Mittel-

---

1 Bei Marx der Begriff für die gesellschaftliche Verfasstheit insgesamt, gleichbedeutend mit den ›Produktionsverhältnissen‹; entsprechend nannte sich eine avancierte kulturwissenschaftliche Zeitschrift der siebziger Jahre: *Tumult, Journal für Verkehrswissenschaft*.
2 Siehe z. B.: Luhmann, Niklas: *Die Wirtschaft der Gesellschaft*. Frankfurt am Main 1994 (OA.: 1988), S. 230 ff.; ders.: *Soziale Systeme*. Frankfurt am Main 1993 (OA.: 1984), S. 206.

punkt wird deshalb stehen, wie die genannten Ansätze diese Schwierigkeiten zu lösen versuchen. Und dahinter, selbstverständlich, steht die Sache selbst, eine Relation, die, durch und durch praktisch, sich um die Schwierigkeiten der Wissenschaft wenig bekümmert.

Durchdringung

Eine besonders handgreifliche und fast zwingend-plausible These zum Thema hat Beniger 1986 vorgelegt.[3] Ausgehend vom Computer, den er aus der aktuellen Mediengeschichte als Beispiel herausgreift, will Beniger dessen Vorgeschichte beschreiben. Anders als die technikgeschichtlichen Ansätze, die meist den Krieg als Entstehungszusammenhang neuer Medientechnologien nennen, im Fall des Computers die Dechiffrierungsprobleme in Blechley Park und allgemeiner die Entwicklung von Mathematik und Ingenieurwissenschaften, die mit der Evolution der Militärtechnologien eng verbunden sind, stellt Beniger Probleme der Ökonomie und der Volkswirtschaft in den Mittelpunkt. Beniger konstatiert, dass ohne den Computer als Organisations- und Kontrollmittel das weit verflochtene Netz gegenwärtiger Wirtschaftsaktivitäten nicht zu beherrschen wäre. Hieraus resultiert, dass es eine Vorgeschichte geben muss, zum einen des Kontroll*problems*, auf das der Computer eine technologisch neue Antwort ist, und zum zweiten anderer, historischer Kontrolltechnologien, die die Probleme der Wirtschaftsorganisation in der Zeit vor dem Computer, auf entsprechend niedrigerem Komplexitätsniveau, handhabbar machten. Beniger verfolgt die Entwicklung der Ökonomie ausgehend von den Handelsmächten des 15. Jahrhunderts und analysiert in verschiedenen Zeitschnitten die zunehmende volkswirtschaftliche Vernetzung, die in Nah- und Fernhandel und auf den verschiedenen Stufen von Arbeitsteilung, Rationalisierung, Mechanisierung und schließlich Industrialisierung jeweils entsteht; und er relationiert diese Problemseite mit den immer elaborierteren, technisch-organisatorischen Mitteln der Wirtschaftskontrolle. Hierbei ist bemerkenswert, dass er Hardwarelö-

3 Beniger, James R.: *The Control Revolution. Technological and Economic Origins of the Information Society.* Cambridge/Mass., London 1986; brillant ist insbesondere die Einleitung, die das Projekt in wenigen Linien mit äußerster Klarheit umreißt (ebd., S. 1-27).

sungen und Regelungen auf organisatorisch-imperativer Ebene, das Bahnen von Wegen und die Schulung von Spezialisten vollständig gleichrangig behandelt; Hinweis auf einen sehr allgemeinen Technikbegriff, der explizit auch Register des Sozialen mit umfasst. Ebenso selbstverständlich werden die organisatorischen Probleme auf Betriebsebene mit denjenigen einer übergreifenden Organisation des Handels, der Distribution und des Verkehrswesens in Beziehung gesetzt.

These also ist, dass der Computer nicht eine technische ›Erfindung‹ ist, sondern die Antwort auf ein drängendes Problem, Beseitigung eines Hemmnisses innerhalb einer Wirtschaftsentwicklung, die ihre eigene Dynamik und ihre eigenen Triebkräfte, und zwar außerhalb der Technikentwicklung, hat.[4] Und schlagend plausibel ist diese Rekonstruktion, sobald man sich die hauptsächlichen Einsatzgebiete des Computers vergegenwärtigt. Versicherungen und Banken haben immer zu den großen und erfolgreichen Anwendern gehört, das Militär erscheint als ein relativer Sonderfall in einem weit größeren Feld möglicherweise ebenso strategischer, aber eben ziviler Verwendungen. Und ebenso geschichtlich: Lange bevor das Rechnen für die Festungstechnik und die Ballistik relevant wird, regiert es im Feld des ökonomischen Kalküls und der Buchführung. Die Schriftgeschichte beginnt mit ökonomischen Listen, und das Kartensystem Holleriths, das, dies ist Konsens innerhalb der Medengeschichtsschreibung, in die zivile Ahnenreihe des Computers gehört, verbindet die Musikautomaten des 17. Jahrhunderts mit den Webstühlen Jacquards und den Problemen des 1890er Zensus.

Ob es tatsächlich glücklich ist, dies alles auf den Begriff der ›Kontrolle‹ zu bringen, sei dahingestellt; letztlich kybernetisch motiviert[5] bleibt ›Kontrolle‹ an eine Vorstellung instrumentellen Handelns gebunden,[6] die im Feld der Wirtschaft möglicherweise unproblema-

---

4 Immer wieder finden sich auch bei Beniger Aussagen, die soziale Prozesse einseitig auf technologische Veränderungen zurückführen, so dass die Technologieentwicklung als Letztursache erscheint: »The Commercial Revolution, following exploration of Africa, Asia, and the New World, resulted directly from technical improvements in seafaring and navigational equipment.« (Ebd., S. 9); sein Grundargument aber geht in eine andere Richtung.

5 Beniger expliziert diesen Bezug bereits in seiner Einleitung (a. a. O., S. 7 f.).

6 Die Kybernetik selbst changiert zwischen Steuerung und Selbststeuerung, der Prozesskontrolle und der Beobachtung/Implementierung sich selbst steuernder Systeme; Beniger sagt lapidar (und strikt instrumentell): »Here the word control repre-

tisch ist, sicher aber zum Problem wird, wenn Beniger die gesamte Mediensphäre auf Basis dieses Konzepts modellieren will.[7] Und ebenso strittig dürfte sein, dass Beniger bestimmte Mutmaßungen zur biologischen Evolution an seinen Ausgangspunkt stellt.[8]

Beides jedoch ist unschädlich für die These selbst, und vor allem für die oben genannte, methodische Frage. Ökonomie und Medien werden nicht allein in Verbindung gebracht, sondern es wird, was sehr viel weiter geht, eine tatsächliche geschichtliche Koevolution aufgewiesen. Die Entwicklung der Medien erscheint *eingebettet* in den größeren Zusammenhang einer kombiniert wirtschaftlich-technisch-sozialen Entwicklung, die die arbeitsteilig vernetzte Großstruktur der Moderne überhaupt erst hervorbringt. Hierbei werden Kausalitäten durchaus in allen Richtungen akzeptiert: Technische Innovationen außerhalb der Medien – etwa die Dampfkraft, die eine Beschleunigung der Transportwege erlaubt – können Änderungen der gesellschaftlichen Vernetzung bedeuten; das Ansteigen des physischen Personen- und Warenverkehrs wiederum kann ernste Kontrollprobleme verursachen; ein medientechnischer ›Sprung‹ wie die Entwicklung des Telegraphen schließlich kann Probleme der Bahnorganisation abbauen helfen, die sich aufgestaut hatten und ohne diese Lösung möglicherweise weiter aufgestaut hätten. Zirkulation und Verkehr jedenfalls sind in den Mittelpunkt der Betrachtung gerückt, und der gesellschaftliche Raum erscheint als jenes Gewimmel, als das die Literaten der Moderne ihn gerne beschreiben.

Strukturapplikation

Die Vorstellung einer solchen geschichtlichen Koevolution mit allseitig möglicher Kausalität führt heraus aus der technikdeterministisch verkürzten Geschichtsschreibung, die die Medienwissenschaft immer noch dominiert, für sich genommen aufregend aber ist diese Vorstellung nicht. In gewisser Weise kehrt sie zurück auf den Zeitpunkt, bevor McLuhan, medientheoretisch revolutionär, das Me-

---

sents its most general definition, purposive influence toward a predetermined goal.« (Ebd., S. 7).

7 So kommen z. B. die audiovisuellen Medien allein im Kontext von Werbung und ›Control of Mass Consumption‹ in den Blick (ebd., S. 344 ff.).

8 Ebd., S. 31-120.

dium ins Zentrum der Aufmerksamkeit rückte, und nur noch solche Determinationen akzeptierte, die vom Medium selbst ausgehen und gesellschaftliche wie wirtschaftliche Veränderungen einseitig-entschieden als ›Wirkung‹ betrachten. Zurück eben zu Harold Innis, dem Lehrer McLuhans, der vollständig parallel zu Beniger zunächst Wirtschaftsgeschichte betrieb, und erst auf dieser Basis medientheoretische/mediengeschichtliche Interessen verfolgte.[9]

Die wohl bekannteste These von Innis ist, dass Medien Zeit und Raum überwinden. Entwickelt wurde diese These am Beispiel nicht etwa der Telegraphie sondern des physischen Transports, konkret im Fall des römischen Imperiums, das, wie Innis rekonstruiert, nur auf Basis eines für die Zeit extrem gut ausgebauten Straßen- und Relaissystems funktionieren konnte.[10] Da Menschen und Botschaften mit gleicher Geschwindigkeit reisten, fiel die Organisation des Transportwesens mit der der Nachrichtenübermittlung weitgehend in eins,[11] Verbesserungen der Netzstruktur schrieben sich physischsichtbar ins Landschaftsbild ein, und können für die Theorie mithilfe von Karten in aller Anschaulichkeit zurückgewonnen werden.

Solche sinnliche Evidenz, dies ist der Grund sie hervorzuheben, ist für mediale Netze wenig typisch. Im Fall der mündlichen Sprache, um ein Gegenbeispiel zu nennen, wäre das Netz der Zirkulation der Wahrnehmung weitgehend entzogen; ihr Klang verschwindet im Augenblick seines Entstehens; und wenn er Spuren hinterlässt im Gedächtnis der Kommunikanten, so sind auch diese einer direkten Prüfung zunächst kaum zugänglich.[12]

Methodisch und theoriegeschichtlich ist dies keineswegs trivial. Meine These ist, dass Innis zu seiner Modellbildung möglicherweise nur auf dieser besonders material-anschaulichen Basis kommen konnte.[13] Es scheint etwas anderes zu sein, von der Annihilierung

9 Zu den ersten Büchern von Innis gehörten *A History of the Canadian Pacific Railroad* (1923), *Problems of Staple Production in Canada* (1933) und *Political Economy and the Modern State* (1946).

10 Innis, Harold: *Empire and Communications*. Oxford 1950; ein kurzer Ausschnitt ist ins Deutsche übersetzt: ders.: »Die Medien in den Reichen des Altertums«. In: Barck, Karlheinz (Hg.): *Harold A. Innis – Kreuzwege der Kommunikation. Ausgewählte Texte*. Wien, New York 1997, S. 56-66.

11 Und – zugegeben – an dieser Stelle auch Militär und Verwaltung.

12 ... und bislang übrigens der wissenschaftlich-theoretischen Modellbildung ...

13 Karlheinz Barck sieht dies ähnlich, die Stelle wurde oben bereits zitiert: »Innis hatte mit seinen Analysen zur Wirtschaftsgeschichte der dominanten kanadischen

des Raumes zu *wissen* – die These selbst ist im 19. Jahrhundert, im Begleitdiskurs zur Telegraphie, bereits Stereotyp[14] – oder theoretisch-modellhaft Konsequenzen aus ihr zu ziehen. Das Bild des Netzes selber, obwohl doch in den Telegraphendrähten ebenfalls mehr als evident, wird erst bei Innis für die Theorie der Medien tatsächlich fruchtbar gemacht.

Und möglicherweise ist es kein Zufall, dass die Erkenntnis sich schon bei McLuhan wieder verliert: Anders als Innis hat McLuhan darauf verzichtet, konkrete Wirkungen konkreter Netze zu untersuchen; die Rede vom globalen Dorf ist so pauschal, dass sie keine reale Beobachtung mehr spiegelt; sie verlängert, so könnte man sagen, die theoretische These von der Annihilierung des Raums in konkrete Medienbehauptungen hinein; insofern ist sie visionär oder nicht, konkret aber falsch. Das Fernsehen, das McLuhan vor allem vor Augen stand, hat ein hoch verzweigtes globales Netzwerk aus Zubringer- und Verteilerstrukturen, in keiner Weise aber einen homogenen ›Resonanzraum‹ ausgebildet.

Methodisch bedeutet dies zweierlei: zum einen, wie erläutert, die These einer wechselseitigen Durchdringung, zum zweiten aber, und dies ist neu, die These einer *Strukturapplikation*. Ausgehend vom Netz sichtbarer Straßen wird auf ein zweites, zunächst nicht oder nicht im selben Maße sichtbares Netz geschlossen; die 3-d-solide Welt der Dinge, der Ökonomie und der Post wird zur Symptomebene für Strukturgesetzmäßigkeiten, die auch im Fall weniger entschieden materialisierter Medien-Netze Gültigkeit und Erklärungskraft haben.

Und diese Bewegung findet sich bei Beniger vollständig parallel, mit dem Unterschied, dass die Behauptung nun die Ebene der tatsächlichen mediengeschichtlichen Entwicklung betrifft:

»Austrian finds Hollerith's data-tabulating system – probably the world's first machinery to process information as a material flow – as an even more extensive elaboration of a railroad system [...]. The concrete open system for

Handels- und Transportwege, den ›trade-routes of the external world‹, Voraussetzungen und empirische Belege für die anschließende, technologisch fundierte Kulturgeschichte, für die Analyse der ›trade-routes of the mind‹ gewonnen.« (Barck, Karlheinz: »Harold Adams Innis – Archäologe der Medienwissenschaft«. In: ders. [Hg.]: *Harold A. Innis*, a.a.O., S. 4).

14 Czitrom, Daniel J.: *Media and the American Mind. From Morse to McLuhan*. Chapel Hill 1984 (OA.: 1982), S. 7, 11.

processing railroad cars and trains served Hollerith as the model for processing the information – also as discrete material objects – that would soon
serve in the control of such systems«.[15]

Am Rangieren 3-d-solider Eisenbahnwagen also konnte Hollerith
lernen, wie mit Informationen möglicherweise mechanisch/innova-
tiv/produktiv umzugehen sei; eine Strukturapplikation ohne Zweifel, wenn es denn so stattgefunden hat, eine Strukturapplikation
allerdings mit mediengeschichtlichen Konsequenzen. Die mecha-
nistische Logik von Zerlegung und Rekombination, von Verschi-
cken, Einlagern/Abstellen und Wiederverwenden wurde zunächst
in die Realität selbst eingeschrieben, bevor sie ins Symbolische übernommen und im Medium der mechanischen Datenverarbeitung
implementiert wurde.[16]

Der zweite Zusammenhang zwischen Ökonomie und Medien
also ist die Strukturapplikation, die, möglicherweise beidseitig, auf
verschiedenen Abstraktionsebenen formale Charakteristika hin- und
herprojiziert.

Kommunikation

Die Vorstellung, dass zwischen Ökonomie und Medien eine strukturelle Parallele besteht, wird 1994 auf überraschende Weise bestärkt. Selbst der Begriff der *Kommunikation* nämlich, dies kann der
französische Theoretiker Mattelart zeigen, hat seinen Ursprung in
der Sphäre der Ökonomie.[17] Ist der Begriff heute zumindest im
Deutschen wie selbstverständlich auf symbolische Vorgänge zentriert, sind es im 17. Jahrhundert zunächst Flüsse, Straßen und Ver-
kehrswege, die ›kommunizieren‹; der Ingenieur und Ökonom Vauban (1633-1707) etwa widmet sich dem Ausbau der nationalen Infrastruktur und empfiehlt seinem König, ein zusammenhängendes
System von Kanälen zu schaffen, »to communicate the navigation of
rivers one with another.«[18] Ziel ist es, die Nation zu einigen und die

15 Beniger, a. a. O., S. 412 f.
16 An dieser Reihenfolge sind Zweifel durchaus angebracht; regiert doch bereits die
   Schrift dieselbe Logik der Zerlegung und Rekombination ...
17 Mattelart, Armand: *The Invention of Communication*. Minneapolis, London 1996
   (OA., frz.: 1994).
18 Ebd., S. 6.

Provinzen enger an die Kapitale zu binden. Und es ist vor allem der Warenverkehr, der diese Funktion übernimmt:

»If the king should take a liking for it and put some effort into it, the greatest good that could ever happen to this kingdom would ensue, thanks to easier circulation of foodstuffs, which would procure a considerable increase in them, and consequently a rise in well-being and convenience, and a very great ease for the provinces in helping each other in expensive years and in times of war.«[19]

Mattelart beschreibt, dass die gesteigerte Zirkulation von Waren sich mit weitgehenden Unifizierungs- und Pazifizierungsphantasien verbindet. Zunächst innerhalb der Nation, in Konkurrenz etwa zu England, und im 19. Jahrhundert dann auch international: Im Kontext der Weltausstellungen wird der Handel als ein friedlicher Wettstreit der Nationen gefeiert, als unmittelbare Alternative zum Krieg und als Vorkehrung gegen diesen;[20] bis, spätestens 1914, der nationale Chauvinismus solchen Utopien ein Ende macht.

›Kommunikation‹ also umfasst symbolische wie außersymbolische Register; die Ebene der Infrastruktur – Verbindungswege oder Telefonschaltungen werden im Englischen wie im Französischen ›communications‹ genannt –, daneben *Akte* des Tauschs und Austauschs, weiter die Tatsache der Verbindung, die Relation, und in bestimmten Fällen auch das Ausgetauschte selbst; Mattelart folgert:

»Communication will be understood here from a wider viewpoint, encompassing the multiple circuits of exchange and circulation of goods, people, and messages.«[21]

Der Begriff der ›Zirkulation‹ wurde, ebenfalls im 17. Jahrhundert, am Modell des Blutkreislaufs entwickelt und von dort auf ökonomische Prozesse übertragen.[22]

Die Vorstellung einer ökonomischen Zirkulation nun, und dies ist der zweite theoretisch relevante Punkt, ist eng verbunden mit dem Modell der *Arbeitsteilung*. Montchrestien, der 1615 den Begriff der ›Politischen Ökonomie‹ prägt, visiert eine ›intra-national division of labor‹ an, ›while refusing the idea of an international division‹.[23] Folgt man Adam Smith, schreibt Mattelart,

19 Ebd., S. 7.
20 Ebd., S. 112 ff., 85 ff.
21 Ebd., S. XIV.
22 Ebd., S. 15 ff.
23 Ebd., S. 7.

»the division of labor is not the product of ›human wisdom‹. It is the ›necessary, though very slow and gradual, consequence of a certain propensity in human nature [...]; the propensity *to truck, barter, and exchange one thing for another.*‹«[24]

Es ist der Handel – die ›Kommunikation‹ –, die die Arbeitsteilung hervorbringt; und gleichzeitig bringt die Arbeitsteilung auf jeder ihrer Stufen neue wechselseitige Abhängigkeiten und damit neue Kommunikationen hervor. Bereits sehr früh wurden Ökonomie und Gesellschaft über diese wechselseitigen Abhängigkeiten bestimmt, bei Vauban findet Mattelart die Idee einer ›reciprocal dependence‹ auf; um dann die Encyclopédie von 1753 zu zitieren:

»By commerce we mean in a general sense a *reciprocal communication*. It applies more particulary to the communication that men have with each other in the productions of their lands and their industry. Infinite Providence, whose creation is nature, has willed, by the variety that It spreads, putting men into dependence on each other: the Supreme Being has formed links in order to bring peoples to preserve peace among themselves and to love each other ... This reciprocal dependence of men, by the variety of commodities that they can furnish each other, extends to real needs and to the needs of opinion.«[25]

Es besteht also, und dies ist für die Theoriekonstruktion insgesamt wichtig, ein systematischer Zusammenhang zwischen funktionaler Differenzierung (Arbeitsteilung) und ›Kommunikation‹. Bindeglied beider ist die wechselseitige Abhängigkeit, die die Arbeitsteilung zwangsläufig mit sich bringt. Diese Auffassung nun wird zu einem allgemeinen Modell gesellschaftlicher Organisation und Entwicklung, und etwa bei Spencer – der Philosoph, Ökonom und übrigens Eisenbahningenieur war – bis in organizistische Vorstellungen hinein verlängert:

»From the homogeneous to the heterogeneous, from the simple to the complex, from concentration to differentiation, ›organic society‹ or today's industrial society – as opposed to yesterday's ›military societies‹ – is a society that is more and more coherent [!] and integrated: its functions are more and more clearly defined. ›If organization consists in such a construction of the whole that its parts can carry on mutually dependent actions, then in proportion as organization is high, there must go a dependence of each part upon the rest

24 Ebd., S. 56 (Hervorh. H. W.).
25 Ebd., S. 7 (Erg. H. W.).

73

so great that separation is fatal, and conversely. This truth is equally well known in the individual organism and in the social organism.‹«[26]

Der dritte Punkt, den Mattelart hervorhebt, ist die Tatsache, dass der Vorgang – ganz im Gegensatz zur Alltagsauffassung von Kommunikation – sich weitgehend automatisch und ohne Bewusstsein der beteiligten Individuen vollzieht. ›The division of labor is not the product of human wisdom‹. Bei Marx, rekonstruiert Mattelart, wird der Widerspruch manifest:

»We know that, for Marx, [...] it was not techniques of communication [...] but rather the commodities on the world market, that were indifferent to religious, political, national, and linguistic barriers. [...] The commodity form is the general form of exchange. The universal language is the language of commodities, as expressed by price. With everything to be sold and bought, the common link is money, the symbolic medium and mediator par excellence, the perpetuum mobile.«[27]

Und weiter:

›The German term ›Verkehr‹, which at the end of the nineteenth century would be used by the strategists of the Kaiser's empire as a synonym for what the French called ›communication(s)‹, was used by Marx either in the larger sense of the word ›commerce‹, or in the sense of ›social relations‹ (as in ›Verkehrsform‹ und ›Verkehrsverhältnisse‹, which will become in the Marxian opus the ›relations of production‹, or ›Produktionsverhältnisse‹). Thus, if one is bent on finding in Marx the traces of the term ›communication‹ in its current meaning, one would have to include all the forms of relations of work, exchange, property, consciousness, as well as relationships among individuals, groups, nations, and states.«[28]

Um die Sache zu ordnen, könnte man, ebenfalls mit Marx, den Begriff der ›objektiven Vergesellschaftung‹ gegen symbolische Formen der Vergesellschaftung absetzen; wobei der alltagssprachliche (deutsche) Kommunikationsbegriff eher auf der Seite der Letzteren zu liegen käme. Dass der französisch/englische Kommunikationsbegriff, wie referiert, die objektive Vergesellschaftung einbegreift, macht den Denkanreiz bei Mattelart wie im hier verfolgten Zusammenhang aus.

26 Ebd., S. 73 (Hervorh. H. W.), Mattelart zitiert Spencer: *The Principles of Society* [1876–96].
27 Ebd., S. 101.
28 Ebd. (Im Original fehlerhaft: Verkehrshältnisse).

Gesellschaftliche Sektoren

Eine weitere Möglichkeit, Ökonomie und Symbolisches zu konstellieren, sei zumindest erwähnt. Soziologie und Wirtschaftswissenschaften sind es gewöhnt, den gesellschaftlichen Gesamtprozess in Subsysteme oder aber in ›Ebenen‹ zu zerlegen. Der Einfachheit halber sei hier das Referat ebenfalls von Beniger benutzt, in Varianten wird die Theorie von den verschiedensten Autoren vertreten:

»Economic science [...] has for centuries been devoted to the study of material flows through social systems. As we might expect, an economy's major sectors, as delineated by Clark (1940), Hatt and Foote (1953), and Bell (1973), correspond to major stages in the essential life process [?]. The primary sector – agriculture, fishing, lumber, mining, oil and gas – represents the extraction of matter from the environment to produce energy, including the calories to sustain individual organisms. The secondary sector – processing primary goods, as in construction and manufacturing – represents the synthesis of matter and energy into more organized forms (negentropy). The tertiary sector, including transportation and utilities, represents the infrastructure for distributing matter and energy about the system, while the quaternary sector – trade, finance, insurance and real estate – constitutes a parallel infrastructure for the collection, processing, and distribution of information that is necessary in all living systems for the control of material flows. Finally, the ›highest‹ [!] of all sectors in its remove from the physical environment is the quinary sector, including government, law, and education, representing the societal programming – socialization, education, law making – and collective or representative decision making to effect control.«[29]

Eine solche Einteilung ist sicher technokratisch verkürzt. Dass sie jenseits von Regierung, Recht und Wirtschaftskontrolle keinerlei symbolische Zirkulation kennt und anerkennt, keine Kultur, keine Literatur, keine Unterhaltung und keine Medien, deutet zusätzlich darauf hin, dass eine rein wirtschaftswissenschaftlich/funktional/instrumentelle Sicht das hier gestellte Ausgangsproblem nicht ausschöpfen kann. Dennoch wird man sich klarmachen müssen, dass das Modell, so oder in Modifikationen, ins Alltagsbewusstsein eingegangen ist. Vor allem die Rede vom ›tertiären Sektor‹ ist ein Gemeinplatz; und ausgehend vom tertiären Sektor wurden äußerst einflussreiche Deutungen wie Tofflers ›Third Wave‹ und letztlich alle Prognosen zur ›Informationsgesellschaft‹ geschrieben.

29 Beniger, a.a.O., S.179 (Erg. H.W.).

Befragt man das Modell auf seinen konkreten Inhalt, so fällt zunächst auf, dass eine Hierarchie, vom Basalen hin zu einem ›highest of all sectors‹ behauptet wird. Unter der Hand also ist das Modell von einer horizontalen Gliederung gleichrangiger ›Sektoren‹ zu einer vertikalen Schichtung übergegangen; wobei ›the highest, quinary sector […] including government, law, education, representing the societal programming […] to effect control‹ durch seine Abstandnahme vom ›physical environment‹ gekennzeichnet ist.

Die Hierarchie erinnert zunächst an die Trennung von Hand- und Kopfarbeit, insofern es physische Prozesse sind, die ›unten‹ zu liegen kommen, während symbolisch-administrative und mediale Funktionen die ›höheren‹ Sektoren bestimmen. Diese natürliche Ordnung hatte der Marxismus angegriffen, indem er die Handarbeit zur ökonomischen Basis erklärte und Phänomene des Überbaus als sekundär und abgeleitet ansah; die Theorien zur Informationsgesellschaft stellen die Hierarchie nun wieder her und machen die Ökonomie insgesamt zu einem Anhängsel der quantitativ gewucherten ›Information‹. Umso wichtiger ist festzuhalten, dass Beniger eine abweichende These vertritt; geht es ihm doch gerade darum, die einsinnige Kausalität aufzugeben und den Fluss der Information als einen integralen Bestandteil der gesellschaftlichen Vollzüge zu begreifen.

Bringt es also überhaupt einen Gewinn, den gesellschaftlichen Gesamtprozess in Sektoren/Ebenen zu zerlegen; geht es nicht sofort um die Frage, in welcher Weise die ›Ebenen‹ in Verbindung stehen und interagieren? Analytische Trennungen, denke ich, bewähren sich darin, dass sie die Probleme, in die sie geraten, überhaupt erst sichtbar machen. Und sicher richtig ist, dass Informationen, Symbole und Medien anders funktionieren als die Ströme von Material und Energie. Die fünf Sektoren/Ebenen fordern insofern dazu auf, neben der Parallele auch die *Trennung* und die Unterschiede der gesellschaftlichen Maschinen zu denken.

Sprache und Arbeit

Selbstverständlich sind neben den genannten auch solche Modelle entwickelt worden, die den Zusammenhang auf einer avancierteren Ebene und nun von der Seite des Symbolischen her zu beschreiben versuchen. Und gleichzeitig, dies sei eingeschaltet, wird es nun theoretisch ungleich härter. Die im Folgenden referierten Texte gehen das Risiko ein, sprachlich wie inhaltlich den Korridor des Gewohnten zu verlassen; für den Lesenden bedeutet dies, dass sie/er etwas Freude am Detail aufbringen muss, ehe der Ertrag sich einstellt.

Der erste Autor, der hier zu nennen wäre, ist Rossi-Landi, der 1965 in Italien einen Aufsatz ›Language as Work and Trade‹ veröffentlicht hat.[30] Dem Titel entsprechend handelt es sich um eine Untersuchung zur Sprache, also im Feld des Symbolischen; die Sprache aber wird modelliert in den Termen der politischen Ökonomie; und das Ziel ist, ›A semiotic homology for linguistics & economics‹ nachweisen zu können. Der Text gehört in den Kontext der sechziger Jahre, in dem die marxistische Wirtschafts- und Gesellschaftstheorie den verbindlichen Rahmen für Analysen in nahezu allen Wissenschaftsfeldern bis hin zur Poetik darstellte; mit Marx zu argumentieren hieß der Wahrheit nahe zu sein, und der Text ist hiervon tief geprägt. Der Versuch aber ist interessant weit über diesen Kontext hinaus; die ›semiotische Homologie‹ nämlich wird entfaltet, nicht allein auf begrifflicher Ebene, sondern es wird, in diesem Punkt ähnlich wie in Leroi-Gourhans ›Hand und Wort‹,[31] ein Zusammenhang auf tatsächlicher, sachlicher Ebene behauptet. Und auf dieser Basis entsteht ein auf verblüffende Weise verändertes Bild der Sprache.

Methodisch werden Begriffe der Wirtschaftstheorie auf sprachliche Phänomene projiziert; zunächst – language as work – derjenige der Arbeit:

»If languages (langues) were not products and language in general (langage) were not work, they would be something purely natural [...].«[32]

Weil die Sprache Produkt des Menschen ist, kann auf das Sprechen als eine produktive Tätigkeit zurückgeschlossen werden; Arbeit (produktive Praxis) und Sprechen werden parallelisiert, beide haben ein Produkt, im einen Fall die Ware, und perspektivisch die Gesamtheit aller Waren, im anderen nicht die einzelne Äußerung, wie man

30 Rossi-Landi, Ferruccio: »Language as Work and Trade«. In: ders.: *Language as Work & Trade. A Semiotic Homology for Linguistics & Economics.* South Hadley/Mass. 1983 (OA., ital.: 1965/1968), S. 35-64.

31 Leroi-Gourhan, André: *Hand und Wort. Die Evolution von Technik, Sprache und Kunst.* Frankfurt am Main 1988 (OA., frz.: 1964).

32 Rossi-Landi, a. a. O., S. 37.

denken könnte, sondern die Sprache als Gesamtprodukt, die Sprache als symbolisches System.

»Words, as units of language, are products of linguistic work; we use these products as materials and tools in the course of further linguistic work with which we produce messages.«[33]

Worte also sind in einen Zyklus eingespannt: einerseits Produkt vorangegangener Sprach-Arbeit, gehen sie in ›further linguistic work‹ wieder ein; in dieser Zyklizität ähneln sie weniger Waren allgemein als den *Werkzeugen*, die ja ebenfalls Produkt menschlicher Arbeit sind und zur Voraussetzung weiterer menschlicher Arbeit werden. Ein Gedanke, der sich ebenfalls bei Leroi-Gourhan in nahezu unveränderter Form wiederfinden lässt. Ökonomie und Sprache gemeinsam wäre weiter das Kriterium der Intersubjektivität sowohl der Produktion wie der Produkte.[34]

Schwierig wird es, sobald Rossi-Landi die Kategorie des *Kapitals* zu klären versucht. In Abgrenzung zu Ryle, der dekretiert hatte »As capital is to trade, so language is to speech«,[35] ergibt sich der erste Schritt aus dem bereits Gesagten:

»A language is an institutionalized assemblage of products of previous linguistic work«. »In learning and continuing to talk, we find words already made, just as we find around us all the products of non-linguistic work already made and ready for use.«[36]

33 Ebd., S. 35.
34 »Linguistic work lies rather on the side of *langage* in so far as, being collective rather than individual, it stands in opposition to parole and, being work rather than product, to langue. By making *langage* a simple combination of langue and parole, we preclude the study of the collective and communitary techniques of language. The bi-partition between language and speech must be replaced by a tri-partition: linguistic work (collective) produces the language (collective) on and with which individual speech is exercized. The products of this speech flow back into the same collective reservoir from which its materials and instruments have been drawn.« (Ebd., S. 39 f.).
35 Rossi-Landi zit. Ryle, Gilbert: »Use; Usage and Meaning«. In: *Proceedings of the Aristotelian Society*, Supp. vol. XXV, 1961, S. 223-230 (Rossi-Landi, a. a. O., S. 40).
36 Ebd., S. 46, 45; Rossi-Landi setzt fort: »[W]e must consider the language (langue) also as material, that is, as an object on which new work is expended. [...] Even in the field of non-linguistic labor, instruments are in continual evolution; we work on them as well as with them, that is, we take them as materials and produce new products from them.« (Ebd., S. 47). Und weiter mit Betonung der Beziehung zwi-

Sprache also wäre in dem selben Sinne ›Kapital‹, wie Kapital die Aufhäufung aller gesellschaftlichen Produktionsmittel, Werkzeuge und
sonstigen materiellen Reichtümer ist. Dies parallelisiert die Sprache
mit dem Marx'schen Begriff des ›konstanten Kapitals‹.[37] Gleichzeitig bedeutet Kapital: Geld.

»Moreover, the language, as a universal means of exchange for any communication, also offers the often observed aspect of money, with which all other
goods are bought and sold.«[38]

Hiermit betritt Rossi-Landi, ohne es auffälliger anzumerken, neues
Terrain. War die Parallele, gestützt auf den Begriff der ›Arbeit‹, bis
dahin eher substanzialistisch fundiert, kommen mit dem Kapital als
Geld nun Zirkulation und Austausch ins Spiel. Der Titel des Textes
hatte es angekündigt: ›language as work *and trade*‹; »Communication is the production and circulation of messages within a linguistic
community.«[39]

Diesen Aspekt auszuarbeiten erweist sich als schwierig. Ähnlich

schen konstantem Kapital (material, instrument) und variablem Kapital (labor
power): »Constant linguistic capital is a dead thing unless it is accompanied by a
variable capital consisting of the linguistic labor power expended by the men [and
women] who speak and understand a given language, who express themselves and
communicate in it […]. Constant and variable capital together make up total linguistic capital through which communication takes place. Communication is the
production and circulation of messages within a linguistic community.« (Ebd.,
S. 47 [Erg. H. W.]).

37 Und wie das konstante Kapital als ein kollektiver Reichtum jeden individuellen
Rahmen übersteigt, so auch im Fall der Sprache: »In no case, however, has the individual learning of language (langage) within a particular language (langue) ever
amounted to the production of the instruments of which every language existing
today consists. This has been achieved socially over tens or hundreds of thousands
of years, and it is totally absurd to think that it can be achieved again from the
beginning by a single individual.« (Ebd., S. 42).

38 Ebd., S. 47. Interessanterweise lehnt Marx selbst den Vergleich ab: »(Das Geld mit
dem Blute zu vergleichen – das Wort Zirkulation gab dazu Anlaß – ist ungefähr
ebenso richtig wie das Gleichnis des Menenius Agrippa zwischen den Patriziern
und dem Magen.) (Das Geld mit der Sprache zu vergleichen ist nicht minder
falsch. Die Ideen werden nicht in der Sprache verwandelt, so daß ihre Eigentüm-
lichkeit aufgelöst und ihr gesellschaftlicher Charakter neben ihnen in der Sprache
existierte, wie die Preise neben den Waren. Die Ideen existieren nicht getrennt von
der Sprache. [...]).« (Marx, Karl: *Grundrisse der Kritik der politischen Ökonomie
(Rohentwurf)*. Berlin 1974 (OA.: 1857/58), S. 80; für den Hinweis Dank an Andreas Böhm.)

39 Rossi-Landi, a. a. O.

wie der erste Band des Marx'schen Kapitals zu Produktion, Wert und Ware ungleich plausibler ist als der zweite und dritte zu Distribution und Zirkulation, drohen die Überlegungen zum ›linguistic market‹ sich zu verlieren;[40] mehr als interessant allerdings ist der Verweis, dass der Begriff des ›Werts‹ in der Ökonomie wie in der Saussure'-schen Linguistik zentrale Funktion übernimmt. Für den Wert-Begriff schlägt Rossi-Landi zunächst eine substanzialistische Deutung vor, die mit Marx weitgehend übereinstimmt, sich von der Zirkulation zunächst aber wieder entfernt:

»The value arises from the fact that the products are in fact products, that is, in the last analysis, from the human work expended to bring those products into existence and ›crystallized‹ in them.«[41] »This terminology of values, drawn as it is from texts of the classical economists, and particularly Marx, survives precisely among linguists, for whom it is common to associate the value of a word or expression, and even of a message, with its meaning. [...] It is difficult to consider these simple chance analogies; and it is curious that so little attention has been paid to them«.[42]

Dass Rossi-Landi hier mit Saussure nicht völlig in eins geht, ist ihm durchaus bewusst;[43] und auch ein zweiter Ansatz, statt auf den Marx'schen ›Wert‹ nun auf den ›Tauschwert‹ zurückzugreifen, der die Zirkulation wieder ins Spiel bringt, kann nicht völlig überzeugen.[44]

Exakt hiermit aber wäre das Terrain für eine mehr als interessante Untersuchung markiert; nicht allein, dass die Parallele zwischen dem ökonomischen und dem linguistischen Wert auch mit anderen Mitteln als denen Rossi-Landis nach wie vor bislang nicht eingelöst

40 Ebd., S. 48 ff.
41 Ebd., S. 50.
42 Ebd..
43 »Saussure himself, though he deals with them amply, does not seem to have a theory of linguistic work, which alone could give a foundation to his theory of linguistic value.« (Ebd.)
44 »Once we accept the conception of language as work, the first research hypothesis that presents itself is that words and expressions are used, and messages transmitted and received, not only according to their use value, but also and primarily according to their exchange value. Roughly, in the case of words and expressions, the exchange value must be sought in the reciprocal relationships into which these words and expressions enter within the language of which they are a part; in the case of messages, it must instead be sought in their transmission and reception within the sphere of a linguistic community, that is, in their circulation within a linguistic market which they themselves constitute.« (Ebd.)

werden kann[45] – vor allem wäre die gesamte Problematik aus der Perspektive der *Zirkulation* noch einmal zu remodellieren. Die Beobachtung, dass Worte wie Waren zirkulieren, wäre von der metaphorischen Ebene auf eine theoretisch haltbarere zu überführen; und an den Schwierigkeiten, in die Rossi-Landi gerät, ist zu lernen, was man mit einer Überschrift wie ›Zirkulation‹ an möglichen Problemen sich einhandelt.

Tausch, Ersetzung, Zirkulation

Jean-Joseph Goux setzt dort an, wo Rossi-Landi aufhört: bei der Kategorie des Tauschwerts, bei der Zirkulation und beim Tausch. Zwei Bücher ›Économie et symbolique‹ und ›Les iconoclastes‹ versammeln Texte, die hierzu äußerst produktive Ansätze enthalten (daneben aber auch mehr als problematische, vor allem dort, wo ein verkürzter Lacan, der Vater und der Phallus regieren[46]). Das Vorwort der amerikanischen Ausgabe stellt das Projekt klar:

»My reading of Marx's ›Contribution to the Critique of Political Economy‹, for example, convinced me that certain categories of semiotics, linguistics, and structural psychoanalysis overlapped those already in place in the economic domain, and very early on the intersections and conceptual parallels among these fields held my attention. How are we to interpret the notions of sign, representation, simulacrum, symbolicity, ideality, and value at work in the discourse of political economy? […] It then appeared to me, more specifically, that these connections could be conceived in terms of the phenomenon of exchange, for the semiotic, economic, and psychoanalytical horizons all emphasized the question of substitution and its correlative, value.«[47]

Hiermit ist ein vollständig neues Feld eröffnet. Wenn der Wert nicht mehr über die Arbeit bestimmt wird, sondern nun über die *Substitution*, über die Ersetzung eines Dings durch ein anderes, wie sie im

45 Vgl. z. B.: Coulmas, Florian: *Die Wirtschaft mit der Sprache. Eine sprachsoziologische Studie.* Frankfurt am Main 1992, S. 17 ff.

46 Goux, Jean-Joseph: *Freud, Marx: Économie et symbolique.* Paris 1973; ders.: *Les iconoclastes.* Paris 1978. Das erstgenannte Buch ist auf Deutsch erschienen (ders.: *Freud, Marx. Ökonomie und Symbolik.* Frankfurt am Main 1975); daneben verwende ich Auszüge der englischsprachigen Ausgabe, die Teile aus *Freud, Marx* und *Les Iconoclastes* zusammenstellt (ders.: *Symbolic Economies. After Marx and Freud.* Ithaka/NY 1990).

47 Ebd., S. 1, 2; das Vorwort wurde 1988 geschrieben.

Tausch sich ereignet, so wird eine Marx'sche Kerndefinition aufgegeben, Wert und Tauschwert drohen ineinanderzugleiten und am Horizont zieht die bürgerliche ›Marktwirtschaft‹ auf;[48] der theoretische Gewinn aber ist deutlich:

»This operation led to the nuclear and, as it were, metasocial aspect of the symbolic function, to what can be designated from different angles as the ›in place of‹, ›stand in‹, or ›supplement‹, the constant that is set apart, equivalence posited despite difference, the maintenance of an ideality throughout changes in materiality, etc. This general consideration of substitution thus took me to the heart of the symbolic function«.[49]

Zeichen stehen für etwas, was selbst nicht Zeichen ist, Zeichen sind immer ›stand in‹ oder ›supplement‹; und wenn diese Substitution, dieser ›Tausch am Platz‹, eben nicht vom Platz sondern von der *Zirkulation* abhängig gemacht werden soll, so ist dies mehr als vielversprechend. Zirkulation und Tausch sind ebenfalls Formen der Substitution, insofern, wie gesagt, der Tausch ein Ding durch ein anderes ersetzt und zwischen beiden ein Äquivalenzverhältnis (Wert oder Tauschwert?) etabliert. Und das Projekt eben wäre, zwischen beiden Substitutionen (zwischen Signifikation und Verkehr) eine regelhaft-systematische Verbindung zu zeigen. Hierzu kommt es, um dies gleich zu sagen, bei Goux nicht. Das Projekt aber ist formuliert; und Goux bietet, wenn auch an anderen Fronten der Problematik, reichhaltige Substitute an.

Da eine systematische Klärung offenbar schwer zu haben ist, entschließt sich Goux, die Frage zu historisieren, und unternimmt einen groß angelegten Versuch, den Tauschwert über seine konkrete historische *Genese* zu bestimmen:

»Allein eine Genese der Werte baut deren künstliche Überhöhung ab. Eine Genese der *Formen* der Werte.«[50]

---

48 Dies dürfte der Grund dafür sein, dass es einen weiteren Text von Goux gibt, der in die entgegengesetzte Richtung geht und ähnlich wie Rossi-Landi auf die Kategorie der Arbeit abhebt: Goux, J.-J.: »Marx und die Inschrift der Arbeit«. In: *Tel Quel: Die Demaskierung der bürgerlichen Kulturideologie.* München 1971 (OA., frz.: 1968), S. 86-109.

49 Goux, *Symbolic Economies*, a. a. O., S. 2.

50 Goux, *Freud, Marx*, a. a. O., S. 60; eigene Übersetzung, die deutsche Ausgabe hatte sich für die grausige Formulierung »baut das Künstliche ihrer Hypostase ab« entschieden.

Und auch diese Rekonstruktion hat die Pointe, dass sie parallel beide Register, die Ökonomie wie die Zeichen umfasst. Leitschnur ist die Marx'sche Analyse der historischen Herausbildung des Geldes.

»Die ›Genese der Geldform‹ ist die Geschichte eines universellen Vorgangs: die der Machtergreifung durch einen Repräsentanten und der Institutionalisierung seiner Rolle.«[51]

Ehe das Geld als allgemeines Äquivalent, als ein Äquivalent für alle Arten von Tauschakten sich etablieren kann, muss der Tausch selbst zu einer allgemeineren Praxis geworden sein. Dem geht voran eine sehr viel längere Phase innerhalb der Menschheitsgeschichte, in der allenfalls okkasionell getauscht wurde: Regional gebundene und wirtschaftlich weitgehend ›autarke‹ Ethnien versorgten sich mit dem Notwendigen selbst, und der Tausch betraf entsprechend zunächst Luxusgüter sowie Salz und Werkzeuge. Die Anzahl der Tauschakte war eher gering; und die Äquivalenz der getauschten Objekte musste von Fall zu Fall – in hohem Maße kontextabhängig – ausgehandelt werden. Mit Marx nennt Goux diese Phase ›Form I: Einfache oder zufällige Wertform‹:

»Wenn zwei Waren zueinander in ein Äquivalenzverhältnis gesetzt werden, wird damit zunächst ihre qualitative Gleichsetzung betont. Die beiden einander gegenüberstehenden Waren erkennen sich als ihresgleichen. [...] Tatsächlich ist diese Beziehung [...] nichts anderes als [...] ein Spiegelungsverhältnis. Eine der Waren drückt ihren Wert im Körper der anderen aus«.[52]

Die zweite Phase – die ›totale oder entfaltete Wertform‹ – tritt ein, sobald die Häufigkeit der Tauschakte zunimmt. Nun kann der Wert einer Ware zu einer Vielzahl anderer Waren in Relation gesetzt werden und es entsteht ein Netzwerk relativer Wertbestimmungen.[53]

---

51 Ebd., S. 61; auch hier korrigiere ich die Übersetzung; denn was in aller Welt soll heißen: »Die Genese der Geldform ist der Bericht [...] einer durchaus allgemeinen Prozedur«??
Aus der Position einer detaillierteren Marx-Exegese, auch hierauf macht mich Andreas Böhm aufmerksam, wäre möglicherweise einzuwenden, dass Marx selbst seine Analyse nicht als konkret historische sondern eher als eine systematische Darstellung anlegt, die zwar vom Einfachen zum Komplexen voranschreitet, mit diesen Stufen aber zunächst keine konkreten Gesellschaftszustände erklären will. (Marx, K.: *Das Kapital.* Bd. 1. MEW 23, Berlin 1972 [OA.: 1867], S. 62-85).

52 Goux, a. a. O., S. 62.

53 »Der Wert einer Ware, der Leinwand z. B., ist jetzt ausgedrückt in zahllosen andren Elementen der Warenwelt. Jeder andre Warenkörper wird zum Spiegel des Lein-

Mit jedem Schritt seiner Verdichtung aber werden die Probleme dieses Netzwerkes klarer; da die Wertbestimmung relativ bleibt, müssen widersprüchliche Wertbestimmungen zu Spannungen und Ambivalenzen führen.[54]

»Mit welcher Taktik kommt man aus dieser Situation heraus? Fast ein algebraisches Problem. Dessen ›rationellste‹ Lösung die folgende ist: Es genügt, um diese zahlreichen Verhältnisse zu vergleichen, sie auf einen gemeinsamen Nenner zurückzuführen. Es genügt, daß alle Waren ihren Wert nur noch in einer Ware, die als universales Äquivalent genommen wird, ausdrücken. Als allgemeines Äquivalent.«[55]

Damit ist die Systemstelle bezeichnet, in die das *Geld* eintreten wird, zunächst als Gold, das eine Ware unter vielen ist und aufgrund bestimmter Materialeigenschaften für diese Funktion sich eignet. Die dritte Stufe, die ›allgemeine Wertform‹ ist erreicht.

»Die Waren stellen ihre Werte jetzt [..] einfach dar, weil in einer einzigen Ware [...]. Sie erkennen einander – im gleichen Ideal. Der Wert der Waren und ihrer wechselseitigen Verhältnisse tritt in die normalisierte Form ein, eine gesellschaftlich gültige Form. Sie treten in einen universellen Kreislauf ein. Die Auswahl [...] eines allgemeinen Äquivalents führt folglich eine wesentliche Neuheit in die Physiognomie der Warenwelt ein. Dadurch, daß sie an die Stelle ihrer wechselseitigen und komplexen Abhängigkeiten ihr einfaches Verhältnis zum selben Äquivalent stellen, ihren Wert in ein und demselben Spiegel ausdrücken, erhalten sie eine gleichzeitig gesellschaftliche und autonome Bestimmung.«[56]

In dieser Funktion schließlich – und dies wird die vierte Stufe, die ›Geldform‹, sein – kann das Gold mühelos durch Geldzeichen ersetzt werden.

wandwerts.« »Auf diese Weise ist die Anzahl ihrer möglichen Wertausdrücke [...] nur beschränkt durch die Anzahl von ihr verschiedner Warenarten.« (Ebd., S. 63, Goux zitiert das *Kapital*.)

54 »Im widersprüchlichen Netz ihrer Ausdrücke existieren überhaupt nur beschränkte Äquivalentformen, von denen jede die andere ausschließt. Das ist eine Rivalitäts-, eine Krisen-, eine Konfliktsituation. Eine Ware kann ein für allemal nicht ihren eigenen Wert ausdrücken, in einer universal anerkannten Einschätzung ihren eigenen Preis festsetzen. Sie ist befangen in den endlosen Aporien eines Relativismus, den keine Vorherrschaft regeln könnte. So besitzt sie keine einheitliche Erscheinungsform.« (Ebd., S. 64).

55 Ebd., S. 64 f.

56 Ebd., S. 65.

Interessant an dieser Genese ist, und deshalb war sie etwas ausführlicher zu referieren, dass die *Quantität der Tauschakte* und die Dichte des entstehenden Netzes der entscheidende Antrieb der Entwicklung ist. Die Systemsprünge werden von quantitativen Veränderungen abhängig gemacht, so dass hier Quantität in Qualität (und Akte in Struktur) umschlagen.

Gleichzeitig, und dies ist der zweite Punkt, ist es ein Weg vom Speziellen zum Allgemeinen, den Goux mit Marx nachzeichnet; Allgemeinheit ist nicht gegeben, sondern sie entsteht historisch in Stufen; und auf Basis von Tauschakten, die selbst, indem sie das qualitativ Verschiedene äquivalent setzen, eine Maschinerie der Abstraktion sind. Historisch also kann Goux zeigen, wie ein semiotischer Mechanismus – die Abstraktion – auf Mechanismen der Zirkulation zurückgeführt werden kann.

»Die symbolische Artikulation [wird] durch […] den Zirkulationsprozeß freigelegt; sie ›idealisiert‹ das allgemeine Äquivalent, abstrahiert den (legalen) Nominalgehalt vom Realgehalt, bis sie nur noch mit konventionellen, willkürlichen und differentiellen Zeichen operiert, bloßen Repräsentanten einer indifferenten und von aller Kraft getrennten Materie. So ist die Geschichte der Monetarfunktion grundlegend gekennzeichnet durch eine Entwicklung auf Abstraktion und Konvention hin.«[57]

Und dies wird man zumindest als eine Abschlagszahlung auf die Ausgangsfrage anerkennen müssen.

Abstraktion des Tauschs

Einen weiteren, und sehr viel direkteren Bezug zur Sphäre des Symbolischen hat Goux in seinem Text ›Exchange Value and the History of the Symbolic‹ ausgearbeitet.[58] Nun nämlich beschreibt Goux, dass auch die *Zeichen* einen ähnlichen Weg der Abstraktion durchlaufen haben. Ausgangspunkt ist die Beobachtung, dass die Ökonomie und der Bereich des Symbolischen historisch erst sehr spät überhaupt auseinander getreten sind, um sich als selbstständige, voneinander unabhängige Sphären zu etablieren:

---

57 Ebd., S. 101 (Erg. H. W.).
58 Veröffentlicht in *Les iconoclastes;* im englischsprachigen Band *Symbolic Economies* das fünfte Kapitel, S. 122-133.

»More than any other, modern society has divorced economic practices from their diffuse symbolic valences. This divorce is even what has made possible the autonomy of the economic, establishing it as an independent agency.«[59]

Die ›reine‹ Ökonomie ist ein Spaltprodukt. Ehe der Tausch als ›rein‹ ökonomischer sich herausbilden kann, muss all das abgeschüttelt werden, was die Ethnologen am Tausch in traditionalen Stammesgesellschaften beobachten: die Integration in magisch-religiöse Vorstellungen und Praxen, eine starke emotionale Beteiligung, eine Einbettung in komplizierte Semantiken, die Bindung des Tauschakts an die Persönlichkeit der Tauschenden und ihr Vertrauensverhältnis, die Bindung an die Geschichte der getauschten Objekte und der Konnex zum Kollektiv und dessen Geschichte. Wenn Mauss den Tausch als eine ›totale gesellschaftliche Tatsache‹ beschreibt, dann exakt im Sinn dieser Integration; der Tauschakt konstituiert Gesellschaft, gerade insofern er – aus moderner Sicht ›überdeterminiert‹ – im Kreuzungspunkt all der genannten Ebenen steht.[60] Dergleichen Überdetermination würde an der Kasse eines Supermarktes als Belastung empfunden werden.

»In contrast to the barter system, we observe in capitalist monetary economies not only the domination of an alien entity placed in the position of ›symbolizing third element‹ – that is, legal tender, which implies a legislative detour and a deferral of exchange – but also a disaffected, depersonalized, asignificant relation between abstract individuals who are not mutually delineated by any ›symbolist‹ rite.«[61]

Von Tauschwert (im Titel) kann man erst sprechen, sobald diese Abstraktion vollzogen ist; im Geld, das für Goux wie in ›Freud, Marx‹ im Mittelpunkt steht, findet dieser seine sachliche Form.[62]

»The libidinal, the intersubjective, and the semantic are completely divorced from economic relations, which are henceforth uncovered as such. For the first time, the economic value of a commodity can be conceived and fixed as

59 Ebd., S. 122.
60 Mauss, Marcel: *Die Gabe. Form und Funktion des Austauschs in archaischen Gesellschaften.* Frankfurt am Main 1990 (OA., frz.: 1925), S. 176, 22.
61 Goux, a. a. O., S. 123.
62 Ebd., S. 125.

an abstract exchange-value, apart from the subjective appreciation of its meaning. It is through this severance and disaffection of value that the capitalist political economy functions.«[63]

Abstraktion in der Sprache

Dieser Abstraktionsprozess, der sich innerhalb des Tauschsystems ereignet, bedeutet nun gleichzeitig die Abstoßung der Sphäre, die dadurch – ebenso isoliert – zur ›symbolischen‹ wird. *Innerhalb* der symbolischen Sphäre aber, und dies ist eine wirklich verblüffende Wendung, konstatiert Goux eine parallele Entwicklung, insofern die Zeichen selbst einen völlig vergleichbaren Weg der Abstraktion gehen. Parallel nämlich werden auch die Zeichen ›entsemantisiert‹. Sie entwickeln sich von den mächtigen, aufgeladenen Zeichen der Magie, ebenfalls eingebunden in das komplexe Geflecht des Sozialen und in vergleichbarer Weise ›überdeterminiert‹, hin zu einem Typus ›abgekühlter‹ und arbiträrer Zeichen, denen, wie Goux sagt, ein rein funktionaler Wert zukommt.

»Domination of the religious type is possible only if the symbol enjoys a certain status. Priestly power is inseparable from the charged, invested signifier, which blurs to some extent what is real and what is signified. It is noteworthy that Protestantism [ein etwas rüder Sprung von den Stammesgesellschaften zur Reformation], budding capitalism's rationalist ethic in the struggle against feudalism, was obliged, by a profound semiotic decision, to disengage the symbol from the thing symbolized: the communion wafer *is not* Christ's body; it *represents* this body. This action of divestment, shifting from the early Christian illusion of a mystical identity between the thing and its symbolic image to the modern ideology of representation, widens up the gap between the reference and its sign [...] to end up in the order of the detached, abstract, divested, and even – why not? – inconvertible mark.«[64]
»Replacing the figurative, charged symbol, which adheres to and is identi-

---

63 Ebd.
64 Ebd., S. 130 (Erg. H. W.); oder auf anderer Ebene: »The history of social formations and ideologies exhibits a shift from a form of sociality dominated by ›true symbolism‹ [›true symbolism‹ verweist auf Ferenczi, ebd., S. 124] and ritual procedures that ›obsessionally‹ code and decode signifiers to another form, increasingly marked by the philosophico-scientific systematization of desemanticized facts.« (Ebd., S. 126 [Erg. H. W.]).

fied with the real and the imaginary it symbolizes, is the pure symbol, a simple medium of exchange.«[65]

Wie die Abstraktion des Tauschwerts also ist auch die Arbitrarität der Zeichen nicht gegeben. Sie ist Resultat eines historischen Prozesses, der die Zeichen wie die Tauschakte/Waren ergreift, und freistellt gegen Kontext und Überdetermination. Aber ist ein ›pure symbol‹, ›a simple medium of exchange‹ tatsächlich denkbar?

Am ehesten sicher im Fall jener ›operationalen Schriften‹,[66] mit denen Computer arbeiten.

»Computer, the thinking machine, is capitalist-technocratic society's contribution to the history of writing. Replacing linguistic signs with a circuit arrangement and cerebral operations [?] with the electronic play of these circuits, the modern computer represents a new breakthrough in inscription: an operational writing that manipulates mindless, desemanticized signs. The symbolic elements that are combined are not signifiers but potential props for semantic attribution«.[67]

Was normalerweise als ›Formalisierung‹ angesprochen wird also sieht Goux in direkter Kontinuität zu einer sehr viel tiefer reichenden Veränderung in der Sphäre der Zeichen. Und wie bei Beniger ergibt sich der direkte Bezug zur Ökonomie:

»If there is a connection between the bank an the computer, it is not only that the manipulation of financial capital calls for complex writing procedures, with signs of value operations requiring the use of automated inscription, of mechanized information. More indirectly, the sign of the bank transaction, with its abstraction, dematerialization, and nominalist structure, which defer convertibility to the point where it becomes imaginary, [?] betrays its historic adherence to the order of the mechanical symbol.«[68]

65 Ebd., S. 128.
66 Diesen Begriff wird unter anderem Krämer verwenden: K., Sybille: »Sprache und Schrift«. In: *Zeitschrift für Sprachwissenschaft*, Nr. 15.1 (1996), S. 92-112.
67 Goux, a. a. O., S. 129 f. (Erg. H. W.).
68 Ebd., S. 130 (Erg. H. W.).

Die Entsemantisierung allerdings hat ihren Preis. Zum einen, insofern innerhalb des Zeichens selbst – widening up the gap between the reference and its sign[69] – die Spannung zum Bezeichneten sich erhöht, mit dem deutlichen Risiko, dass diese Verbindung überhaupt abreißt. Während Goux, poststrukturalistisch gestählt, ›the inconvertible mark‹ – ›why not‹ – glaubt affirmieren zu können und allenfalls im Fall des Computers in kulturkritische Töne verfällt, wäre hier die Theorie aufgefordert zu zeigen, auf welche Weise ›pure symbols‹, ›simple media of exchange‹ tatsächlich funktionieren könnten.

Zum Zweiten, und dieser Preis ist ernster, insofern das, was nicht zu entsemantisieren ist, den Beteiligten in den Rücken gerät. Was ausgeschlossen wird im Zuge der Entsemantisierung, wird dem individuellen Unbewussten und der Neurose überlassen ›which opens up an individual heaven of free signification‹.[70] Das Zeichen zu Zeiten der Magie, erklärt Goux mit Ferenczi und einigermaßen spekulativ, war ein ›volles‹ Zeichen:

»The ›true‹ symbolic dimension appears only as a vestigial layer, itself conceivable only in an immense anthropological flashback realized through society actually practicing this mode of the symbolic. What Ferenczi terms the ›real symbol‹ is that which has a ›surplus of affect‹ and which, moreover, owes this surcharge, this ›affective over-emphasis‹, to an unconscious identification with something else. He characterizes the symbol as referring to the unconscious. Thus, in order for us to speak of the ›authentic‹ symbol, the simple substitution of one thing for another is not enough. There must be an investment of drive and, in addition, the repression of one of the terms of equivalence, the one that unconsciously mobilizes all energy through a transference of investment from one representation to another representation. There is no true symbolism that is not cryptophoric: the symbol is a visible substitute that replaces something hidden, something that is not presentable – whence its ›profound‹ nature.«[71]

Und völlig parallel in der Welt der Dinge und der Ökonomie:

»Louis Gernet«, schreibt Goux, »illustrates the mythical implications of value in the premonetary symbols of ancient Greece. Certain luxury items,

69 Die Stelle wurde oben zitiert.
70 Ebd., S. 131.
71 Ebd., S. 124.

such as vases, jewels, clothing, and tripods, served as instruments of exchange in a noble form of trade. Gernet emphasizes that in this premonetary system [...] the economic value of the precious object remained integrated with the supernatural virtues imagined to be inherent in it. Such an object conveys not only wealth but sacred powers, social prestige, and ties of interpersonal dependence; its circulation enlists individuals and mobilizes religious forces at the same time that it represents the transmission of material goods.«[72]

Dass der magische Kern der Zeichen wie der Dinge sich im Verlauf der Entsemantisierung einfach verflüchtigt, ist kaum zu erwarten, dies legt die Formulierung bereits nahe. Intelligenter erscheint, mit seiner Fortdauer, seinem Wiederauftreten zu rechnen; in jenen überdeterminierten Waren, die Marx als würdige Nachfolge der tatsächlichen Fetische beschreibt, und eben im individuell wie kollektiv Unbewussten, das komplementär zur Entsemantisierung sein Volumen möglicherweise ausbauen kann.

»Precapitalist symbolism, however, spawning noisy nostalgias, has not been eliminated. Repressed, asocial, incapable of structuring the dominant modes of life [?], it survives, requiring in order to regain its voice the ventriloquism of poetic fiction or, again, in neurosis, resorting to the psychoanalytic instrument of privatized transference, which opens up an individual heaven of free signification within the repressive homeostasis of a disaffected mode of symbolizing [...]. The semantic surplus, the excess of meaning which gave behaviours and objects a ›symbolic‹ dimension [...], is tapped or repressed by a withdrawal of primary objective investment, such that the sociality subsides to a merely abstract transsubjective relation that deerotizes social ties and sectorizes the economic. [...] The dominant ideology is caught up in an instrumental rationality«.[73]

Methodisch bleibt jenseits solch eher schwarzer Summierung festzuhalten, dass Goux sein gesamtes Argument auf die Zirkulation und auf die zunehmende Quantität von Tausch- und Austauschakten zentriert. Luhmann oder Parsons nicht unähnlich wird der Differenzierungsprozess nachgezeichnet, der die einzelnen gesellschaftlichen Sphären – Ökonomie versus Semantik – gegeneinander überhaupt erst freistellt; sehr anders als bei diesen aber wird gezeigt, dass die Entmischung selbst einhergeht mit einer Abstraktion. Und diese wird explizit zurückgeführt auf die Verkehrsfrequenz:

72 Ebd., S. 126.
73 Ebd., S. 131 f. (Erg. H. W.).

»The analysis of economic exchanges shows that the notion of the pure symbol, in the sense of a disaffected substitute that can be perfectly arbitrary, conventional, and unmotivated, *emerges of its own accord from circulation and thus from the intensification of social exchanges.*«[74]

Interessant ist, dass diese Deutung in ›Freud, Marx‹ abgewiesen wurde:

»Value«, hatte Goux dort mit Blick auf Ware und Zeichen noch geschrieben, »is presupposed by formal identity and by indemnity, even if no real permutation, no give-and-take trade actually makes the substitution of equivalences visible; even if no barter, no circulation, no apparent bargaining dramatizes the counterbalancing and commutation.«[75]

Im Verlaufe der Argumentation also hat sich eine wichtige Umbewertung ereignet: von einem Wert, der ›presupposed‹ war, hin zu einer material-strukturellen Beschreibung tatsächlicher Austauschakte, die die Abstraktheit des Werts hervorbringen, auf den verschiedenen Stufen seiner historischen Verfestigung. ›Real permutation‹ und ›give-and-take‹ rücken damit in den Vordergrund, und mit ihnen die Zirkulation, um die es hier geht. Wenn die Ausgangsintuition also war, einen Medienbegriff auf die *Zirkulation* aufzubauen, dann wäre der Vorschlag, Goux nicht von vorne nach hinten, sondern von hinten nach vorne zu lesen.

Folgerungen

Verschoben aber hat sich auch das hier skizzierte Projekt. Es scheint die Möglichkeit auf, die ›Zirkulation‹, die so evident (und grob) am Anfang stand, in zumindest vier Richtungen zu verlängern: in eine

---

74 Ebd., S. 127 (Hervorh. H. W.).

75 Ebd., S. 9 f. (Hervorh. H. W.); der Kontext der Stelle lautet: »Metaphors, symptoms, signs, representations: it is always through replacement that values are created. Replacing what is forbidden, what is lacking, what is hidden or lost, what is damaged, in short, replacing with something equivalent what is not itself, in person, presentable [...].« [So weit die poststrukturalistische Gewissheit.] »Now the notion of value, whether for exchange, compensation, indemnification, purchasing, of repurchasing, is implied in every replacement. Whether this exchange involves comparison, substitution, supplementation – or translation and representation – value enters into it.« [Woher kommt er, der Wert? ist er gegeben?] »Value is *presupposed* [...]« (Ebd.).

Strukturbeschreibung der Medien, hier wäre der Spur nachzugehen, die bei Innis und Beniger angelegt ist; Ergebnis könnte sein, sich für die konkreten Muster der Vernetzung zu interessieren, die die Medien ausbilden, und von diesen Strukturmustern aus zurück auf die konkreten Mechanismen symbolischer Vergesellschaftung zu schließen. Zum Zweiten wäre möglicherweise die *Durchdringung* von Medien und Ökonomie näher zu untersuchen. Auf der sehr allgemeinen Ebene Benigers, insofern Medien ›Funktionen‹ innerhalb der Ökonomie übernehmen, und damit, so könnte man folgern, in ökonomische Zwänge in unterschiedlichem Maße eingespannt sind. Dieses könnte Unterscheidungen auch im Feld der Medien selbst möglich machen.

Der dritte Weg, und hierfür mag Rossi-Landi stehen, führt zurück auf die Frage, wie Praxen und Niederlegung, ›Arbeit‹ und ›Kapital‹ miteinander verschränkt gedacht werden können. Im Feld des Symbolischen, und völlig parallel im Feld der Warenproduktion, stehen sich jeweils ein fluides Element (›linguistic work‹, ›work‹) und ein Element der *Stase* (›Langue‹, ›capital, material world‹) gegenüber. Dass zwischen beiden eine regelhafte Dialektik besteht, ist der Kernpunkt meiner eigenen medientheoretischen Überzeugungen und wird im Folgenden aufgenommen werden,[76] wenn bei Rossi-Landi aber deutlich wird, dass eine substanzialistische Deutung im Rückgriff auf den Begriff der Arbeit mit dem Gedanken der Zirkulation zunächst nicht kompatibel ist, bleibt auch hier genug weiterzudenken übrig.

Und viertens ist bei Goux deutlich geworden, dass die Frage nach der Zirkulation unvermutet in diejenige der *Semiotik* mündet. Dies ist in meinen Augen der wohl interessanteste Punkt, zeichnet sich doch, insbesondere wenn man Goux gemeinsam mit Beniger liest, eine Möglichkeit ab, das Problem der *Formalisierung*, wie es innerhalb des Computerdiskurses zentral ist, zurückzuführen auf den offensichtlich sehr viel allgemeineren semiotischen Mechanismus der *Abstraktion;* beide dann auf *Interaktionsfrequenzen und Zirkulation*, um diese schließlich auf die Realgeschichte zurückzubeziehen. Dies hat Konsequenzen für die Semiotik selbst, insofern es eine Historisierung ihrer Fragestellung bedeutet; und gleichzeitig einen materialistischen Gegenentwurf zum verkürzt materialistischen Ansatz ›den Signifikanten‹ oder ›den Diskurs‹ in den Mittelpunkt der Aufmerk-

---

76 Siehe: *Docuverse,* a.a.O., S. 119 ff., 164 ff.; sowie hier: Kap. 6 ›Speichern‹.

samkeit zu stellen. Was ›Diskurs‹ ist, wäre mit Blick auf die Zirkulation zu remodellieren. Und das Zeichen selbst, seine ›Abstraktion‹ und sein Abstand zum Bezeichneten, wäre in Funktion seines Umlaufs, seiner Zirkulation neu zu beschreiben.

Die Veränderungen in der Struktur der Zirkulation stehen, so betrachtet, für jenen großmaßstäblichen Umbau insgesamt, der von den regional ›segmentierten‹ hin zu den großen, ›funktional differenzierten‹ Gesellschaften führt.[77] Welchen Raum die Zeichen durchqueren und welchen Raum sie konkret zu integrieren haben, scheint auf die Zeichen selbst zurückzuschlagen. Wenn Abstraktion, überspitzt gesagt, ein Sekundäreffekt von Abstandsalgorithmen ist, so wäre nicht nur die Gesellschaft, wie Mattelart beschreibt, ein Effekt von Verkehr und Versand, sondern eben auch das Zeichen selbst. Effekt seiner Verschickung und Verschickbarkeit, Effekt seiner Fähigkeit, Räume zu durchqueren und in heterogenen Kontexten seine Rolle zu spielen. Dieser Gedanke wird im folgenden Kapitel aufzunehmen sein.

Und vollständig klar ist, dass dies alles keineswegs ausschließlich auf der Ebene der ›Information‹ oder der ›Medien‹ geschieht; parallel zur Vernetzung der symbolischen Praxen läuft ein zweiter Prozess, der den gesellschaftlichen Raum mittels faktischer Tauschakte und dreidimensional solider Warenströme vernetzt; beide scheinen parallel, und in bestimmten Teilen strukturgleich zu verlaufen, Waren und Zeichen wären, ihren augenfälligen Differenzen zum Trotz, in anschlussfähigen Begriffen neu zu beschreiben. Die Medien verlieren ein weiteres Mal ihr Privileg. Es erscheint vollständig sinnlos, eine Medienwissenschaft weiter zu treiben, die allein auf das Symbolische starrt, oder, herausgerissen aus der Sphäre des Realen, allenfalls die Medientechnik als legitimen Gegenstand akzeptiert. Und ebenso sinnlos oder noch sinnloser erscheint, die gesamte 3-dimensionale Welt nach dem Muster des Symbolischen zu modellieren. Wenn die Strukturapplikation in beiden Richtungen möglich und wirksam ist, wird man mit Determinationen auch in beiden Richtungen rechnen müssen. Gemessen an diesem Programm scheint mir die gegenwärtige Medienwissenschaft einigermaßen schlecht ausgerüstet zu sein.

77 Siehe z. B. Luhmann, Niklas: »Interaktion, Organisation, Gesellschaft«. In: ders.: *Soziologische Aufklärung*, Bd. 2. Opladen 1991 (OA.: 1975), S. 13 ff.; sowie ders. (Hg.): *Soziale Differenzierung. Zur Geschichte einer Idee.* Opladen 1985.

5 Übertragen

Wenden wir uns nun einer Überlegung zu, die mit der vorangegangenen eng zu tun hat. Wenn gezeigt wurde, dass die Abstraktion der Sprache auf Mechanismen der Zirkulation, auf die tatsächlichen Akte des Tauschs und Austauschs, zurückgeführt werden kann, so schließt die folgende Überlegung hieran an. Ähnlich bleibt auch die Schwierigkeit, dass die Argumentation, zumindest im zweiten Teil des Kapitels, etwas Langmut erfordert. Der Text wird noch einmal auf der Makroebene des gesellschaftlichen Verkehrs ansetzen, dann aber auf die Ebene semantischer Mikromechanismen wechseln. Worum also geht es?

Von den Urszenen der Post bis hin zum Sender-Empfänger-Modell, und von Telegraph, Telefon und Nachrichtentechnik bis zum Filetransfer – im Mittelpunkt zumindest unserer Alltagsvorstellung der Medien stehen *Übertragung* und *Bote*. Medien übertragen Botschaften, Medien sind Medien der Übertragung; und Medienwissenschaft beginnt dort, wo sich die Aufmerksamkeit von der Botschaft ab- und der Übertragung selbst zuwendet.

Evidenzen aber sind trügerisch, dies hat die fundierte Kritik am Sender-Empfänger-Modell gezeigt.[1] Gemessen an einem komplexen Medienkonzept erscheint die Vorstellung, mediale Vorgänge funktionierten nach dem Versandprinzip, technizistisch und in naiver Weise auf materielle Vorgänge eingegrenzt. In ihrer Grundannahme rettungslos bilateral droht sie fast alles zu verfehlen, was an den Medien tatsächlich interessant ist: die Ausbildung komplexer Netzstrukturen, den Beitrag der Medien zur Vergesellschaftung, die

---

1 Diese Kritik reicht von Humboldt (»Die gemeinsame Rede ist nie mit dem Übergeben eines Stoffes vergleichbar«) über Theorien der mündlichen Kommunikation, die die Reziprozität der Verständigungshandlungen in den Mittelpunkt stellen (z. B. Geißner, Hellmut: *Sprechwissenschaft. Theorie der mündlichen Kommunikation.* Königstein 1981, S. 14 ff.) bis hin zu den technizistisch-vereinseitigten Einwänden der Kognitionstheorie: »Lebende Systeme werden als operational und informational geschlossene Einheiten betrachtet, die jeweils systemintern und moduliert durch wechselnde sensorische Aktivationen systemspezifische Informationen erst intern erzeugen. Botschaften werden daher nicht zwischen kognitiven Systemen übertragen, sondern von jedem beteiligten System aufgrund seiner je individuellen Voraussetzungen und Fähigkeiten selbst generiert.« (Eintrag: »Kommunikationstheorie«. In: *Metzler Lexikon Literatur- und Kulturtheorie.* Stuttgart 1998, S. 273).

Herausbildung von Wissensordnungen, jede Überlegung zu Code und Semantik usf. Kann man eine Diskothek sinnvoll als den Ort einer ›übertragenen Botschaft‹ beschreiben?

Vielleicht aber lässt sich das Konzept der Übertragung dennoch verwenden. Und mehr: Der Begriff könnte möglicherweise leisten, was auf andere Weise kaum zu haben ist; wenn Medien nicht der ›Kommunikation‹ dienen oder zumindest meist nicht der Kommunikation ›Anwesender‹, wenn sehr viel typischer die Überwindung geographischer Distanzen ist, die Zeitversetzung zwischen Produktion und Rezeption, der Aspekt des *Archivs* und der Bezug auf die Technik – wenn all diese irritierenden Bestimmungen nicht ihrerseits in technizistisch-reduzierte Konzepte münden sollen, dann könnte die ›Übertragung‹ weiterhelfen.

Allerdings eine erweiterte Übertragung. Auszunutzen wäre die Tatsache, dass der Begriff sehr verschiedene Tatbestände unter sich fasst: Er tritt auf, wie gesagt, in der Post- und Nachrichtentechnik, wo es um Adressen, Laufzeiten und Störgrößen geht; daneben in der Ökonomie, etwa wenn im Tausch Eigentum übertragen wird,[2] und ebenso in der Psychoanalyse; dort bezeichnet ›Übertragung‹ den Kern der analytischen Kur, die Übertragung des psychischen Konflikts in die aktuelle Situation zwischen Arzt und Patient. Man kann Krankheiten übertragen und physische Kräfte.[3] Vor allem aber tritt er auf in der Theorie der *Metapher*, die den Hinweis – ›μεταφέρειν‹ heißt übertragen – bereits im Namen trägt. Und die Metapher, dies sei im Vorgriff gesagt, ist ein Mechanismus, der tief in die Struktur semantischer Probleme führt.

Zustellung

»Im Anfang, im Prinzip war die Post, und darüber werde ich niemals hinwegkommen.«[4] Beginnen wir mit der Post. Bernhard Siegert ist es gelungen, diese Institution einer reduziert institutionengeschichtlichen Betrachtung zu entreißen und sie für die Theorie zurückzuge-

---

2 Debray, Régis: *Transmitting Culture.* New York, Chichester (West Sussex) 2000 (OA., frz.: 1997), S. 1.

3 Ebd., S. 7, S. 1.

4 Derrida, Jacques: *Die Postkarte. Von Sokrates bis an Freud und jenseits.* 1. Lieferung. Berlin 1989 (OA., frz.: 1980), S. 39.

winnen. In seinem Buch ›Relais‹, das 1993 erschien,[5] kann er zeigen, dass die Post als eine gesellschaftliche Implementierung nicht eigentlich Kommunikationsnetze bereitstellt oder Kommunikationsakte ›vermittelt‹. Durch eine aktive Postpolitik vielmehr, und insbesondere durch eine gezielte, drastische Verminderung des Portos um 1840 wurden überhaupt erst jene Verkehrsfrequenzen *erzeugt*, die für einen wirtschaftlichen Betrieb des Systems nötig sind;[6] der Staat selbst also, dies belegt Siegert mit einer Vielzahl von Materialien, war an der Steigerung des Verkehrs interessiert; mit den Postwegen entstand ein frühes jener medialen Adernetze, die für eine gesellschaftliche Integration zunächst auf nationaler und dann auf internationaler Ebene sorgen.

Ein zweiter schlagender Punkt bei Siegert ist, dass mit dem Postsystem die Position der kommunizierenden Subjekte auf neue Weise definiert wird. Um für den Postboten erreichbar zu sein, müssen die Subjekte über eine Adresse verfügen; das Postsystem fixiert die Subjekte an bestimmten Orten und macht sie auffindbar, was Siegert mit den Disziplinierungs- und Anti-Vagabondagestrategien, die Foucault untersucht hat, in Verbindung bringt. Die Entwicklung des Postsystems geht mit derjenigen des polizeilichen Meldewesens Hand in Hand, wobei die Besonderheit wäre, dass das Postsystem nicht mit repressiven Mitteln durchgesetzt werden muss, weil es auf die Kommunikationsbedürfnisse der Betroffenen selbst sich stützen kann. Dennoch war der Eingriff als Eingriff fühlbar:

»Vom Marquis von Londonderry erhielt der Postmaster-General [...] die indignierte Anfrage zurück, ob der PMG wirklich erwarte, daß er, der Marquis, einen Schlitz in seine Mahagony-Tür säge«.[7]

Hintergrund bei Siegert ist die Geschichtsauffassung Foucaults. Foucault hat in verschiedenen seiner Texte die Tatsache beschrieben, dass die Ausübung von Herrschaft das Mittel direkter Repression hinter sich lässt, und auf eine Ebene struktureller, fast möchte man sagen: infrastruktureller Anordnungen wechselt. Mit dem Regime

5 Siegert, Bernhard: *Relais. Geschicke der Literatur als Epoche der Post 1751-1913.* Berlin 1993. Siehe hierzu: Winthrop-Young, Geoffrey: »Going Postal to Deliver Subjects: Remarks on a German Postal Apriori«. In: *Angelaki,* Nr. 7.3, 2002, S. 143-158.

6 Siegert, a. a. O., S. 110 ff.

7 Ebd., S. 125 f.

der Disziplinen und dann der Gouvernementalität[8] dringt die Macht in die Alltagsvollzüge und die Subjektstrukturen vor; Teilhabe am gesellschaftlichen Prozess bedeutet zunehmend, an die Systeme der gesellschaftlichen Zirkulation angeschlossen zu sein; und gleichzeitig eben sind es die Netze selbst, summiert Siegert, die den Ort angeben, »an dem allein die durch ihre Funktion im Diskurs bezeichneten Subjekte ex-sistieren.«[9]

Was bei Foucault Geschichts-, Gesellschafts- und Kulturtheorie ist, deutet Siegert im engeren Sinn medientechnisch und medienhistorisch aus, mit der Konsequenz, auch hier den Anschein einer freiwilligen Teilhabe zu demontieren. In der jeweils konkreten historischen Medienlage sieht er den Rahmen nicht nur für die Projekte der Literatur, die bereits sein Untertitel polemisch auf eine ›Epoche der Post‹ reduziert, sondern für Kommunikation, und weitergehend die gesellschaftlichen Prozesse insgesamt. Dies ist der Grund für Siegert, von einem postalisch-historischen ›Apriori‹ zu sprechen.[10]

Zeichen[11]

Doch Aufmerksamkeit verdient die Post noch aus einem zweiten, andersgearteten Grund: Derrida nämlich hat in verschiedenen seiner Texte und am deutlichsten wohl in ›Signatur, Ereignis, Kontext‹[12] den Gedanken vertreten, *dass das Zeichen selbst sich seiner Ver-*

---

8 Foucault, Michel: »Die ›Gouvernementalität‹«. In: Bröckling, Ulrich u. a. (Hg.): *Gouvernementalität der Gegenwart.* Frankfurt am Main 2000 (OA., frz.: 1978), S. 41-67.

9 Siegert, *Relais,* a. a. O., S. 84.

10 Ebd., S. 10; u. a. um die Klärung dieses ›Aprioris‹ geht es Winthrop-Young in seinem Text: »The term implies that at any given time in a given society all symbolic production is preceded and, at a fundamental level, shaped by a technological infrastructure that organizes the processing and transmitting of data.« (Winthrop-Young, G.: »Going Postal«, a. a. O., S. 146). Und Winthrop-Young unterscheidet: Während bei Siegert das postalische Apriori ein historisches ist, wird es bei Briankle Chang und Derrida zu einem ›postal principle‹ enthistorisiert (Chang, Br. G.: *Deconstructing Communication. Representation, Subject, and Economics of Exchange.* Minneapolis, London 1996).

11 »Du begreifst, im Inneren jedes Zeichens […] gibt es die Entfernung, die Post« (Derrida, *Postkarte,* a. a. O., S. 39).

12 Derrida, Jacques: »Signatur Ereignis Kontext«. In: ders.: *Randgänge der Philosophie.* Wien 1988 (OA., frz.: 1972), S. 291-314.

schickung verdankt. Derrida sieht das Zeichen dadurch bestimmt, dass es seinen Kontext wechseln kann – und wechseln können muss –, will es als Zeichen funktionieren. Die These bezieht sich zunächst auf das schriftliche Zeichen; hier sind bereits Produktion und Rezeption zeitlich und räumlich entkoppelt, das Zeichen muss in der Lage sein, diese Kluft zu überbrücken:

»Ein schriftliches Zeichen (signe), im geläufigen Sinne dieses Wortes, ist also ein Zeichen (marque), das bestehen bleibt, das sich nicht in der Gegenwart seiner Einschreibung erschöpft und die Gelegenheit zu einer Iteration bietet, auch in Abwesenheit des empirisch festlegbaren Subjekts, das es in einem gegebenen Kontext hervorgebracht oder produziert hat, und über seine Anwesenheit hinaus.«[13]

Da Produktions- und Rezeptionskontext auseinander fallen, muss das Zeichen von der Situation und vom Kontext sich in gewissem Maße ablösen.

»Gleichzeitig enthält ein schriftliches Zeichen die Kraft eines Bruches mit seinem Kontext, das heißt mit der Gesamtheit von Anwesenheiten, die das Moment seiner Einschreibung organisieren.«[14]

Zweite basale Bestimmung des Zeichens ist seine Wiederholbarkeit. Dies bedeutet ebenfalls, dass das Zeichen in unterschiedliche Kontexte eintritt;

»was nun den semiotischen und internen Kontext betrifft, so ist die Kraft des Bruches keineswegs geringer: Aufgrund seiner wesentlichen Iterierbarkeit kann man ein schriftliches Syntagma aus der Verkettung, in der es gegeben oder eingefaßt ist, immer herauslösen, ohne daß ihm dabei alle Möglichkeiten des Funktionierens, wenn nicht eben alle Möglichkeiten von ›Kommunikation‹, verlorengehen. [...] Kein Kontext kann es einschließen. Auch kein Code, wobei der Code hier zugleich die Möglichkeit und die Unmöglichkeit der Schrift, ihrer wesentlichen Iterierbarkeit (Wiederholung, Andersheit) ist.«[15]

Der enge Rahmen von Sender und Empfänger ist damit überschritten; beide sind nur Teil einer unendlichen Kette von Wiederholungsakten, die sie nicht überschauen oder kontrollieren können; Zeichen werden von Kontext zu Kontext verschickt oder übertra-

---

13 Ebd., S. 300.
14 Ebd.
15 Ebd.

gen, Zeichen sind insofern immer Telekommunikation. Dass sie auf Kontexte verweisen, die im Moment ihrer Aktualisierung nicht zur Verfügung stehen, macht ihren eigentümlich fremden Charakter aus.

Theorie der Metapher

In der Metapher nun, so könnte man sagen, kommt dieser Mechanismus zu sich selbst.[16] Wenn das Alltagsbewusstsein von einer ›übertragenen‹ Bedeutung spricht, wäre zunächst zu klären, was wohin übertragen wird und in welchem Sinne. Handelt es sich, wenn man die Bedeutung hier ›übertragen‹ nennt, selbst um eine Metapher? Oder lässt sich ein Bezug zurück auf materielle Mechanismen, auf Post, Transport und Kontextwechsel zeigen?

Innerhalb der Metapherntheorie hat es eine Entwicklung gegeben, die die Metapher Schritt für Schritt von Invention und Intuition abgelöst, und zunehmend kühl als einen Mechanismus, eine materielle Operation im Material der Sprache, beschrieben hat. Eine wichtige Zwischenstation auf diesem Weg war der berühmte Text Max Blacks von 1954.[17] Black geht aus von der Erfahrung, dass die Metapher eine Art Zusammenprall inszeniert. Wo die traditionellen Ansätze behaupteten, die Metapher beinhalte einen Vergleich bzw. der metaphorische Ausdruck substituiere einen eigentlichen, wörtlichen Ausdruck im Text,[18] schlägt Black vor, die Metapher als eine ›Interaktion‹ neu zu beschreiben.[19] Die Tatsache, dass das metaphorische Element semantisch nicht in seinen Kontext passt, zwingt

16 »Denn schließlich, man müßte recht zutraulich sein zu diesem Wert der ›Metapher‹ und zu ihrem ganzen Bereich [...], um auf diese Weise die Figur der Post zu behandeln.« (Derrida, *Postkarte*, a.a.O., S. 82).

17 Black, Max: »Die Metapher«. In: Haverkamp, Anselm (Hg.): *Theorie der Metapher.* Darmstadt 1983, S. 55-79.

18 »Metapher [...]. Sie steht zu dem von ihr ersetzten eigentlichen Ausdruck nicht, wie die Synekdoche, in einer Teil-Ganzes-Relation und auch nicht, wie die Metonymie, in einer realen Beziehung qualitativer Art, sondern beruht auf einer Abbild- oder Ähnlichkeitsrelation; die Rhetorik der Antike hat deshalb die M. als verkürzten Vergleich aufgefaßt, neuere M.ntheorien bieten andere Erklärungen.« (*Metzler Lexikon Literatur- und Kulturtheorie.* Stuttgart, Weimar 1998, S. 363).

19 Der Grundgedanke der Interaktionstheorie geht auf I. A. Richards zurück (ebd., S. 364).

dazu, das Element mit seinem Kontext abzugleichen; Metapher und Kontext ›interagieren‹; nur auf diese Weise kann das Rätsel gelöst und die Metapher verstanden werden.

Unmittelbarer Vorteil dieser Sichtweise ist, dass sowohl die Metapher als auch ihr Kontext materiell – de Saussure würde sagen: ›in praesentia‹ – vorhanden sind. Damit geht die Aufmerksamkeit von der Ebene der Inhalte auf die Ebene des Textes selbst über; es geht um die semantische Beziehung zweier syntagmatisch gereihter Elemente, und nicht wie in der Substitutionsthese um ein Element, das, eben weil substituiert, selbst abwesend ist und über das letztlich nur spekuliert werden kann.[20]

In welchem Sinne aber kann man in dieser Perspektive von einer ›Übertragung‹ sprechen? Wenn die Metapher ›übertragen‹ wird, dann ja nicht innerhalb des Textes, sondern von einer semantischen Sphäre in die andere, bzw. genauer: von der semantischen Sphäre, in die der benutzte Ausdruck normalerweise gehört,[21] in einen Kontext, der dieser Sphäre mehr oder minder fremd ist. Die Gliederung des Wortschatzes in semantische Sphären aber wäre gerade nicht Teil des materiell anwesenden Textes. Sie wäre Teil der Sprachkompetenz und insofern – Saussure sagt: ›in absentia‹ – ins Dunkel der sprachkompetenten Köpfe verbannt.

Will man also beides haben, Blacks materielle ›Interaktion‹ und eine möglichst materiell gedeutete ›Übertragung‹ mit den Konnotationen von Post und Transport, wären meines Erachtens zwei Schritte nötig: zunächst der Rückgriff auf Derrida, der das Zeichen über den materiellen Prozess seiner Einsetzung in Kontexte bestimmt. Und zweitens eine Theorie, die zumindest skizziert, was ›semantische Sphären‹ in Termen einer materialistischen Sprachtheorie sein könnten.

In jedem Fall wird man zwei Ebenen unterscheiden müssen: Neben der Ebene der materiellen Texte ist eine zweite, nicht weniger materielle Ebene anzunehmen: die Ebene der semantischen Kompetenz, des *Codes*, lokalisiert im Gedächtnis der Sprachbenutzer, die an vergangenen Äußerungsereignissen teilgenommen haben. Auf diese Weise entsteht ein verändertes Bild von der Übertragung. ›Übertragen‹ würde tatsächlich jeder Begriff, er wird dem Code entnommen und eingestellt in einen jeweils aktuellen (und grundsätzlich ›frem-

20 Gegen die Substitutionstheorie sind auch andere Einwände möglich (siehe ebd.).
21 Man denke etwa an die Wortfelder Triers.

den‹) Kontext. Und dies im Falle des wörtlichen wie des metaphorischen Gebrauchs. Als Besonderheit der Metapher bliebe übrig, dass der Kontext noch ein Stück fremder als im Normalfall ist.

Code

Das Argument kommt hier auf Derrida zurück: ging doch der Streit mit Searle gerade darum, ob zwischen dem wörtlichen Sprachgebrauch und dem ›parasitären‹ der Metapher überhaupt unterschieden werden kann;[22] Derrida hatte dies zu Searles Verblüffung verneint; er hatte sich über den Begriff des Parasitären lustig gemacht und die Metapher nicht als sekundär und ›abgeleitet‹, sondern als den basalen Mechanismus der Sprache überhaupt modelliert.

Die Instanz des Codes allerdings wird bei Derrida ausgespart, ja mehr noch: sie wird gezielt vermieden.[23] Derrida *polemisiert* gegen den Code, und setzt *statt dessen* auf die Wiederholung, um die Behauptung seiner Stabilität und seiner scheinbaren Unabhängigkeit vom Diskurs zu unterminieren:

»Eine vielleicht paradoxe Konsequenz dieses Rekurses auf die Iteration und auf den Code: letzten Endes die Ausschaltung der Autorität des Codes als geschlossenes System von Regeln; gleichzeitig die radikale Zerstörung eines jeden Kontextes als Protokoll des Codes.« »Dies setzt nicht voraus, daß das Zeichen (marque) außerhalb von Kontext gilt, sondern im Gegenteil, daß es *nur Kontexte ohne absolutes Verankerungszentrum* gibt.«[24]

So plausibel dieser Vorbehalt ist, ich halte die Aussparung des Codes für eine Verkürzung und für korrekturbedürftig. Zunächst, weil auch die Wiederholung auf einen Ort der Niederlegung angewiesen ist, was Derrida zugesteht.[25] Zum zweiten und wichtiger aber, weil es meines Erachtens gerade darum ginge, den Begriff des Codes, so »unsicher er erscheint«, an material-beschreibbare Mechanismen

---

22 Derrida, »Signatur«, a. a. O.

23 »[…] doch ich ziehe es vor, den Begriff des Codes, der mir unsicher erscheint, hier nicht zu sehr zu beanspruchen«. (Ebd., S. 301).

24 Ebd., S. 298 f., 304 (Hervorh. H. W.).

25 »Sagen wir, daß eine gewisse Selbstidentität dieses Elementes (Marke, Zeichen usw.) seine Erkennbarkeit und seine Wiederholung gestatten muß.« (Ebd., S. 301); ich habe die Konsequenzen dieses Zugeständnisses diskutiert in *Docuverse*, S. 281ff.

der Sprache zurückzubinden. Und drittens schließlich wäre von dem Archiv in den Köpfen (dem Code) eine Verbindung herzustellen zu jenen materiellen Archiven, die mit der Schrift entstehen, und die, wie Derrida beschreibt, eine Wiederbegegnung mit dem material-monumentalisierten Dokument erlauben.[26] Da diese Wiederbegegnung sich von anderen Typen der Wiederholung signifikant unterscheidet, erscheint es mir sinnvoll, weder Code noch Archiv auf Wiederholung zu reduzieren.

Was die Übertragung betrifft allerdings eröffnet die Betonung der Wiederholung eine zusätzliche Perspektive: Nun wird deutlich, dass die Übertragung eine Übertragung von der Vergangenheit in die Gegenwart (und perspektivisch: die Zukunft) ist. Zumindest u. a. ist die Übertragung eine Maschine der Traditionsbildung;[27] und in diesem Aspekt weniger Post als Flaschenpost.

Bedeutungskonstitution

Mit Blick speziell auf die Metapher[28] wäre nun zu prüfen, ob Blacks Begriff der ›Interaktion‹ zumindest abstrakt-modellhaft näher bestimmt werden kann. Behauptung war, dass zwei Segmente der syntagmatischen Kette – das metaphorische Element und sein Kontext, Black sagt: ›Focus‹ und ›Frame‹ – interagieren; die Auskunft, dass diese Interaktion im Kopf des Rezipienten stattfindet, wäre zunächst wenig befriedigend; möglicherweise aber hilft auch hier der Begriff der Übertragung weiter.

Meine These ist, dass Post-ähnliche Mechanismen auch innerhalb der syntagmatischen Kette selbst gezeigt werden können. Nun allerdings ist die Ebene zu wechseln; wenn Frame und Focus nämlich interagieren, dann nicht auf der Ebene der Begriffe selbst, sondern auf der Ebene ihrer *Bedeutungskomponenten*. Auf welche Weise man diese Komponenten fasst, ob als ›Merkmale‹, Seme oder ›Kon-

---

26 Derrida, »Signatur«, a. a. O., S. 298.

27 Dies ist der hauptsächliche Punkt in Debrays Begriff der Transmission.

28 »Wenn ich im Gegenteil […] das Postalische […] denke ausgehend […] von der Sprache und nicht umgekehrt […], dann ist die Post nicht mehr eine bloße Metapher, sie ist sogar, als Ort aller Übertragungen und aller Korrespondenzen, die ›eigene‹ Möglichkeit jeder möglichen Rhetorik.« (Derrida, *Postkarte*, a. a. O., S. 83).

notationen‹, ist umstritten, und zwar innerhalb der Metapherntheorie wie der allgemeinen Semantik;[29] klar aber ist, dass die Metapher die Aufmerksamkeit dazu zwingt, von der Annahme einer gefestigten, singulären Bedeutung auf die Ebene der Bedeutungskomponenten zu wechseln: Bezeichnet man einen Menschen als einen ›Wolf‹, werden einzelne Bestimmungen des Wolfes in Anspruch genommen – etwa Macht, Rücksichtslosigkeit, Raub – andere, und zwar gerade sehr zentrale Bestimmungen wie Tier, Vierbeiner, grau usf. aber werden ausgeblendet. Die Metapher ist durch diesen Mechanismus gekennzeichnet; während der wörtliche Gebrauch eine relative Harmonie/Übereinstimmung solch zentraler Komponenten verlangt, lebt die Metapher vom Zusammenprall; ja mehr noch: Erst die Entdeckung einer Unvereinbarkeit auf der Ebene semantischer Komponenten löst überhaupt den Reflex aus, dass es sich, da ein wörtliches Verständnis nicht möglich ist, offensichtlich um eine Metapher handelt.

Auf der Ebene der Bedeutungskomponenten also wird tatsächlich etwas ›übertragen‹: Die syntagmatische Reihung sorgt dafür, dass die gereihten Elemente auf ihre Komponenten hin geprüft und abgeglichen werden; *die Komponenten werden hin- und herprojiziert*, fast könnte man sagen, sie werden entlang der syntagmatischen Kette *verschickt*.[30] Die Konstellation der Bedeutungskomponenten fungiert, wie Black sagt, als ›Filter‹, bis der Prozess des Verstehens zu einem pragmatischen Abschluss kommt.

29 Lyons, John: *Semantik*. Bd. I, München 1980, S. 327-345; innerhalb der Metapherntheorie scheint mir der Ansatz von Beardsley besonders weitreichend zu sein, der sich für den Begriff der Konnotationen entscheidet (Beardsley, Monroe C.: »Die metaphorische Verdrehung«. In: Haverkamp, A. (Hg.): *Theorie der Metapher*. Darmstadt 1983 [OA.: 1962], S. 120-141); ich habe diese Frage detaillierter diskutiert in: Winkler, H.: »Metapher, Kontext, Diskurs, System«. In: *Kodikas/Code. Ars Semeiotika. An International Journal of Semiotics*. Vol. 12, Nr. 1/2, 1989 (www.uni-paderborn.de/~winkler/metapher.html).

30 »Da die Metapher als Prüfstein für jede Semantiktheorie [...] herangezogen werden kann, hat auch die strukturalistische Merkmalssemantik sich um eine Metapherntheorie bemüht. Die dabei diskutierten Prozeduren der Übertragung [!], Tilgung, Marginalisierung und Topikalisierung einzelner semantischer Merkmale [...] sind strittig [...], können aber gelegentlich (etwa durch die Annahme eines Kategorien-Transfers [!]) das Verständnis der absoluten Metaphern in der modernen Lyrik fördern.« (*Metzler Lexikon Literatur- und Kulturtheorie*, a.a.O., S. 365 [Hervorh. H. W.]). Zur Komponententheorie der Metapher siehe auch: Nieraad, Jürgen: *Bildgesegnet und bildverflucht*. Darmstadt 1977, S. 55-65, 92 ff.

Aber ist es gerechtfertigt, auch auf dieser Ebene von einer ›Übertragung‹ zu sprechen? Sicher nur dann, wenn man bereit ist, das Modell, das den Verstehensvorgang nachzeichnet, für die Sache zu nehmen, und nicht erwartet, den Bedeutungskomponenten physisch, auf Signifikantenebene, zu begegnen. Und zweitens eben wäre die spezifische Fremdheit der Metapher einzubeziehen; dass ihre Bedeutungskomponenten ›von weit her‹ stammen, aus dem aktuellen Kontext also nicht zu rechtfertigen sind, verbindet die Metapher mit der Telekommunikation.

›Metapherein‹ heißt übertragen; die Theorie der Bedeutungskomponenten also buchstabiert nur aus, was als Intuition in die Bezeichnung immer schon eingegangen ist.

Signifikatbildung

Und nun ist die Perspektive auszuweiten; dieselbe Komponenteninteraktion und -übertragung nämlich, dies ist wichtig, findet statt auch im normalen ›wörtlichen‹ Sprachgebrauch. Auch hier ›interagieren‹ die Elemente der syntagmatischen Kette, wenn dies auch unauffällig bleibt, weil es, anders als im Fall der Metapher, nicht zu einem Konflikt auf der Ebene der Bedeutungskomponenten kommt.

Der Begriff des Codes wäre nun zu spezifizieren. Grundhypothese wäre, dass der Komponentenabgleich die hauptsächliche Kraft ist, die auf den Code einwirkt. Jeder neue Kontext, in dem ein Wort auftritt, schreibt in den Code zurück und arbeitet am Code weiter; so dass jede einzelne Zeichenverwendung Macht – eine sehr begrenzte Macht – über den Code hat. In den Code allerdings wird nur eingehen, was nicht in einem einzelnen, sondern in sehr vielen Kontexten als eine Komponentenkonstellation sich vorfindet. Von Kontext zu Kontext also läuft ein *Typisierungsprozess,* der den Code von den einzelnen Äußerungsereignissen (Type von Token) signifikant unterscheidet.

Derrida also hat Recht und Unrecht zugleich: Immer färbt der Kontext die syntagmatisch gereihten Elemente ein, und niemals wird der Kontext vollständig gleich sein oder ausgeschöpft werden können; da das Zurückschreiben in den Code aber quasi-statistisch kumulativ verläuft, bleibt es sinnvoll, über die Wiederholung hinaus auf den Code als ein Moment der Beharrung zu verweisen. Und dies gerade dann, wenn man das Interesse Derridas teilt, die »Autorität des Codes als eines [statisch-] geschlossenen Systems von Regeln« zu demontieren.

›Übertragen‹ ist die Bedeutung der Metapher also aus drei Gründen: zum einen weil jede Bedeutung ›übertragen‹ ist, aus vorangegangenen Wiederholungsereignissen, aus dem Code und aus der Vergangenheit, die sich im dynamischen Speicher des Codes akkumuliert. Zum zweiten, weil im Code selbst sich Nähe- und Entfernungsrelationen ausbilden, jene semantischen ›Sphären‹ eben, deren Grenzen die Metapher überspringt. Zum dritten auf der Ebene der Komponenten, insofern syntagmatisch gereihte Elemente in Interaktion treten und ihre Komponenten hin- und herprojizieren[31]. In jedem Fall wäre sie Grenzfall der ›normalen‹, unauffälligen Kontextapplikation.

Das überraschende Resultat ist, dass die Metapher nur offenlegt, was eigentlich der Mechanismus der Bedeutungskonstitution ist: Was wir als ›Signifikat‹ ansprechen, wäre ein unmittelbarer Effekt der Übertragung. Angereichert/aufgeladen durch die Bestimmungen, die die Kontexte an das Element herantragen, und gleichzeitig eine Abstraktion und Summenbildung über diesen Kontexten; Verschickung (Kontextwechsel), das Gesetz der großen Zahl (Statistik) und Abstraktion/Generalisierung also hängen auf regelhafte Weise zusammen.

Noch einmal Post

Der Weg der Argumentation also hat von der Post tief in semantische Probleme geführt. Dies aber kollidiert mit einem Hauptpunkt der ausgangs zitierten Texte: hatte doch Siegert gerade darauf abgehoben, dass inhaltlich-semantische Probleme zunehmend irrelevant

---

31 Zumindest die Werbung hat an dieser Übertragung keine Zweifel: »[It] is common knowledge in advertising, not to associate a product of brand with ›negative‹, ›painful‹ or ›distressing‹ subjects.« – Hiermit hatten die Benetton-Plakate der frühen Neunziger auf provokative Weise gespielt. – »According to the principle of *transference*, to do so would be to run the risk of *transferring these ›negative‹ connotations* to the product or brand in question.« (Salvemini, Lorella Pagnicco: United Colors. The Benetton Campaigns. London 2002, S. 48 (Erg. u. Hervorh. H. W.))

würden, weil die Mechanismen der Macht auf die technisch-organisatorischen Strukturvorgaben der postalischen Zustellung selbst übergegangen seien. Fällt der Verweis auf die Semantik also hinter diese These zurück?

Das Argument selbst hat einiges für sich. Deutlich ist, dass die Medienentwicklung die Semantik/Sprache offensichtlich marginalisiert oder hinter sich gelassen hat. Zunächst im Übergang zu den technischen Bildern (Photographie und Film), mit den Formalsprachen des Computers, und sicher allgemeiner im Übergang zu ›entsemantisierten‹ [?] medientechnischen Infrastrukturen. Macht es also überhaupt Sinn, den Begriff der Übertragung bis in die Mikromechanismen der Sprache hinein zu verfolgen? Meine Behauptung ist, dass der Verweis allein auf die technisch-strukturell-organisatorische Ebene seinen Gegenstand, die Medien, nicht ausschöpfen kann. Selbst wenn man sich entscheidet, sich für die Medien-Inhalte nachhaltig nicht mehr zu interessieren, weil das Medium und eben nicht die Botschaft die Botschaft ist, bleibt das Rätsel, auf welche Weise die *Praxen* in die Struktur der Medien sich einschreiben und ob veränderte Praxen die Chance haben, in einer veränderten Medienstruktur sich niederzuschlagen.

Mein Vorschlag ist deshalb, die Mikro-Mechanismen im Feld der Sprache zum Ausgangspunkt zu wählen für die Entwicklung eines abstrakteren Modells, das dann auch außerhalb von Sprache und Semantik, im Feld der anderen Medien, Gültigkeit beanspruchen kann.

Wenn Äußerungsakt und Code zwei Instanzen sind, die, zyklisch miteinander verbunden, die Maschine des Semiotischen bilden, so wird man fragen müssen, was im Feld der anderen Medien diesen beiden Instanzen entspricht. Und ebenso bezogen auf die Wechselbeziehung zwischen Verschickung (Kontextwechsel) und Abstraktion/Signifikatbildung. Kann auch im Fall von Bildmedien und Computern gezeigt werden, dass die Praxen in den Code zurückschreiben? Und kann man möglicherweise auch die medientechnischen Infrastrukturen von diesem Modell her anders begreifen?

Das Problem liegt ein weiteres Mal auf der Seite des Codes; bereits die technischen Bilder (Photographie und Film) dementieren die Existenz eines Codes; sie behaupten, in ihrer ikonisch-indexikalischen Grundanordnung ohne Code auszukommen und die problematische Interaktion von Code, Kontext und Praxen/Geschichte vermeiden zu können.[32] Im Fall der Computer scheint der Code in Gestalt der Formalsprache immer schon vorvereinbart, und – eben weil formal – von den Äußerungsakten/Praxen/›Anwendungen‹ weitgehend unabhängig zu sein. In beiden Fällen scheint die Dialektik zwischen Äußerung und Code unterbrochen; der Code scheint gegen den Einspruch der symbolischen Praxen gesichert.

Und wiederum ähnlich im Fall der Siegert'schen Post-Infrastruktur. Auch sie kommt nicht deshalb in die Welt, weil die Post-Benutzung kumulativ die Kanäle bahnt, sondern weil eine clevere Obrigkeit die Chance der Portoverbilligung erkennt; einmal in die Welt gebracht und technisch-organisatorisch implementiert, fungiert sie als ›Apriori‹, sie schreibt in die Praxen sich ein, ohne umgekehrt von den Praxen tatsächlich berührt werden zu können.

Diese Deutungen sind deshalb so suggestiv, weil sie den monologischen Charakter der Medien so plausibel beschreiben; verbarrikadiert in Technik, Institutionen und Expertenkulturen, in der strikt organisatorischen Trennung zwischen professionalisierten Enunziatoren und Freizeit-Rezeption, avancierte Produktions- und schlichte Consumertechnik, scheinen die Medienstrukturen tatsächlich weitgehend unberührbar zu sein. Der Begriff des ›Codes‹ erscheint deshalb gleichzeitig zu hart und zu weich: zu hart im Licht der genannten Dementis, und zu weich, um die deterministische Kraft der in Hardware oder Institutionen niedergelegten Strukturen plausibel zu fassen.

Dennoch, denke ich, sind die Deutungen falsch. Von der Semantik ist zu lernen, dass der Code sich grundsätzlich armiert. Zunächst im Gesetz der Statistik, das dem einzelnen machtlosen Äußerungsakt das Eigengewicht der gesamten im Code kumulierten vergangenen Äußerungsakte entgegensetzt, und dann in seiner spezifischen Opazität, die exakt diesen Mechanismus weitgehend unsichtbar macht.

Nach dem Muster des Codes wären deshalb auch Institutionen und Technik zu rekonstruieren. Aufzuweisen wäre ihre Abhängigkeit von den Praxen ihrer ›Nutzung‹,[33] die ihrer der Nutzungen prägenden Kraft, ihrem ›Apriori‹-Charakter, entgegensteht; aufzuweisen wäre die Abhängigkeit der Abstraktion von Abstraktionsprozessen, die selbst Resultat von Verschickung und Kontextwechsel sind.

32 *Docuverse*, S. 185 ff., 213 ff.
33 Der Begriff des ›Users‹ ist einer der chimärischsten Begriffe im Computerdiskurs …

Und gleichzeitig eben wäre ihre Stabilität – als ein Effekt von Stabilisierungsmechanismen – ernst zu nehmen.

Die Aufmerksamkeit für die Übertragung verschiebt die Gewichte. Die Tatsache, dass Medien Medien der ›Übertragung‹ sind und *Akte* der Übertragung (Kontextwechsel) das Granulat für eine kumulative Strukturbildung liefern, verschiebt das Augenmerk von der Macht auf die Mechanismen ihrer Reproduktion. In gewisser Weise wäre diese Vorstellung Siegerts Bezugspunkt, Foucault, sogar näher als Siegert selbst; geht es Foucault doch gerade darum, den *Automatismus* im Funktionieren der Disziplinen zu zeigen, den Übergang von obrigkeitsstaatlicher Intervention zu einer Selbstregulierung der gesellschaftlichen Apparatur wie der Subjekte, die dieses ›Selbst-‹ allererst hervorbringt und keineswegs weniger machtgesättigt als die Ausgangskonstellation ist. Siegerts Argument zur Post, dies wäre mein Einwand, hebt ab auf die Eigenlogik der Institution und den Selbstlauf ihrer technisch-organisatorisch-institutionellen Vollzüge; zumindest nach einer Seite hin aber bleibt das Argument einer zentralistischen Machtvorstellung verhaftet.[34] Zu zeigen eben wäre nicht allein, dass die staatliche Post die Adressierbarkeit der Subjekte verlangt, sondern dass und warum die Subjekte ›selbst‹ Briefkastenschlitze in ihre Mahagonitüren sägen.

34 Balke z. B., denke ich, nimmt die Foucault'sche Vorgabe ernster: »Wir stoßen hier auf den Punkt des Politischen […]: […] Das Politische [muss] in Begriffen unablässiger Intervention gedacht werden, die die endogene Beweglichkeit der Prozesse, auf die sie abzielt, in Rechnung stellt und nicht durch einen *status* ersetzen zu können glaubt: regieren ist reagieren, oder in der Terminologie Müllers: ›dirigieren‹, die Zirkulation sozialer Prozesse befördern und vor Stockungen bewahren. […] Was seit diesem Zeitpunkt Diskurs heißt, funktioniert nicht länger als die sterile Verdopplung oder Repräsentation der Herrschergedanken, sondern als die permanente Befragung eines prinzipiell unkonstituierbaren, hochbeweglichen Volkswillens, die Stimulierung seiner Antwortbereitschaft, der Aktivierung und Mobilisierung seiner Potentiale: das Politische, im Unterschied zur Politik, wie es um 1800 erfunden wird, besetzt nicht länger ausschließlich die Ebene der juristischen Form, sondern interessiert sich zunehmend für die variablen Prozesse der Morphogenese [!], die wesentlich virtueller und intensiver Art sind und sich nicht – wie externe Qualitäten – eindeutig begrenzen, lokalisieren und zusammenfassen lassen.« (Balke, Friedrich: »Rhetorik nach ihrem Ende. Das Beispiel Adam Müllers.« In: Fohrmann, Jürgen (Hg.): *Rhetorik. Figuration und Performanz.* Germanistische Symposien Berichtsbände, Nr. 25, Stuttgart, Weimar 2004 (in Vorber.) (Ms., S. 18, 20 [Hervorh. H. W.])); siehe auch: Balke, Friedrich: *Der Staat nach seinem Ende. Die Versuchung Carl Schmitts.* München 1996.

Solange übertragen wird, entstehen Signifikate – oder signifikat-äquivalente Strukturen – *als Output,* insofern das Signifikat nur der Sonderfall eines allgemeineren Mechanismus der Strukturbildung ist. Die Frage ist, wo die Strukturen sich akkumulieren; ob in den Köpfen der Teilnehmer am Diskurs (als Signifikate oder Stereotypen), in Texten, die immer die ›Aufhebung‹ aller vorangegangenen Texte sind, in der Technik, die alle vorangegangenen Techniken in sich aufhebt oder verdrängt, in Institutionen, oder in Algorithmen, die ihrem formalen Charakter zum Trotz mit ihren weltgebundenen ›Anwendungen‹ grundsätzlich interagieren. Gegeben sind Kontexte; was die Kontexte miteinander verbindet, nennen wir ›medial‹.

6 Speichern, Verdichten[1]

Das vorangegangene Kapitel hat den Begriff der Übertragung genutzt, um zu zeigen, dass die äußere Ökonomie der Diskursereignisse bis ins Innere semiotischer Mechanismen ihre Wirkungen hat. Auf diesem Weg ist nun ein Schritt weiterzugehen, und nun soll in den Blick kommen, dass Medien immer auch mit dem Aspekt der Speicherung zu tun haben.

Diskurse, Aufschreibesysteme, Technik, Monumente – über kaum etwas ist innerhalb der Medienwissenschaft so intensiv nachgedacht worden wie über die Schrift, die verschiedenen Typen materieller Niederlegung und über die Medientechnik, die nach wie vor ein zentrales Skandalon innerhalb jeder Theorie der Medien bildet. Medien, sagt Innis, überwinden Raum *und* Zeit, sie übernehmen die Funktion einer kulturellen Kontinuierung. Bleiben wir also bei der Übertragung und gehen von der Geographie nun zur Zeitachse über.

Im Folgenden möchte ich ein Modell vorstellen, das den Archiv- und Speicheraspekt der Medien auf systematische Weise zu beschreiben versucht. Das Modell selbst ist nicht neu, es taucht in sehr unterschiedlichen Theorien auf, und auch ich habe es bereits in verschiedenen meiner Texte vertreten. Neu ist seine Zusammenfassung in komprimiert-abstrahierter Form.[2] Plausibilität und Grenzen des Ansatzes werden in einer Aufschichtung zu zeigen sein: im Durchgang durch ein Set von Medienproblemen, die auf den ersten Blick wenig gemein haben, und durch unterschiedliche Medien, die ebenso kategorial voneinander getrennt erscheinen. Die hauptsächliche

---

1 Der Text dieses Kapitels ist als Aufsatz erschienen: Winkler, H.: »Das Modell. Diskurse, Aufschreibesysteme, Technik, Monumente – Entwurf für eine Theorie kultureller Kontinuierung«. In: Pompe, Hedwig; Scholz, Leander (Hg.): *Archivprozesse. Die Kommunikation der Aufbewahrung.* Köln 2002, S. 297-315; engl. Version: »Discourses, Schemata, Technology, Monuments. Outline for a Theory of Cultural Continuity«. In: *Configurations,* Vol. 10, Number 1, Winter 2002, S. 91-109; für die Wiederveröffentlichung wurde der Text überarbeitet.

2 Anlass der vorliegenden Überlegung war eine methodische Selbstvergewisserung. In meinem Buch *Docuverse* sind die hier vertretenen Thesen fast vollständig enthalten; dort sind sie eingebettet in das Projekt des Buches, eine – so weit wie möglich immanente – Kritik des Computerdiskurses, wie er um die Mitte der neunziger Jahre sich darstellte, zu leisten.

Leistung des Ansatzes scheint mir zu sein, dass er diese heterogenen Fragen überhaupt aufeinander bezieht. Seine ›Abstraktheit‹ schafft eine Ebene des medialen und des theoretischen Vergleichs; und eine Art Drehscheibe, die es möglich macht, unterschiedlichen Recherchen eine Art organisierendes Zentrum zu geben.

Ausgangspunkt ist die Frage, auf welche Weise Diskurse ihre Kontinuität organisieren. Grundsätzlich gibt es zwei Perspektiven, unter denen man die Medien betrachten kann: Entweder man begreift sie als einen fluiden Diskurs, als einen Handlungszusammenhang, und stellt die kommunikativen Akte in den Mittelpunkt; und da diese Akte an menschliche Akteure gebunden sind, notwendig auch die Menschen, die Träger dieser kommunikativen Handlungen sind. In der Folge hat man diese Perspektive unter das Etikett der ›anthropologischen Medientheorien‹ gebracht.

Dem gegenüber stehen jene Ansätze, die die Schrift, die Technik oder andere Formen materieller Niederlegung als zentral betrachten. Grundlage hier ist der berechtigte Zweifel, ob die Medien als Teil des gesellschaftlich-technischen Environments tatsächlich ›vom Menschen‹ her, in Funktion seiner Zwecke, seines Bewusstseins, als ein ›Mittel‹ z. B. der Kommunikation adäquat zu begreifen sind; wenn die Entwicklung der Technik – zumindest auch – eine autonome ist, die die blinde natürliche Evolution, selbst weitgehend blind, verlängert, kann es allein darum gehen, die Folgen dieser Evolution für die gesellschaftlichen Formationen und die Positionierung des Einzelnen aufzuzeigen. Diese zweiten Theorien, die seit den achtziger Jahren den aufgeklärten Mainstream der Medientheorie stellen, werden entweder im Anschluss an Foucault ›diskursanalytisch‹ genannt, oder von ihren Gegnern als ›technikzentrierte‹ Ansätze bezeichnet.

Beide Ansätze werden mit Vehemenz und fast ebenso polarisiert, wie hier beschrieben, vertreten. Daneben, selbstverständlich, gibt es viele Versuche einer Vermittlung; ausgehend vom Beispiel einzelner Medien[3] oder unter dem changierenden Etikett einer ›Medienkul-

---

3 Auf dem Terrain des Fernsehens diskutiert z. B. Williams die Frage in systematisch-techniktheoretischer Perspektive (Williams, Raymond: *Television. Technology and Cultural Form*. London 1992, S. 9-31: ›The Technology and the Society‹ (OA.: 1974)); Williams hat eine etwas andere Terminologie und unterscheidet ›symptom approach‹ und ›technological determinism‹; symptom approach meint, dass vorfindliche Medientechnologien als ein Symptom für gesellschaftliche Strukturen/ Anlässe/Mentalitäten verstanden werden.

tur‹[4] wird die Polarität als Problem erkannt; dennoch hat sie sich bislang keineswegs auflösen lassen. Paradoxerweise nämlich haben beide Ansätze unbezweifelbar – Recht. Sieht man von den geschichtsphilosophischen Grundannahmen ab, handelt es sich um die Radikalisierung zweier Perspektiven, die erst in einer theoretischen Anstrengung, auf dem Terrain einer tatsächlichen Theorie der Medien, zusammenzuführen wären. Zumindest eine Skizze in diese Richtung zu liefern, ist das erste Ziel des hier vorgestellten Modells.

Theoretisch, wie gesagt, geht es um die Frage, auf welche Weise Diskurse Kontinuität herstellen.[5] Als eine Kette kommunikativer Einzelereignisse, so müsste man denken, sind Diskurse ständig vom Abreißen oder von abrupten Richtungswechseln bedroht. Und eine Anzahl von Medientheorien, und darunter so prominente wie Luhmann, fassen die Diskurse tatsächlich als eine Kette von Einzelereignissen und vom Begriff der ›Anschlussmöglichkeit‹ her auf.[6]

Die Beobachtung aber zeigt, dass Diskurse in verblüffender Weise kontinuierlich, und Änderungen gegenüber mehr als träge sich verhalten. Unter der Oberfläche einer hektischen Neuerung setzen sie tatsächlichen Innovationen ein erhebliches Beharrungsvermögen entgegen;[7] nicht die ›Anschlussmöglichkeit‹ oder die unabsehbare

4 Z. B. Pias, Claus u. a. (Hg.): *Kursbuch Medienkultur. Die maßgeblichen Theorien von Brecht bis Baudrillard.* Stuttgart 1999.

5 Im Folgenden werden verschiedene Diskursbegriffe verwendet: Basal ist die alltagsnahe Auffassung, die Diskurse als die Gesamtmenge aller Äußerungsakte (mündlich wie schriftlich) beschreibt: »Diskurs, der […][:] die von einem [allen] Sprachteilhaber[n] auf der Basis seiner [ihrer] sprachlichen Kompetenz tatsächlich realisierten sprachlichen Äußerungen (Sprachw.).« (*Duden. Fremdwörterbuch.* Mannheim 1974, S. 182 [Erg. H. W.]). 2.) Von dort aus verallgemeinert wird ›Diskurs‹ häufig für die Gesamtheit der symbolischen Praxen verwendet, etwa indem der Bilder-Diskurs dem sprachlichen gegenübergestellt wird. 3.) Bei Foucault schließlich umfasst der Begriff des Diskurses neben Äußerungen auch Praktiken, z. B. den Bau von Gefängnissen und den Eingriff in die Körper durch die militärische Ausbildung. Gleichzeitig verbindet Foucault mit seinem Diskursbegriff ein bestimmtes Erkenntnisverfahren; dieses Erkenntnisverfahren vor allem nehmen die diskursanalytischen Ansätze in Anspruch.

6 Siehe z. B.: Luhmann, Niklas: *Soziale Systeme.* Frankfurt am Main 1993 (OA.: 1984), S. 62.

7 Am deutlichsten haben wohl Horkheimer/Adorno auf dieses Beharrungsvermögen hingewiesen; durch die Erfahrung der amerikanischen Massenkultur einigermaßen schockiert, haben sie die Formel einer ›Wiederkehr des Immergleichen‹ geprägt (Horkheimer, Max; Adorno, Theodor W.: *Dialektik der Aufklärung. Philosophische Fragmente.* Frankfurt am Main 1986 [OA., am.: 1947]).

›Artikulation‹ also,[8] sondern dieses Beharrungsvermögen scheint mir das zentrale Rätsel in der Funktionsweise des Medialen zu sein.

Die Fragestellung also gilt jener inneren Ökonomie der Diskurse, die die unabsehbare Kette einzelner Äußerungsakte mit Instanzen der Beharrung verschränkt. Diskurse organisieren ihre Veränderbarkeit, und es kann keineswegs darum gehen, solche realen Veränderungen und Umbrüche zu leugnen, gleichzeitig aber organisieren sie eben auch das ›Eigengewicht‹, das sie dieser Veränderung entgegenstellen. Ein Modell, das beide Momente vermittelt, steht aus, und meine These ist, dass es sich um eine Variante der Frage nach den ›technikzentrierten‹ und den ›anthropologischen‹ Medientheorien handelt.

Monument und Wiederholung

Den wohl potentesten Ansatz, solche Mechanismen der Kontinuierung zu beschreiben, hat Jan Assmann in verschiedenen seiner Veröffentlichungen vorgelegt.[9] Am Beispiel Altägyptens kann er zeigen, dass es grundsätzlich – und ich führe eine weitere Zweigliederung ein – zwei polare Kulturtechniken gibt, mit denen Diskurse stabilisiert und kontinuiert werden: das Monument und die Wiederholung. Im Fall Altägyptens, beobachtet Assmann, standen sich zwei Modi des Lebens gegenüber: auf der einen Seite die Hieroglyphenschrift und die architektonischen Grabmonumente, aus Stein erbaut und mit dem Anspruch buchstäblich auf ewige Dauer. Auf der anderen Seite die vergänglichen Wohnbauten aus Lehm, die veränderliche Kursivschrift und die Alltagsvollzüge, denen, analog zu den Rhythmen des Nil, eine zyklische Struktur zugeschrieben wurde.

In allgemeinerer Form stammt das Modell aus der Oralitätsforschung: Während Schriftkulturen auf die materielle Niederlegung setzen und die monumentale Dauer des materiellen Schriftträgers gegen die Veränderlichkeit der Zeit ausspielen, setzen orale Kulturen

8 Dieser Begriff hat innerhalb der gegenwärtigen Mediendebatte einige Prominenz erlangt.
9 Assmann, Jan: »Stein und Zeit. Das ›monumentale‹ Gedächtnis der altägyptischen Kultur«. In: ders.; Hölscher, Tonio (Hg.): *Kultur und Gedächtnis.* Frankfurt am Main 1988, S. 87-114; sowie ders.: *Stein und Zeit. Mensch und Gesellschaft im alten Ägypten.* München 1991.

auf Ritus und Wiederholung; aus heutiger Perspektive eine Technik zyklischer Auffrischung, die, wie Nietzsche sagt, den Menschen ein Gedächtnis buchstäblich einbrennt.

Irritierend bei Assmann wie in der Oralitätsforschung ist, dass beide Techniken konfrontiert und beide in den Dienst der kulturellen Kontinuierung gestellt werden, dass ein systematischer Zusammenhang aber weder gezeigt noch behauptet wird. Dies ist umso rätselhafter, als zumindest die Schrifttheorie zudem vertritt, dass die Monumentalität der Schrift die oralen Wiederholungsmechanismen substituieren kann. Sobald eine Gesellschaft zur Technik der Schrift übergeht, wird die rituelle Wiederholung entwertet und die menschlichen Gedächtnisse werden von der Last, selbst Kontinuierung zu gewährleisten, in gewissem Maße befreit; wenn das Wiederholungsmodell durch das monumentale aber substituiert werden kann, so deutet dies über die funktionale Parallele hinaus auf eine Strukturverwandtschaft oder einen systematischen Zusammenhang hin.

Zusammenhang von Monument und Wiederholung

Um diesen Zusammenhang soll es im Folgenden vorrangig gehen. Monument und Wiederholung fallen zunächst weit auseinander. Einmal errichtet, will das Monument persistieren. Es spielt seine materiale Härte und Persistenz gegen den Wechsel der Alltagsvollzüge aus; die kulturelle Bedeutung der Cheops-Pyramide mag sich von einer rituellen zu einer touristischen tiefgreifend verändert haben, zumindest über das Grundstück aber ist seit 4700 Jahren verfügt.

Und den Alltagspraxen sind damit bestimmte Wege vorgezeichnet. Wie die Architektur der Stadt die Wege ihrer Bewohner determiniert und stabilisiert, umspülen die Alltagspraxen die Monumente und richten sich an ihnen auf.

Die Wiederholung dagegen erscheint ungleich gefährdeter; häufig kann sie Kontinuierung nur dadurch erreichen, dass sie die Identität der Wiederholungsereignisse[10] mit repressiven Mitteln sicher-

10 Eine prekäre ›Identität‹, wie Derrida in der bereits zitierten Debatte mit Searle gezeigt hat. Die Debatte lief über drei Stationen: Derrida, Jacques: »Eight. Signature Event Context«. In: *Glyph*, Nr. 1, 1977 (OA., frz.: 1972); Searle, John R.:

stellt: Jede Tradition hat ihre Wächter, Priester und Hierarchen, und wenn es in Ägypten gelungen ist, die Schriftzeichen über mehrere tausend Jahre konstant zu halten, so nur durch eine äußerst repressive Schreiberkultur, die Abweichungen und Anpassungen an die jeweilige Gegenwart nicht geduldet hat.[11] Neben der Repression kommen, bereits im Tierreich zu beobachten, die Gewohnheit, die Neigung zu Wiederholung und Schema und die ökonomische Ersparnis, die diese bedeuten, als Erklärungsmuster für die Stabilität der Wiederholungszyklen infrage. Wiederholung und Monument also fallen zunächst auseinander.

In zweiter Instanz aber, und nun wird es interessant, fällt auf, dass das Monument einen Aspekt von Wiederholung in sich trägt, und die Wiederholung einen Aspekt von Monumentalität. Die materielle Persistenz des Monumentes führt dazu, eine Kette von Begegnungen mit diesem Monument zu organisieren. Ein schriftlicher Text kann über die Jahrhunderte Zehntausende von Lesern haben, die ihn zur Hand nehmen und in ihre Praxen integrieren; einzelne Leser können ihn wiederholt zur Hand nehmen. Seine materielle Dauerhaftigkeit also bewährt sich vor allem darin, einen bestimmten Typus von Wiederholung hervorzubringen, der der Wiederholung eine Art Gravitationszentrum schafft, sie dazu zwingt, tatsächlich zyklisch auf einen beschreibbaren Punkt zurückzukehren. Von den Praxen her betrachtet also ist das Monument eine Maschine, die diesen besonders stabilen Typus von Wiederholung produziert.

Umgekehrt, ich habe es gesagt, enthält auch die Wiederholung einen Aspekt von Monumentalität. Wiederholung kann sich nur dann ereignen, wenn die beiden Akte der Wiederholung verbunden sind durch eine Instanz, die selbst monumentalen (oder quasi-monumentalen) Charakter hat. Im Fall der oralen Gesellschaften ist dies das menschliche Gedächtnis, das zwar der zyklisch-rituellen Auffrischung bedarf, zumindest für die Zeitspanne zwischen den Wiederholungsakten aber in der Lage sein muss, das zu wiederholende Muster zu bewahren. Es zeichnet sich damit die Möglichkeit

»Nine. Reiterating the Differences. A Replay to Derrida«. In: *Glyph,* Nr. 1, 1977; Derrida, Jacques: »Nine. Limited Inc. a b c…«. In: *Glyph,* Nr. 2, 1977.

11 Diese Konstanz übrigens gilt nur für die Hieroglyphen, nicht aber für die Kursivschrift. Die Konstanz verdankt sich insofern nicht der Repression allein, sondern immer schon der materiellen Kopräsenz von materiellen Schriftzeugnissen der Vergangenheit, die, selbst monumentalisiert, als Vorbild fungieren.

ab, Wiederholung und Monument, so wenig sie einfach zusammenfallen, in eine gemeinsame, abstraktere Vorstellung zu überführen.

Das Modell

Ich werde auf die Frage zurückkommen. Bevor dies geschehen kann, allerdings möchte ich zunächst das Grundmodell vorstellen, das den Folgeüberlegungen als eine Art Koordinatensystem zugrunde gelegt werden soll. Monumente gehen auf einen Akt der Einschreibung zurück. Im Fall der Pyramiden ist dies – kompliziert genug – der Bauprozess, im Fall eines schriftlichen Textes der Akt der Niederlegung durch einen Autor und der materiell-organisatorisch weit verzweigte Vorgang, mit dem das Verlagssystem aus Autoren-Manuskripten marktverfügbare Druckwerke macht. Soll das Buch persistieren, müssen zusätzliche Instanzen wie Vertriebe, Bibliotheken, die Abwesenheit von Naturkatastrophen und Luftkriegen usf. hinzutreten. Auf dieser ersten Seite also sind Akt und Monument, wenn dies die Ausgangsfrage war, durch einen Vorgang der Einschreibung miteinander verbunden.

Ist das Monument errichtet, so wirkt es zweitens auf die Praxen zurück. Im schlichtesten Fall wird das Buch gelesen oder die Pyramide bestaunt; die Niederlegung also ›verflüssigt‹ sich hinein in die Praxen, indem es diese Praxen determiniert oder zumindest formt; das Monument entfaltet Wirkung, gerade weil es nicht einfach bei sich bleibt, sondern sich in die Praxen zurückschreibt.

Als Modell ergibt sich eine Verschränkung zweier Bewegungen:

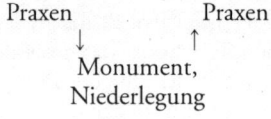

Oder genauer:

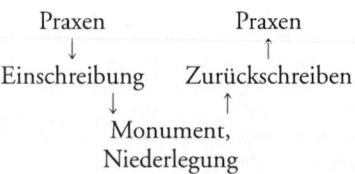

Praxen und Monumente/Niederlegungen sind zyklisch miteinander verbunden. Da die Praxen in diesem Zyklus keine Priorität haben, bedeutet dies, dass man ebenso gut formulieren könnte:

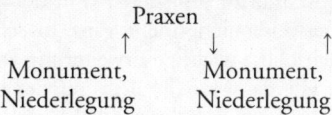

Zudem sollte das Modell wiedergeben, dass das Monument materiell persistiert, dass die Praxen also möglicherweise zum gleichen Monument zurückkehren:

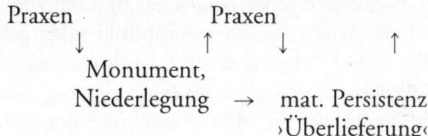

Dieses sehr schlichte Modell scheint mir ausgesprochen weitreichend zu sein. Und dies ist der Grund, warum ich einige Kraft darauf verwende, ihm innerhalb der Medienwissenschaften Geltung zu verschaffen. Es ist in der Lage, Fragestellungen der Medienwissenschaft, der Kulturtheorie, der Semiotik, der Techniktheorie, der Psychoanalyse und einiger anderer wichtiger Referenzdiskurse in systematischer Weise aufeinander zu beziehen.[12] Und darüber hinaus Fragestellungen neu zu eröffnen, die ohne das Modell unsichtbar blieben.

Augenfällig löst es zunächst den Streit in nahezu nichts auf, der, wie beschrieben, die Medienwissenschaft gegenwärtig bestimmt. Ob ich eine vorfindliche Technik autonom setze und deren Wirkungen auf den sozialen Prozess untersuche, oder ob ich darauf beharre, dass die Technik selbst ihre Wurzel in Praxen, im Sozialen oder in kommunikativen Akten hat, zeigt allein an, welche Phase des Zyklus ich in den Mittelpunkt meines Interesses stelle: es handelt sich um die jeweils vereinseitigte Behandlung eines Gesamtprozesses, der grundsätzlich Einschreibung und Zurückschreiben, den Übergang von Praxen in Niederlegung und den zweiten Übergang von Niederlegung in Praxen umfasst.

12 Im vorliegenden Text werden einige der genannten Felder, und insbesondere die Semiotik und Psychoanalyse, nur am Rande berührt.

Wenn es im Folgenden darum gehen wird, das Modell auf unterschiedliche Gegenstände zu projizieren (mit der Wirkung, dass es dadurch möglicherweise nicht mehr ganz so schlicht erscheinen wird), so ist zunächst eine wichtige Erweiterung vorzunehmen. Keineswegs nämlich gilt das Modell allein auf der bisher skizzierten Ebene des einzelnen Textes. Völlig parallel lässt sich z. B. die Technik insgesamt als eine ›Niederlegung‹ – nun auf gesellschaftlicher Ebene – begreifen. Technik rückt zu jedem Zeitpunkt der Technikgeschichte zu einer Techniklandschaft zusammen. Was uns als jeweils gegenwärtige Technik gegenübertritt, ist das Resultat von Praxen der Vergangenheit und gleichzeitig Ausgangspunkt aller Folge-Praxen; zumindest auf der hier vertretenen Abstraktionsebene ist es exakt derselbe Zyklus von Einschreibung, Niederlegung und Zurückschreiben in die Praxen, der die Mikroebene einzelner Techniken mit der Makroebene der Technik insgesamt verbindet.[13] Dasselbe selbstverständlich gilt für das Textuniversum, die gesellschaftliche Bibliothek usf.

Vor allem aber, und dieser Gedanke bereits ist alles andere als trivial, gilt der Mechanismus für die Sprache. Das semantische System der Sprache, das System der konventionalisierten Bedeutungen, das uns als fest gefügtes Lexikon gegenübertritt, ist nicht vom Himmel gefallen, sondern ist – und von dieser Grundvorstellung ist nahezu alles, was ich hier vortrage, abgeleitet – das Resultat von Milliarden von Sprech-Akten und Einzeltexten, die an der Sprache wie an einem Kollektivkunstwerk gearbeitet und ihr ihre Form verliehen haben.[14] Konkret bedeutet dies, dass auch die Sprache in der Dialek-

---

13 Praxen   Praxen

    ↓   ↑

     Technik

14 Die skizzierte Vorstellung lässt sich aus einer ganzen Anzahl von Sprachtheorien herauslesen. Es hat mich immer verblüfft, dass die Sprachtheorie die Dialektik zwischen Sprechen und Sprache nicht in den Mittelpunkt ihrer Überlegungen stellt, sondern Diachronie und Synchronie – in einer Verkürzung der Saussure'schen Kategorien – meist abstrakt und statisch polarisiert. Immer wieder aber finden sich Belegstellen, die vollständig parallel zum hier Vertretenen argumentieren, und auch diese beginnen bei Saussure:
»Die menschliche Rede [langage] [...] begreift [...] in sich sowohl ein feststehendes System als eine Entwicklung; sie ist in jedem Augenblick eine gegenwärtige

tik zwischen Sprachpraxen und materieller Niederlegung beschrieben werden muss; wobei die Niederlegung ihren materiellen Ort verteilt auf die Millionen Köpfe der Sprachbenutzer hat.[15]

Die Sprache kann damit als eine Technologie angesprochen werden, die auf gesellschaftlicher Ebene Einschreibung/Niederlegung und Sprach-Praxen miteinander verschränkt; und zwar bereits vor der Entwicklung der Schrift, die den technologischen Charakter der Sprache allenfalls deutlicher macht. Unter der Hand hat sich der Begriff der Technik damit entscheidend erweitert: Wo ein Großteil gerade der Medienwissenschaft auf die Hardware starrt,[16] und auf die Schrift als ein vergleichbar übersichtlich materialisiertes Untersuchungsobjekt, zwingt das hier vertretene Modell zu einer komple-

Institution und ein Produkt der Vergangenheit.« »Die Sprache [langue] [...] ist ein Schatz, den die Praxis des Sprechens in den Personen, die der gleichen Sprachgemeinschaft angehören, niedergelegt hat, ein grammatikalisches System, das virtuell in jedem Gehirn existiert«. (de Saussure, Ferdinand: *Grundfragen der allgemeinen Sprachwissenschaft*. Berlin 1967 [OA., frz.: 1916], S. 10, 16 [Hervorh. u. Erg. H. W.]). Ähnlich innerhalb der Oralitätsforschung: »Die Bedeutung eines Wortes bestimmt sich [...] in einer Folge konkreter Situationen, [...] die alle darauf zielen, seine spezifische Bedeutung und seine Nebenbedeutungen festzulegen. Dieser Prozeß direkter ›semantischer Ratifizierung‹ vollzieht sich natürlich kumulativ«. (Goody, Jack; Watt, Ian: »Konsequenzen der Literalität«, in: dies; Gough, Kathleen: *Entstehung und Folgen der Schriftkultur*. Frankfurt am Main 1991 [OA.: 1968], S. 66). Bei Foucault: »Was uns die Zivilisationen und Völker als Monumente ihres Denkens hinterlassen, sind nicht sosehr die Texte wie die Vokabularien und Syntaxen, [...] die Diskursivität ihrer Sprache. ›Die Sprache eines Volkes bildet ihr Vokabular, und ihr Vokabular ist eine ziemlich treue Bibel aller Erkenntnisse dieses Volkes.‹« (Foucault, Michel: *Die Ordnung der Dinge*. Frankfurt am Main 1974 [OA., frz.: 1966], S. 125 [F. zit. Diderot]). Und schließlich bei McLuhan bereits verallgemeinert auf Medien und Technik: »Der klassische Fluch des Midas, seine Fähigkeit, alles, was er berührt, in Geld zu verwandeln, ist in gewissem Maße für jedes Medium, einschließlich der Sprache, charakteristisch. [...] Die ganze Technik hat den Kontaktzauber von König Midas. [...] Die Sprache wirkt wie die Währung als Wahrnehmungsspeicher und Übermittler von Wahrnehmungen und Erfahrungen von einer Person oder Generation auf die andere.« (McLuhan, Marshall: *Die magischen Kanäle. ›Understanding Media‹*. Düsseldorf, Wien 1968 [OA., am.: 1964], S. 152). Ich selbst habe das Argument entfaltet in: *Docuverse*, S. 101-130, 164-184.

15 Sprechen   Sprechen
         ↓   ↑
                Sprache

16 ... was zu einer bestimmten Zeit durchaus eine Pointe hatte, als es darum ging, der Technik-Vergessenheit der Philologien entgegenzusteuern ...

xeren Vorstellung von Technologie überzugehen; einer Vorstellung von Technologie, die materielle Niederlegung und Praxen miteinander verschränkt, und die Praxen selbst als regelgeleitet/systemisch unter dem Aspekt ihrer Technizität betrachtet. Einig mit bestimmten Ansätzen der gegenwärtigen Techniktheorie[17] wäre damit zu dem antiken Konzept der *téchne* zurückzukehren, das immer schon beide Aspekte umfasste.

Konvention und Schema

Die Überlegung zu Technik und Sprache ist sofort auszuweiten. Wenn Sprache eine gesellschaftliche Technologie ist, die Sprach-Praxis und Sprachsystem miteinander verschränkt, und den jeweils vorfindlichen Bedeutungsapparat von den Sprachereignissen (Sprechakten, Äußerungen) der Vergangenheit abhängig macht, so ist damit ein Modell gefunden, das nicht allein sprachliche Ereignisse, sondern im allgemeinsten Sinne Konventionen einigermaßen präzise beschreibt. Konventionen sind geronnene Praxis. Ausfällungen, Niederlegung an sich fluider Handlungen und Ereignisse, die sich aufstauen, kumulieren und in Struktur umgeschlagen sind.

Fragt man nach dem konkreten diskursökonomischen Mechanismus, der Konventionen hervorbringt, so wäre wahrscheinlich als Erstes die Wiederholung zu nennen. Konventionen gehen auf Wiederholung zurück, und sie triggern ganze Ketten weiterer, zukünftiger Wiederholungen; als System niedergelegt aber sind sie Kumulat und monumental.

Und über den Begriff der Konvention erschließt sich ein ganzes Universum theoretischer Probleme, die nun an das Modell angeschlossen werden können: So zunächst die Schema-Theorien, die vor allem in der Analyse der Bildmedien wichtig geworden sind: Von der Gestaltpsychologie bis zur Stereotypentheorie, und der

---

17 Vgl. z. B. Mitcham, Carl: *Thinking through Technology. The Path between Engineering and Philosophy.* Chicago, London 1994; Smith, Merrit Roe; Marx, Leo (Hg.): *Does Technology Drive History? The Dilemma of Technological Determinism.* Cambridge/Mass., London 1994; Rothenberg, David: *Hand's End. Technology and the Limits of Nature.* Berkeley/LA, London 1995; Deleuze, Gilles; Guattari, Félix: *Anti-Ödipus.* Frankfurt am Main 1977, »Appendix: Programmatische Bilanz für Wunschmaschinen«. (OA., frz.: 1972), S. 497-502.

kunstwissenschaftlichen Ikonographie bis hin zum Begriff der ästhetischen Form, all diese Ansätze sind – letztlich – mit dem befasst, was eine semiotische Perspektive auf den Begriff des Codes bringen würde.[18]

So schwierig es sich erwiesen hat, im Fall der Bildmedien zu einer evidenten Formulierung einer Semiotik zu kommen, so unabweisbar ist gleichzeitig, dass gerade im Feld der technischen Bilder Wiederholung und Schemabildung eine herausragende Rolle spielen, die Mediensozialisation und -kompetenz bestimmen und jene Erwartungsstrukturen hervorbringen, mit denen die Rezipienten den konkreten Produkten begegnen. Schemata und Stereotypen sind Niederlegungen, die den Bilderdiskurs tiefgreifend strukturieren; auch wenn gerade die Filmwissenschaft ein eher kritisches Verhältnis zu Stereotypen und Schemata hat. Stereotypen sind eine Art verdecktes Skelett, das den technischen Bildern eingezogen ist, und den konventionalisierten Schemata innerhalb der Sprache zumindest strukturell-funktional äußerst ähnlich.

Und schließlich schafft der Begriff der Konvention die Möglichkeit, auch Handlungssysteme, wie die Soziologie und die Gesellschaftswissenschaften sie untersuchen, auf das skizzierte Modell zu beziehen. Auch im Reich der stummen Praxen herrscht die selbe Logik von Einzelakt und Muster, Wiederholung und Konventionalisierung vor. Indem die Soziologie die Regelhaftigkeit von Handlungen aufweist, argumentiert sie immer schon mit jener Niederlegung, von der hier die Rede ist.[19]

Als eine Drehscheibe fungiert das hier vorgetragene Modell vor allem, weil es den sehr allgemeinen Begriff der Konvention in den Mittelpunkt stellt und ihn gleichzeitig als eine Niederlegung – in der Dialektik zwischen Einzelakt, Wiederholung und Niederlegung – exakter bestimmt.

---

18 Weil der Aspekt hier nicht ausgeführt wird, muss ich auf einen weiteren meiner Texte verweisen: Winkler, H.: »Bilder, Stereotypen und Zeichen. Versuch, zwischen zwei sehr unterschiedlichen Theorietraditionen eine Brücke zu schlagen«. In: *Beiträge zur Film- und Fernsehwissenschaft*, Nr. 41, Berlin 1992, S. 142-169 (www.uni-paderborn.de/~winkler/stereo1.html).

19 Siehe z. B.: Giddens, Anthony: *Die Konstitution der Gesellschaft. Grundzüge einer Theorie der Strukturierung.* Frankfurt am Main, New York 1995, S. 34-90, sowie die Einführung von Hans Joas im gleichen Band (OA., engl.: 1984), S. 11-17.

Grenzen?

An dieser Stelle scheint es mir angebracht, dem Eindruck einer maß-
losen Überschätzung entgegenzusteuern und bestimmte Grenzen
des Modells mit zu benennen. Keineswegs nämlich halte ich das Vor-
gestellte für eine Art Weltformel oder für das $E=mc^2$ der Medienwissenschaften; viel zu offensichtlich sind die theoretischen Probleme.

Und diese Probleme beginnen bereits auf der Ebene der Modellbildung selbst. Denn kann man wirklich die Pyramiden und das
konventionelle System der Sprache gemeinsam auf den Begriff der
Niederlegung bringen? Handelt es sich um den gleichen Typus von
Niederlegung, wenn die Pyramiden materiell-monumental persistieren, das semantische System der Sprache sich aber mit den Diskursen fortwälzt und sich in ständigem Umbau befindet? Auf dem
Begriff der ›Niederlegung‹ zu beharren, heißt zunächst solch klaren
Unterschieden zum Trotz die Tatsache hervorzuheben, dass in beiden Fällen ein materieller Speicher als das Gegenüber der Interaktion mitgedacht werden muss.

Ernster noch ist eine zweite Frage. Denn in welchem Sinne kann
man von einem ›Zyklus‹ sprechen, wenn dieser Zyklus Ketten unterschiedlicher Akte verbindet, keineswegs also tatsächlich auf den gleichen Punkt einfach zurückkehrt?[20] Und schließlich: Ist dies nicht
ein extrem ›konservatives‹ Modell, das historische Kontinuitäten
betont, zu Brüchen und Umbrüchen, wie sie etwa die Postmoderne-

---

20 Der Begriff der Wiederholung enthält das gesamte Problem; er verbindet die Vorstellung einer linearen Progression (wie sie etwa im Begriff des Aktes vorausgesetzt
ist) mit der Vorstellung einer zyklischen Rückkehr. Es sind dies zunächst zwei einander widersprechende Vorstellungen.
Der Begriff der Wiederholung allerdings ist ohne diesen Widerspruch nicht zu
denken. Ja mehr noch: Er kann als die Modellierung bzw. Konzeptualisierung dieses Widerspruchs angesehen werden. Wiederholung, es wurde gesagt, enthält ein
Moment von Identität bzw. Ähnlichkeit, da sie sonst als Wiederholung im Schwirren der Ereignisse nicht erkannt werden kann; gleichzeitig enthält sie ein Moment
der Differenz, insofern sie immer eigenständige/heterogene Ereignisse miteinander verbindet.
Eher als um einen Zyklus also handelt es sich, wenn man in der problematischen
Sphäre geometrischer Illustrationen bleiben will, um eine Spirale; eine Spirale
schreitet auf einer ihrer Achsen linear voran (Moment der Differenz), gleichzeitig
aber beschreibt sie eine Kreisbewegung (Moment der Identität). Und selbstverständlich kann, was die Lage zusätzlich kompliziert, das Spiel beider Momente
unterschiedlich konstelliert sein …

Debatte thematisiert, aber kaum einen Zugang findet? Die Liste theoretischer Probleme ließe sich mühelos fortsetzen; kehren wir also auf die Sonnen-Seite der möglichen Leistungen meines Modells zurück.

Subjekt als Ort der Niederlegung

Es muss eine wichtige Verschiebung angesprochen werden, die sich im Zuge der Argumentation – möglicherweise unbemerkt – ergeben hat. War mein Ausgangspunkt die materielle Niederlegung in Texten oder Technik gewesen, so ist mit der Sprache und mehr noch mit der Konvention ein völlig anderer Typus von Niederlegung beschrieben. Materieller Ort der Niederlegung nämlich ist in diesem Fall nicht ein Environment von Objekten, sondern ganz im Gegenteil – das Subjekt; bzw. präziser: zum einen das individuelle Gedächtnis/Körpergedächtnis, in dem das sprachliche System und das System der Konventionen seinen Sitz hat, und zum anderen das Kollektivgedächtnis, das sich, verteilt auf die individuellen Gedächtnisse, als ein Phänomen gesellschaftlicher Redundanz konstituiert.

Diese Verschiebung von den Objekten zu den Subjekten als Ort der Einschreibung, so irritierend sie ist, ist nicht einfach defekt. Erschienen die Subjekte als Träger der Praxen den ›tot-objekthaften‹ Niederlegungen systematisch entgegengestellt, so geraten sie nun selbst auf die Seite dieser Objekte und in die passive Rolle; und entspricht dies nicht – zumindest nach einer Seite hin – den Verhältnissen? Die sprachkritische Philosophie in der Nachfolge Nietzsches hat uns gezeigt, dass wir Objekt unserer Mediensozialisation sind, Objekt gesellschaftlicher Einschreibung und bewusstlos-unfreiwillige Träger von sprachlichen wie außersprachlichen Konventionen, die wir exekutieren, ohne ihnen zugestimmt zu haben, und die wir weitergeben, ohne sie kontrollieren zu können.

Wenn die eigentliche Frage meines Textes den Kulturtechniken gilt, die eine Kontinuierung der Diskurse bewirken, so wird man die Subjekte tatsächlich in beiden Positionen auffinden müssen: in der Subjektposition als Träger von Handlungen, die in Niederlegungen resultieren, die wiederum zum Ausgangspunkt neuerlicher Praxen werden, und – funktional exakt parallel zu diesen Niederlegungen selbst – als Träger einer konventionell verhärteten Struktur, die den fluiden Diskursen als eine Instanz der Beharrung, der Trägheit und der Hemmung gegenübertritt. Dass es sich hierbei um eine durchaus dramatische Dimension kultureller Kontinuierung handelt, wird deutlich, wenn 1945 der Inhalt der Bibliotheken ungleich leichter zu ›reinigen‹ und den neuen Verhältnissen anzupassen war als das Innere der Köpfe. Die Menschen selbst sind ›monumental‹ in diesem Sinne, und so erstaunlich anpassungsfähig sie sind, mit so bleiernem Widerstand stehen sie bestimmten anderen, und häufig gerade emanzipativen Änderungsprojekten entgegen.

Verdichtung

Selbstverständlich wird man sich auch für die Differenzen zu interessieren haben, die die Niederlegung in materiellen Speichern und die Niederlegung in menschlichen Gedächtnissen unterscheiden. Materielle Speicher sollen ihre Inhalte, zumindest idealer Weise, treulich bewahren. Menschliche Gedächtnisse dagegen neigen dazu, Inhalte zu selektieren, zu verschieben und zu vergessen; und die Gedächtnistheorie lehrt, dass in dieser Bearbeitung die eigentliche Leistung des menschlichen Gedächtnisses liegt. Eine kühle, quantitative Überlegung zeigt, dass wir von den unzähligen Wahrnehmungen eines Tages den ganz überwiegenden Anteil – aus schlicht kapazitativen Gründen und weil ihre unstrukturierte Aufhäufung schlicht ausgeschlossen erscheint – vergessen müssen. Das Vergessen ist insofern nicht ein Defekt, sondern ein dringend notwendiger Schutz.

Zudem kann man davon ausgehen, dass dieses Vergessen keineswegs spurlos geschieht. Auch wenn die Gedächtnistheorie hier erstaunlich wenig Modelle liefert, hält schon Freuds ›Wunderblock‹ die Tatsache fest, dass das konkrete Wahrnehmungsereignis im Vergessen zwar untergeht, das wahrnehmende Subjekt mit jeder Wahrnehmung sich aber verändert; das Vergessen scheint eine Maschine zu sein, die die unendliche Fläche von Einzelwahrnehmungen in Subjekt-Strukturen umarbeitet; genauer: in jene Erwartungsstrukturen, mit denen das Subjekt neuerlichen Wahrnehmungen begegnet. Vergessen also ist immer ein ›Vergessen hinein in die Struktur‹ der Subjekte;[21] und es bietet sich an, dies mit dem Begriff der ›Ver-

---

21 Siehe *Docuverse*, S. 143-155.

dichtung‹ in Verbindung zu bringen, wie ihn Freud in der ›Traum-
deutung‹ entfaltet.[22]

Verdichtung kollektiv, Verdichtung medial

Auf kollektiver Ebene nun scheint es durchaus vergleichbare Mechanismen zu geben. Wenn das System der Sprache auf die Sprechakte
der Vergangenheit zurückgeht, die dem semantischen System in
einem gigantischen Prozess der Kumulation seine Form verliehen
haben, so bedeutet dies, dass die Sprache insgesamt als das Produkt
einer ›Verdichtung‹ angesprochen werden muss.[23] Relevant wird nun
das quantitative Verhältnis: Milliarden von Sprechakten finden ih-

22 Wahrnehmung
    ↓
    Vergessen,
    Verdichtung
      ↓   ↑
      Struktur
Eine Art medientechnisches Gegenstück zu Freuds Konzept der Verdichtung liefert Galton, der gegen Ende des 19. Jahrhunderts durch Überlagerung von photo-
graphischen Einzelporträts ›Mischphotographien‹ erzeugte. Thorsten Lorenz hat
die Verbindung beider Konzepte aufgezeigt (Lorenz, Th.: »Der kinematographi-
sche Un-Fall der Seelenkunde«. In: Kittler, Friedrich A.; Schneider, Manfred;
Weber, Samuel (Hg.): *Diskursanalysen* 1. Medien. Opladen 1987, S. 108-128).
Ebenfalls mit dem Begriff der Verdichtung, allerdings ohne Bezug auf die Psychoanalyse, arbeitet Kay Kirchmann (K., K.: *Verdichtung, Weltverlust und Zeitdruck.
Grundzüge einer Theorie der Interdependenzen von Medien, Zeit und Geschwindigkeit im neuzeitlichen Zivilisationsprozeß*. Opladen 1998).
23 Dieser Gedanke ist am schlagendsten formuliert bei Christian Metz, dessen Buch
eigentlich eine psychoanalytisch-semiotische Theorie des Kinos zum Thema hat:
»It is indeed a characteristic of language – and another aspect of the ›problem of the
word‹ – that it has this constant but never fully realised tendency to encapsulate a
kind of complete (but concentrated, compressed) ›argument‹ in every word: a tendency which is also intrinsically condensatory. Even the most ordinary word, *lamp*
for instance, is the meeting-point for several ›ideas‹ [...] each of which, if it were
unravelled, or decondensed, would require a whole sentence«. »Past condensations
meet in each word of the language [...] [;] this is to define the lexicon itself as the
product of an enormous condensation«. (Metz, Christian: *The Imaginary Signifier*.
Bloomington 1982, S. 225, 239 (Erg. H. W.) (OA., frz.: 1973/77)). Dass hiermit
gleichzeitig eine Semantiktheorie entworfen ist, und ein systematischer Zusammenhang zwischen Semantiktheorie und Psychoanalyse, habe ich gezeigt in *Docuverse*, S. 268-290, 298.

ren Niederschlag in der sprachlichen Struktur. Und diese hat die Besonderheit so kompakt zu sein, dass sie in einzelne kleine Menschenköpfe passt. Eine verblüffend kompakte und ökonomische Art der Repräsentation; und ein glänzender Kompromiss mit den knappen mentalen Ressourcen.[24]

Es ist dies die wohl bewundernswürdigste Seite der Sprache: Als eine gesellschaftliche Technologie arbeitet sie Sprechakte um in eine komprimierte semantisch-mentale Struktur. Und dieser Umschlag, dieser Mechanismus der Strukturgenerierung ist der Kern dessen, was oben als Modell in allgemeiner Form expliziert worden ist. Die notwendige Dialektik von Akt und Niederlegung, Diskurs und Struktur hat ihr Zentrum im Begriff der Verdichtung.

Und klarer Weise gilt dieser Mechanismus nicht für die Sprache allein. Wenn oben bezogen auf die Bildmedien von Stereotypen und von Schematheorien die Rede war, so ist evident, dass auch hier ähnliche Mechanismen arbeiten: Stereotypen und Schemata bilden sich, fast deutlicher noch als die Einheiten der Sprache, im Fortschreiten der Diskurse heraus; eine lange Kette von Western hat das Genre ausgeformt und die Erwartungsstruktur, mit der die Rezipienten dem Genre begegnen. Vorerfahrung, es wurde gesagt, verdichtet sich zur Medienkompetenz; und diese bildet ein System gesellschaftlich-symbolischer Topoi, das Produzenten wie Rezipienten teilen. Von der Vorstellung, die Bildmedien seien voraussetzungslos zugänglich, wird man sich entsprechend verabschieden müssen.

Und auch Technik und Architektur können als das Produkt einer Verdichtung, diesmal außerhalb der Köpfe, angesprochen werden. Die Praktiken und Erkenntnisse der Vergangenheit haben sich im jeweils aktuellen ›Stand der Technik‹ aufgestaut. Technik ist – parallel zur Sprache – eine komprimierte Struktur, in der die Praxen der Vergangenheit untergegangen sind und die die Folge-Praxen präformiert. Es gilt dasselbe quantitative Verhältnis einer Verdichtung: Hegel trivialisierend könnte man sagen, dass die Praxen der Vergan-

---

24 Galton, der Erfinder der Mischphotographien (FN 22) selbst stellt die Parallele zwischen visueller und sprachlich-konzeptueller Verdichtung her: »Galton not only claimed that ›the ideal faces obtained by the method of composite portraiture appear to have a great deal in common with … so-called abstract ideas‹ but in fact he proposed to rename abstract ideas ›cumulative ideas‹.« (Manovich, Lev: *The Language of New Media*. Cambridge 2001, S. 57 f.). Manovich allerdings kritisiert die Parallelsetzung (ebd., S. 57, 59 ff.).

genheit – die technischen Praxen der Vergangenheit – im Kollektiv-kunstwerk der Technik ›aufgehoben‹, oder eben aus diesem ver-drängt worden sind.

Wiederaufnahme: Monument und Wiederholung

Kommt man nun auf die Frage nach dem Zusammenhang von Monument und Wiederholung zurück, so dürfte zumindest die Frage nun wesentlich klarer liegen. Monumente können Wiederho-lung ersetzen, weil sie selbst gesellschaftliche Maschinen zur Initiie-rung von Wiederholung sind. Diskurse erreichen ihre Kontinuie-rung, indem sie Instanzen der Beharrung schaffen, die neben den Diskursen (und in Spannung zu ihnen) persistieren.

Und gleichzeitig scheint es unterschiedliche Typen dieser Instan-zen zu geben, die es zu unterscheiden lohnt. Typus_1 wäre die Pyra-mide, die Persistenz und im Idealfall unveränderte Dauer durch materielle Härte erreicht. Typus_2 wäre durch das menschliche Gedächtnis und das System der Sprache beschrieben: Produkt der Verdichtung existieren beide durch den Diskurs und wälzen sich mit diesem fort, gleichzeitig aber setzen sie seinen abrupten Richtungs-änderungen Trägheit und Beharrungsvermögen entgegen. Alle ak-tuellen Äußerungen und Ereignisse müssen mit Blick auf diese In-stanz der Beharrung betrachtet werden.[25] Typus_2 steht damit für das in sich selbst veränderbare, historisch-plastische Monument.

Die Technik erscheint dementsprechend doppelgesichtig: auf der Ebene des einzelnen technischen Artefakts zweifellos dem ersten Typus schlicht materieller Beharrung zugehörig, funktioniert sie auf gesellschaftlicher Ebene, als gesellschaftliche Technologie, analog zur Sprache im Typus_2. Beiden Typen gemeinsam ist das Modell der Verdichtung; und das einzelne Artefakt scheint seine Pointe dar-

25 Typus_1:

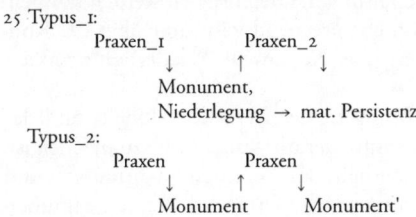

Typus_2:

127

in zu haben, dass es ein bestimmtes Niveau der Verdichtung in eine materiell garantierte Stase bringt. Gemeinsam ist beiden weiter, dass sie die Praxen in Zyklen der Wiederholung zwingen. Dies war der Grund die ursprüngliche, von Assmann vertretene Polarität von Monument und Wiederholung aufzugeben.

Summe

Was nun hat die Überlegung gebracht? Zunächst, dass mediale Akte grundsätzlich auf mediale Niederlegungen bezogen werden müssen, und mediale Niederlegungen grundsätzlich auf mediale Akte. Erst in dieser Dialektik kann gezeigt werden, wie Medien kulturelle Kontinuierung bewirken. Die Wiederholung, es wurde gesagt, ist keine Ausnahme, sondern sie muss ebenfalls in der Wechselbeziehung zwischen einem Muster und dessen Wiederaufführung, einem Handlungsmoment und einem Moment der Beharrung gedacht werden; das Muster wartet materiell niedergelegt und insofern ›monumental‹ auf seine Reaktivierung und Auffrischung.

Zum Zweiten ist festzuhalten, dass die menschlichen Subjekte nicht allein auf die Seite der Handlungen fallen. Da man das menschliche Gedächtnis als Ort der Einschreibung einbeziehen muss und noch allgemeiner: die Subjekte als Träger einer semantisch-gesellschaftlich-unbewussten Struktur, stellen die Subjekte selbst – ihrer beobachtbaren Beweglichkeit zum Trotz – eine Instanz kultureller Beharrung dar.

Ein drittes Ergebnis ist, dass neben der relativ starren, materiellen Monumentalität einzelner Artefakte ein zweiter Typus angenommen werden muss, der Monumentalität durch Kumulation und Verdichtung erreicht. Die Stadt, die Technik und die Sprache wurden hier als Beispiel genannt, die in ständigem Umbau begriffen, nur vom Konzept der Verdichtung her beschrieben werden können; der Begriff der Konvention entsprechend kann nur über die Konventionalisierung, und diese über Ketten von Wiederholungsakten gefasst werden.

Der Begriff der Verdichtung ist der Kern des Modells und der eigentliche theoretische Gewinn, der mit seiner Hilfe zu machen ist. Verdichtung hat die Besonderheit, dass sie einen quantitativen und einen qualitativen Aspekt miteinander verbindet. Wenn die unübersehbare Fläche sprachlicher Äußerungen in die Struktur der Sprache übergeht, schlagen Akte in Struktur und, man ist an Engels erinnert,[26] Quantität in Qualität um. Dies macht es möglich, quantitative Modelle an die Überlegung zumindest anzuschließen. Die Verdichtung erscheint eingebettet in das Projekt einer allgemeineren Diskursökonomie.

Und schließlich kann das Modell helfen, bestimmte systematische Verzerrungen der gegenwärtigen Theoriebildung zu korrigieren. Die aktuelle Medientheorie leidet, dies scheint mir auffällig, unter einer eklatanten ›Sprachvergessenheit‹ und blendet die Frage nach Sprache und Code fast durchgängig aus. Meine Deutung ist, dass die Semiotik, einst Hoffnungsträger, gegenwärtig in den Abgrund zwischen anthropologischen und technikzentrierten Ansätzen gerät. Stellen die Ersteren gestützt auf die Handlungstheorie den einzelnen Akt in den Vordergrund, so vergessen sie, dass Akte unabhängig von der Wiederholung, vom System der Konventionen und Gewohnheiten, nicht gedacht werden können. Was es notwendig macht, die Spannung zwischen Akt und ›monumentalem‹ Code mit zu reflektieren.

Die Technikzentrierten sehen im Code, weil er einstweilen an menschliche Träger gebunden ist, ein medienhistorisches Überbleibsel aus der humanistisch-anthropologischen Ära. Die Kategorie der ›Bedeutung‹ wird als schwammig, als einer materialistischen Beschreibung diskursiver Vorgänge entgegengesetzt, und dann als negligeable eingestuft; scheint doch die Mediengeschichte selbst von der ›natürlichen Sprache‹ zu den hardwareintensiven Bildmedien und zur ›reinen‹ Sphäre mathematischer Algorithmen übergegangen zu sein.

Im Licht des hier Vertretenen ist diese Sicht Illusion. Wenn im Fall der Bildmedien ein Code offensichtlich nach wie vor in Arbeit ist (und eine Pointe der Bildmedien darin besteht, dass sie diese Tatsache systematisch verdecken[27]), wenn zweitens die Technik selbst als ein ›Code‹ begriffen werden muss, als eine verdichtete gesellschaftliche Niederlegung, die in der Lage ist, Folgepraxen zu determinie-

26 Engels, Friedrich: *Dialektik der Natur.* MEW, Bd. 20, Berlin 1973 (geschr. 1873-83), S. 348-353, 481-508.
27 Das Problem des ›unsichtbaren Codes‹ wird in der Theorie im Zusammenhang mit der Realismusproblematik unter dem Begriff der ›Transparenzillusion‹ diskutiert (Winkler, H.: *Der Filmische Raum und der Zuschauer.* Heidelberg 1992, S. 19-76, 118-125, 178-184; in anderer Perspektive: *Docuverse*, S. 191-212).

ren, dann liegt es nahe, auch im Fall der Computer strukturell ähnlich zu fragen. Nimmt man das Modell ernst, wäre auch beim Computer die ›Systemstelle‹ zu zeigen, an der der Code auftauchen müsste. Ich werde im Folgenden einen Vorschlag machen, das Projekt der Formalsprachen und der Formalisierung von dieser Seite her zu begreifen.

Anstatt die Frage nach dem Code für obsolet zu erklären, käme es darauf an, die Generierung von Bedeutungen selbst als eine gesellschaftliche Technologie, d. h. in materialistisch-diskursökonomischen Kategorien, zu beschreiben. Ein grober Weg hierzu ist im Umschlag von Diskurs in Struktur vorgezeichnet, wie ich ihn hier vertreten habe; die Allergie gegen die ›Bedeutung‹ wie die Verkürzungen des Technik-Konzeptes durch das Ausblenden der Sprache ließen sich auf diesem Weg möglicherweise vermeiden.

Die Medienwissenschaft scheint mir auf Modelle angewiesen zu sein, die das an den Medien Offensichtliche hinterschreiten. Es sind dies notwendigerweise abstrakte Modelle, denn nur diese sind in der Lage, die Grenzen zwischen den Medien, etablierte und tief eingegrabene Grenzen, die einem medienwissenschaftlichen Vergleich immer entgegenstehen, zu überspringen. Als abstrakte Modelle sind sie notwendig falsch. Sie müssen gerade jene Mechanismen zielgerichtet verfehlen, die für einzelne Medien in besonderer Weise kennzeichnend sind und die aus deren Binnenperspektive am wenigsten vernachlässigt werden dürften. Die Beschäftigung mit einzelnen Medien (und der so genannten ›Intermedialität‹) allerdings erspart die theoretische Anstrengung nicht.

Einen allgemeinen Begriff von Konvention und Konventionalisierung zu entwickeln, eine Vorstellung von kultureller Kontinuierung, eine Vorstellung davon, wie Monumente und Wiederholung zusammenwirken, und davon, was die materielle Beharrung mit anderen Typen von Kontinuierung gemeinsam hat – all dies erscheint notwendig, um Medienvergleiche überhaupt möglich zu machen. Wenn die Ebene der Akte, die Ebene des Symbolischen, die Ebene des Institutionellen und die Ebene des im engeren Sinne Technischen, sicher unbestritten vier Grundregister jeder Beschäftigung mit den Medien, nicht einfach auseinander fallen, wird man fragen müssen, auf welcher Ebene sie vermittelt sind. Hierauf will das skizzierte Modell eines dialektischen Umschlags von Diskurs in Struktur eine Teilantwort liefern.

7 Technik als System

Das gerade Dargestellte enthält ein Problem, das wenig sichtbar sein mag, das inhaltlich aber umso gravierender ist. Geoffrey Winthrop-Young hat mich auf das Problem aufmerksam gemacht;[1] die Frage geht in den Kern dessen, was mir an den Medien erklärungsbedürftig erscheint, und gleichzeitig denke ich, dass es eine befriedigende Antwort bislang nicht gibt. Wenn ich richtig sehe, überschreitet sie nahezu alle Modelle, die zu den Medien entwickelt worden sind. Im vorliegenden Kapitel wird es deshalb vor allem darum gehen, das Problem einigermaßen klar zu umreißen.

Rekapitulieren wir kurz. Meine Behauptung war, dass ein systematischer Zusammenhang zwischen *Medienpraxen* und *Mediensystemen* gezeigt werden kann. Und zwar im Sinne einer doppelten Determination: Das jeweils aktuelle Mediensystem geht zurück auf Praxen (Seite der Einschreibung), umgekehrt bestimmen die Mediensysteme den Raum, in dem die Medienpraxen allein stattfinden können. Beide Determinationen sind zyklisch miteinander verbunden. Grundmuster für diese Vorstellung war die Dialektik von Sprechen und Sprache, und parallel dazu war auch die Medientechnik zu denken: Technische Praxen resultieren in Technik (Hardware, Infrastruktur), die installierte Technik umgekehrt steckt den Raum für die künftigen technischen Praxen ab. Die zweifache Formel also war: Sprechen → Sprache → Sprechen, und entsprechend: Praxen → Technik → Praxen.

Die Frage nun fällt das Modell von einer unvermuteten Seite her an: Selbst wenn die Parallelsetzung nämlich plausibel ist, sagt Winthrop-Young, lässt das Modell vollständig offen, wie eine *Verbindung* beider Ebenen, ein Übergang zwischen symbolischen Praxen (Sprechen/Sprache) und technischen Praxen (/Technik) gedacht werden kann. Für ein Verständnis der Medien aber ist diese Frage tatsächlich zentral. Da die Mediengeschichte durch eine zunehmende Technisierung der Äußerungspraxen bestimmt ist, und immer mehr Sorgfalt, so scheint es, von den Äußerungen auf Organisation und Technik übergeht, liegt nahe, dass die Einschreibung in Texte und die Einschreibung in Technik tatsächlich interagieren.

---

1 Winthrop-Young, G.: Unveröff. Manuskript, November 2002.

Und schlimmer: Es erweist sich, dass sich Medienpraxen und Mediensysteme im skizzierten Modell streng genommen gar nicht begegnen; käme es doch darauf an zu zeigen, dass auch die technischen Infrastrukturen Resultat von ›Medienpraxen‹ sind; und das heißt von Praxen, die ihr Zentrum im Feld des Symbolischen haben. Aber kann (inner- oder außerhalb des Modells) tatsächlich plausibel gemacht werden, dass symbolische Praxen (Äußerungen) technische Infrastrukturen hervorbringen? Schwitzen Telefongespräche – die Verkürzung sei erlaubt – Kupferkabel aus?

Es drängt sich auf, dass an bestimmten Punkten der Mediengeschichte ein Ebenenwechsel stattfindet; ein Sprung, in dem symbolische Praxen/Einschreibungen in technische umschlagen, was die symbolischen Praxen in ein neues technisches Umfeld versetzt. Für die Beschreibung dieser Sprünge/Umschläge scheint die Theorie, und eben auch mein Modell, wenig bereitzustellen.

Autonomisierung/Autonomie

Die meisten Medientheorien gehen diesem Problem gewandt aus dem Weg. Technikzentrierte Ansätze würden behaupten, dass es eine mehr oder minder autonome Technikentwicklung ist, die die Medientechniken hervorbringt; den Medienpraxen bliebe, diese als ›Mittel‹ aufzugreifen oder als ›historisches Apriori‹ zu akzeptieren. Wie die autonome Technikentwicklung konkret rekonstruiert wird, ist bei den einzelnen Autoren verschieden: ob als schlichte Erfindergeschichte, ob ironisch-anekdotisch, oder abgeklärt-abstrahiert im Vokabular der Systemtheorie. Die autonome Technikentwicklung jedenfalls hätte ihre Autonomie darin, dass sie von den Äußerungspraxen nicht erreicht werden kann.

Und ausdrücklich: Auch diese Sicht hat ihre Qualitäten. Sie beschreibt plausibel, dass Mediensysteme sich ihren ›Nutzern‹ gegenüber abschotten; Medientechnik entsteht tatsächlich in spezialisierten Bereichen; selbst zu ihrer Bedienung sind Spezialisten gefordert, und die technische Weiterentwicklung wird zunächst im Dialog nur dieser Spezialisten stattfinden.

Verallgemeinert wäre dies die Sicht auch der Systemtheorie. Folgt man Luhmanns ›Realität der Massenmedien‹, wäre die Autonomie der Technik Teil dessen, was er als den systemischen Abschluss, die

Autonomisierung des Mediensystems beschreibt; Medientechnik, arbeitsteilige Professionalisierung und institutionelle Grenzen wirken darin zusammen, Äußerungspraxen zu kanalisieren, nur bestimmte Einzelne überhaupt als Enunziatoren zuzulassen und die Nutzer/Zuschauer in ihrer Rolle als Nutzer zu fixieren. Dies allein aber, und dies ist eine gewisse Enttäuschung, hätte vielleicht ohnehin niemand bestritten. Die Ausgangsfrage nach dem Verhältnis von symbolischen und technischen Prozessen jedenfalls wird so kaum berührt.[2]

Closing the postal circuit

An dieser Stelle nun kommt Siegerts Argument zur Post noch einmal ins Spiel.[3] Siegert hat, wie Winthrop-Young in einem Aufsatz rekonstruiert,[4] seine Postgeschichte in vier signifikante Stufen gegliedert. Zum Ersten die Phase staatlich-imperialer Botensysteme, zweitens die Geburt der Post, als im siebzehnten Jahrhundert der absolutistische Staat das Botennetz auch für die private Nutzung öffnete; die dritte Phase wäre diejenige, die Siegert, es wurde oben erwähnt, am ausführlichsten schildert: die Erfindung des ›pre-payments‹ und der ›penny stamp‹ um 1840, die zu einer quantitativen Explosion des Postverkehrs führen und die Post als ein diskursives Netzwerk im heutigen Sinne überhaupt erst konstituieren. Und schließlich viertens jene ›grim perspective at the end‹,[5] dass mit den digitalen Netzen eine autonom gewordene Zeichenzirkulation die Post und die Menschen endgültig hinter sich lässt.

Vor allem die dritte Stufe ist es, die Winthrop-Young interessiert, und dies unter dem Aspekt einer Schließung medialer Systeme, der hier zur Debatte steht:

2 Am ehesten noch in den Abschnitten zum Schema (Luhmann, Niklas: *Die Realität der Massenmedien*. Opladen 1996 [OA.: 1995], S. 190 ff.). Erhellender in diesem Zusammenhang ist ein Aufsatz Niklas Luhmanns: »Zeichen als Form«. In: Baecker, Dirk (Hg.): *Probleme der Form*. Frankfurt am Main 1993, S. 45-69.
3 Das Buch wurde im Kapitel zur Übertragung bereits angesprochen: Siegert, Bernhard: *Relais. Geschicke der Literatur als Epoche der Post*. Berlin 1993.
4 Auch der Text Winthrop-Youngs wurde schon genannt: Winthrop-Young, Geoffrey: »Going Postal to Deliver Subjects. Remarks on a German Postal Apriori«. In: *Angelaki*, Nr. 7.3, 2002, S. 143-158.
5 Ebd., S. 147.

»The possibility of prepayment effectively closed off the modalities of writing and reading of letters from their circulation in the network. This point is crucial to Siegert: with the introduction of prepayment and the standardization of all interfaces between the people and the postal network, the latter effectively became a *closed circuit*, for which the contingencies of sender and receiver were irrelevant provided their position was predetermined in a postal grid, and for which the contingencies of the message were irrelevant since they were preprocessed according to the demands of the system in the shape of penny stamps. The postal system became a closed system in systems-theoretical terms«.[6]

Die Rekonstruktion scheint mir in diesem Punkt klarer entschieden als der Siegert'sche Text;[7] in der Tat aber geht es auch bei Siegert um eine systemische Schließung; am konkreten historischen Beispiel wird vorgeführt, dass die medialen Netze sich abtrennen von den Inhalten der Kommunikation, dass sie autonom werden, gestützt auf spezifische Techniken, Hardware und Organisation, und gestützt auf eine zunehmende Institutionalisierung und Professionalisierung:

»The increased postal workload and need for efficiency necessitated a professionalization that had the post office mushroom into the ›bureaucracy of bureaucracies‹; in effect, it turned countries and territories into large cities. More importantly, the standardization of fares regardless of distance and duration of delivery decoupled communication from geography.«[8]

Und die systemische Schließung hat noch einen zweiten Aspekt; eigentlich nämlich vertreten die technikzentrierten Ansätze weniger die Autonomie der Technik als deren historische Autonomisierung: Der Abstand der Medientechnik zu den Äußerungspraxen nimmt historisch zu, weil es zunehmend Techniken sind, die die jeweils neuen Techniken hervorbringen:

»Praktisch«, referiert Winthrop-Young, »beginnt dies mit den Fließbändern der Waffenindustrie im 19. Jahrhundert, theoretisch mit der Einsicht Ernst Kapps (1877), dass ›ein Werkzeug das andere erzeugt‹, dass also ab einem recht genau bestimmbaren historischen Punkt sich die Technikentwicklung als eine Art Epizyklus von dem bislang vorherrschenden Organprojektionsmechanismus abkoppelt und in die eigenen Schleifen mündet.«[9]

6 Ebd., S. 150 (Hervorh. H. W.).
7 Der explizite Verweis auf die Systemtheorie z. B. findet sich bei Siegert nicht, seine Literaturliste führt nur einen einzelnen Aufsatz Luhmanns auf.
8 Winthrop-Young, »Going Postal«, a. a. O., S. 150.
9 Winthrop-Young, Geoffrey: Unveröff. Manuskript, September 2003.

Auffällig bei Siegert allerdings ist, dass die systemische Schließung nicht als ein Prozess beschrieben wird, sondern als ein Umschlag; und am Punkt des Umschlags operieren so ominöse Dinge wie die ›Erfindung‹ des pre-payment, komplett mit Name und Adresse des ›Erfinders‹, und allenfalls im Gestus anekdotisch-skeptisch relativiert. Eine diskursökonomische Perspektive muss dies unbefriedigt lassen. Wären es so doch gerade nicht die Nutzungs- oder Äußerungsakte, die die neue Struktur tragen. Diese vielmehr werden überhaupt erst initiiert durch die Erfindung der penny stamp; die Nutzungsakte sind Anhängsel; und nur insofern, dies war oben mein Punkt, kann Siegert von einem postalisch-historischen Apriori sprechen.

Mit den genannten Lösungen wenig zufrieden, möchte ich deshalb noch einmal neu und anders ansetzen. In verschiedenen Schritten werde ich bestimmte, zunächst nur sehr locker und provisorisch verbundene Einzelargumente vorführen; Ziel ist es, das Problem von verschiedenen Seiten zu beschreiben und dann zu remodellieren.

Werkzeug

Gehen wir also davon aus, dass es den skizzierten Sprung gibt, dass also nicht nur Diskurs und System interagieren, sondern dass der Diskurs auf bestimmten seiner Stufen Systeme ausscheidet, die technisch, institutionell oder wie immer auf einer anderen ›Ebene‹ liegen. Wenn wir ein Vorbild für diese Bewegung suchen, denke ich, bietet sich zunächst die materielle Produktion als Beispielfeld an. Auf einer ersten Ebene hat die produktive Praxis (Arbeit) ein Resultat, das Produkt. Gleichzeitig ist die materielle Produktion angewiesen auf Werkzeuge, die selbst Produkt einer vorangegangenen Arbeit sind. Die Arbeit also teilt sich auf in zwei Ebenen: die Herstellung des Werkzeugs und die des Produkts, wobei das Werkzeug in die Herstellung des Produkts immer schon eingeht.

Sieht man die Technikentwicklung als ganze, kann man eine Tendenz zu immer elaborierteren Werkzeugen und zum Einsatz immer komplizierterer Maschinen konstatieren; dies verringert den Aufwand für die Herstellung der Endprodukte (Rationalisierung), und verlagert immer mehr Arbeit in die Herstellung der Werkzeuge als Produktionsvoraussetzung. In der Folge wird man die Perspektive fast umdrehen können: *Auf jeder ihrer Stufen schwitzt die Produktion Werkzeuge aus*; diese entstehen als eine materielle Niederlegung, als ein zweites Produkt neben den eigentlichen Produkten.

Die Werkzeuge sind Voraussetzung weiterer Produktion. Es ergibt sich also ein Zyklus; und dieser Zyklus wird sich auf ständig erweiterter Stufe reproduzieren. Hinzu kommt, dass die Werkzeuge oft dauerhafter sind als die Produkte. Werkzeuge bewähren sich im wiederholten Gebrauch, sie werden ›durchgereicht‹ an die jeweils nächste Produktionsstufe. Nicht die Produkte, sondern die Werkzeuge sind insofern der eigentliche Träger von Traditionsbildung. (Die dominante Bewegung verläuft von Werkzeug zu Werkzeug, das Produkt erscheint als ephemer, als Sackgasse, gemessen am Zyklus der Reproduktion.) Da die Werkzeuge gleichzeitig ständig erweitert, aus- und umgebaut werden, handelt es sich, wie oben beschrieben, um ein ›dynamisches Monument‹.

Symbolische Systeme, erste Lösung

Dem Gesuchten sind wir damit bereits etwas näher gekommen. Im Reich des Symbolischen könnte man parallel konstruieren: Die Äußerungspraxis bringt als Produkt die Äußerung hervor. Im Feld der mündlichen Äußerung und unter Einbeziehung der Tatsache, dass das Sprechen die Sprache immer mitproduziert, hätte auch das Sprechen zwei Produkte, die Äußerung und eben die Sprache, bzw. verallgemeinert den Code, der in seiner Funktion und Dauerhaftigkeit dem Werkzeug entspräche.

Und nun kommt der Sprung, um den es geht; sobald wir nämlich im engeren Sinne *technische* Medien zu beschreiben versuchen, reicht das Modell nicht mehr aus. Und an dieser Stelle nun ergeben sich zwei Lösungswege, die sich zunächst widersprechen: Die erste mögliche Lösung wäre, zwei Diskurse zu kreuzen, die Äußerungspraxis und die technisch-praktische Herstellung von Medientechniken/Werkzeugen/Infrastrukturen der Kommunikation. Während die Äußerungspraxis Äußerung und Code produziert, würde eine zweite, technische Praxis die Medientechnik bereitstellen. Code und Medientechnik gemeinsam münden in die neuerliche Äußerungspraxis ein.

Diese Lösung hat den Defekt, dass beide Diskurse noch unvollkommen verbunden sind. Ihre Stärke ist, dass sie vorstellbar macht, dass neben den Äußerungspraxen eine mehr oder minder autonome Technikentwicklung verläuft; Kameras werden von Kameraherstellern und eben nicht von Kameramännern produziert. Die Äußerungspraxis mündet nicht nur in neue Äußerungspraxen sondern auch in immer neue technische Praxen ein. Beide Diskurse kreuzen sich. Und um die Sache noch einmal zu komplizieren, interagiert die technische Praxis zusätzlich mit weiteren technischen Praxen außerhalb des Mediensektors.

Stärke dieses Ansatzes ist, dass er die institutionelle Trennung zwischen den Äußerungspraxen und der Herstellung der technischen ›Voraussetzungen‹ gut spiegelt. Problem ist, dass ein Einfluss der Äußerungspraxen auf die technischen Praxen kaum noch plausibel gemacht werden kann. Das Modell muss damit in die Nähe der technikdeterministischen Ansätze geraten.

Symbolische Systeme, zweite Lösung

Die zweite Lösung setzt anders an: Wenn oben gesagt wurde, dass die Produktion ihre Werkzeuge ausschwitzt, so erscheint es möglich, parallel zu behaupten, dass auch die Äußerungspraxis ihre Werkzeuge als Nebenprodukt quasi mitproduziert. So betrachtet also hätte die Äußerungspraxis nicht zwei sondern drei Produkte, die Äußerung, den Code und die Medientechnik. Code und Medientechnik würden in die neuerliche Äußerungspraxis münden. Diese Lösung ist ungleich radikaler: sie leugnet zunächst – und sei es aus taktischen Gründen –, dass es eine Autonomie oder Teilautonomie der technischen Praxen gibt.

Zunächst aber: Wie wäre zu rechtfertigen, dass es tatsächlich die Äußerungsakte sind, die die Medientechniken ausscheiden? Ist die These nicht, trotz ihrer Herleitung aus der materiellen Produktion, kontraintuitiv? Zumindest vollständig kontraintuitiv, denke ich, ist das Modell nicht; zum Beispiel könnte man sagen, dass Äußerungsakte sich ihren Weg immer auch ›bahnen‹; vielleicht lohnt es, die Vorstellung deshalb noch etwas weiterzuentwickeln.

Nun ist die Tatsache näher zu fassen, die Ausgangspunkt der Überlegung war, dass nämlich die Medientechnik auf einer anderen ›Ebene‹ als die medialen Äußerungen liegt, dass Telefongespräche und Telefonnetz scheinbar kategorial auseinander fallen. In der Tat ist schwer vorstellbar, wie Telefongespräche Telefonleitungen hervorbringen sollen. Zwischen Telefongesprächen und Telefonnetzen also muss ein *Systemsprung* angenommen werden, der erklärungsbedürftig ist, bevor er ins Modell integriert werden kann. Machen wir uns zunächst klar, dass alle *drei* genannten Produkte auf unterschiedlichen Ebenen liegen; die Äußerung (als materieller Text, Bild, Schrift, Klang …) unterscheidet sich signifikant vom Code (als einer Gedächtnisstruktur), und beide wiederum von der Medientechnik, als einer technisch-materiellen Implementierung.

Auf allen drei Ebenen spielt Materialität eine Rolle. Und nur sehr scheinbar ist der Code, z. B. das System der Sprache, der Äußerungspraxis ›näher‹ als die Kupferkabel des Telefonnetzes. Als eine gesellschaftliche Realimplementierung, die sich der individuellen menschlichen Gedächtnisse bedient, gleichzeitig aber intersubjektiv geteilt und allein durch die Diskurse gepflegt wird, erscheint mir der Code (und der Systemsprung zwischen Äußerung und Code) fast ebenso erklärungsbedürftig zu sein wie der Sprung zwischen Telefongesprächen und Kabelnetz. Schon auf dieser Ebene erscheinen technische, institutionelle und funktionale Aspekte auf einigermaßen komplizierte Weise verschränkt. Nehmen wir also an, dass es zwei Sprünge zu untersuchen gilt, denjenigen zwischen Äußerung und Code (erster Sprung) und denjenigen hin zur Medientechnik.

Spezifisch für den zweiten Sprung hin zur Medientechnik wäre, dass die Äußerungspraxis nun z. B. Kupferkabel aus sich hervorbringen soll. Dass deren Materialität auf die Materialität der Äußerungen zunächst kaum zurückgeführt werden kann, macht einen Hauptteil der Denkschwierigkeit aus. Aber ist das nicht bereits auf der Ebene der Äußerung selbst ähnlich?

Erscheint nicht auch das Signifikantenmaterial, in dem sich die Äußerung artikuliert, relativ willkürlich gewählt? Material, der äußeren Welt entrissen und dann zu Signifikanten gemacht? Wenn der Klang der mündlichen Sprache den Nahraum überbrückt, dann nutzt er materielle Eigenschaften der Luft als eines vorfindlichen

Trägermediums, um die Artikulation wie Adressierung/Erreichbarkeit des Adressaten zu gewährleisten. Bliebe also der Unterschied, dass Kupferkabel nicht vorfindlich sind, sondern arrangiert und das heißt selbst *artikuliert* werden müssen. Einer Artikulation *im* Signifikantenmaterial (Äußerung) wäre insofern eine zweite Ebene, die Medientechnik, beizugesellen, die Material und Funktionsweise der Signifikanten selbst artikuliert.

Äußerungen außerhalb von Medien und Medientechnik gibt es nicht. Auch wenn das Signifikantenmaterial gefunden/vorgefunden wird, muss es zu solchem allererst gemacht werden; in der Konsequenz bedeutet dies, dass von allem Anfang an zwischen Signifikantennutzung und Signifikantenherstellung/-arrangement eine Wechselbeziehung unterstellt werden muss.

Macht

Medientechnik, dies hat bereits Kittler gesagt, ist selbst Artikulation. Ist sie also eine Artikulation zweiter Ordnung, insofern sie bereitstellt/vor-arrangiert, was die einfache Artikulation *im* Signifikantenmaterial nur ›benutzt‹? Im Verhältnis von Medienstandard und Medieninhalt, bzw. Programm versus Useraktivität drängt sich dieser Eindruck auf. Die Welt scheint in zwei Typen von Enunziatoren zu zerfallen: mächtige, die die Standards und Programme artikulieren, und weit weniger mächtige, die, auf solche Standards festgelegt, innerhalb einer vordefinierten Welt sich bewegen. Einer relativ machtlosen Enunziation_1 auf Ebene der Äußerung entspräche eine machtvolle Enunziation_2, die die Medientechnik artikuliert.[10]

Hier scheint mir die Zugkraft des McLuhan-Arguments zu liegen, es gehe darum, von der Analyse der Botschaften (Enunziation_1) überzugehen zu einer Analyse der Medien selbst (Enunziation_2). (Ein Argument, das seinen Nachfolgern noch vierzig Jahre danach ein triumphales Selbstbewusstsein verleiht.) Und wieder spricht einiges für die vorgeschlagene Deutung. Zum einen ist auffällig, dass die Artikulation/Gestaltung von Medientechnik ungleich stärker zentralisiert, kontrolliert und hierarchisiert verläuft als die Artikulation von Äußerungen. Die gesellschaftliche Apparatur hat sich hier-

10 Der Code hätte die Besonderheit, dass er gezielt nicht beeinflussbar ist. In den Code kann nur man nur via Äußerungen schreiben …

für bestimmte Organe geschaffen, die zudem mit Machtzusammenballungen traditionelleren Typs in vielem korrelieren (Staat und Post, Medienkonzerne u. s. f.).

Einiges allerdings spricht dagegen. Medien sind im Vergleich zu Äußerungen *semantisch wesentlich weniger eng bestimmt.*[11] Für den hier verfolgten Zusammenhang bedeutet dies, dass die zweite, die machtvolle Enunziation, wenn sie denn Imperative artikuliert,[12] innerhalb dieser Imperative gleichzeitig relativ weite Spielräume öffnen muss.

11 Die Unterscheidung zwischen Enunziation_2 und Enunziation_1 erinnert an jene Trennung zwischen Medium und Form, die Luhmann im Rückgriff auf Heider vorgeschlagen hat: das Mediale als eine lose Kopplung von Elementen, das die Voraussetzung der Form als ihrer strikteren Kopplung bildet. Von einem alltagssprachlichen Medienbegriff ist diese Trennung weit entfernt, weshalb sie in Luhmanns ›Realität der Massenmedien‹ so gut wie keine Rolle spielt. Eine Reihe von Veröffentlichungen aber hat versucht, sie für eine Analyse der Medien fruchtbar zu machen; Hauptschwierigkeit ist, dass bei Luhmann wie bei Heider allein die Form, nicht aber das Medium, beobachtet werden kann.
Dies hat, schreibt Wolfgang Ernst, Konsequenzen für die Medienwissenschaft selbst: »Solange nämlich Medien im Sinne von Aristoteles und Fritz Heider ein Dazwischen darstellen, einen übertragenden Zwischenraum, der sich gerade durch seine Unsichtbarkeit operativ auszeichnet, werden sie nicht thematisch; wird ein Medium aber Objekt der Betrachtung, ist es schon Form.« Medienwissenschaft also laboriert an dem Paradox, wie der intelligente Titel des Aufsatzes sagt, gerade die losen Kopplungen des Medialen (be-)schreiben zu wollen (Ernst, Wolfgang: »Lose Kopplungen schreiben«. In: Brauns, Jörg (Hg.): *Form und Medium.* Weimar 2002, S. 86 f.). Die Behauptung einer Enunziation_2 geht weiter: Hier wäre die These, dass das Mediale, die losen Kopplungen, selbst geschrieben werden. (Zum Medium/Form-Problem siehe: Luhmann, Niklas: *Die Gesellschaft der Gesellschaft.* 1. Bd., Frankfurt am Main 1997, S. 195 ff.; ders.: Die Wissenschaft der Gesellschaft. Frankfurt am Main 1990, S. 53 ff., 181 ff.; ders.: *Die Kunst der Gesellschaft.* Frankfurt am Main 1995, S. 165 ff. Siehe auch: Baecker, Dirk (Hg.): *Probleme der Form.* Frankfurt am Main 1993, sowie: Brauns, *Form und Medium,* a. a. O.).

12 Im Pro-gramm die Vor-schrift aufzufinden ist ein Argument bei Kittler wie bei Flusser ... Die Adepten formulieren weniger subtil: »Eine an der Eigenlogik der Technik orientierte Medientheorie nimmt hier mit und gegen Foucault an, daß technische Standards die Macht über die Kommunikation übernommen haben und sich die ›Subjekte‹ unterwerfen.« (Maresch, Rudolf; Werber, Niels: Vorwort. In: *Kommunikation, Medien, Macht.* Frankfurt am Main 1999, S. 10).

Ebenso paradox erscheint, dass sich die zweite Enunziation zumindest von den Feedbackloops einer marktförmigen Zustimmung abhängig macht. Wenn oben gesagt wurde, dass die Medienstandards über Ökonomie und Medien*nutzung* (Freiwilligkeit und Nutzen) an die Machtlosen zurückgekoppelt sind, so irritiert auch dies die übersichtliche Machtdifferenz.

Und schließlich wäre zu reflektieren, dass, wie die Theorie plausibel gemacht hat, die Macht selbst diffundiert. Es wäre also eine relativ konventionelle Erwartung, die Macht vor allem in Zentralismus, Hierarchie und an wenigen übersichtlichen Stellen auffinden zu wollen.

Es ist eine bestimmte Zirkulationsfrequenz, die die technisch-medialen Installationen trägt; zumindest ökonomisch hängen Äußerungen/Mediennutzung und die Entwicklung avancierterer Technik zusammen; der ökonomische Aufwand ist nur möglich, wenn große Massen sich auf dem Terrain der jeweiligen Medien versammeln, wenn eine zahlungskräftige und zahlungsbereite Nachfrage die Implementierungen refinanziert.

Zudem kann die Zirkulationsfrequenz, auch dies wurde gesagt, nicht angeordnet werden. Anders als für Armee oder Arbeit scheint für mediale Prozesse typisch zu sein, dass sie in hohem Maße ›freiwillig‹ sind; zu Plattenkauf, Kino oder Fernsehen muss man niemanden nötigen.[13] Dies bindet die Medien zurück an eine Bedürfnisstruktur, die – selbst geschichtlich geformt – als Bedürfnishintergrund (Systemspannung?) in jede aktuelle mediale Implementierung eingeht. Bezieht man Zirkulation, Ökonomie oder Bedürfnisstrukturen also ein, wird deutlich, dass die die Autonomie des Technischen keine ist.

Systemspannung, Bedürfnis

Das Stichwort des Bedürfnisses führt in eine weitere Komplizierung. Der Begriff schillert zwischen Nachfrage und Trieb/desire, Diskursivem und Außerdiskursivem, historisch wandelbaren und historisch

---

13 Diese Freiwilligkeit, selbstverständlich, ist einigermaßen prekär; Horkheimer/ Adorno forschen ihr im Kulturindustriekapitel der *Dialektik der Aufklärung* nach, Adorno überschrieb einen Aufsatz: »Kann das Publikum wollen?«.

sehr tiefliegend-stabilen Schichten. Wenn die Medienentwicklung sich auf Bedürfnisse stützt und diese vom jeweiligen Stand der Geschichte/Mediengeschichte mitbestimmt werden, dann scheint der Diskurs, bevor er die nächste Stufe der Medientechnik hervorbringt, zunächst etwas anderes zu produzieren: Ein Negatives, eine Unzufriedenheit, eine Art Defizit, eine Systemspannung, jenes ›Bedürfnis‹ eben, das Voraussetzung für den jeweils nächsten Schritt der Medienentwicklung ist. Dieses Negative scheint ungewollt, d. h. im Rücken des Diskurses zu entstehen; wenn es gleichzeitig der *Motor* der Entwicklung ist, wäre weniger wichtig, was der Diskurs produziert als was er *nicht* produziert, was offen und unter den gegebenen Medienbedingungen unsagbar bleibt.

Für den frühen Film kann man dies relativ klar rekonstruieren: Zwischen der Sprachkrise um 1900 und der technischen Entwicklung des Films besteht ein Zusammenhang; der zunächst wortlose Film tritt exakt in jene Bresche, die die Sprachkrise aufreißt.[14] Der Fall der mobile phones wäre komplexer; ihre Durchsetzung innerhalb weniger Jahre wäre zu erklären nur, wenn man Veränderungen im sozialen Raum, die Zunahme der individuellen Mobilität, die Veränderung der Stadt und die Dialektik von Öffentlich und Privat einbezieht.

Die Argumentation mit dem Bedürfnis, so könnte man sagen, entkoppelt die Glieder der Kette; nicht Diskurs mündet in System (und nicht Praxen in Technik), sondern Praxen/Diskurs münden in Bedürfnis/Defizit und dann erst in Technik. Und zwar vermittelt über den sozialen Raum als ganzen. Zudem muss die Strukturspannung nicht notwendig dort entstehen, wo eben noch der Diskurs oder die bisherige Technik ihr Zentrum hatten. Die Technikentwicklung spielt insofern immer über die Bande.

Mechanismen der Einkapslung

Die letzte Beobachtung, die mir im Feld wichtig erscheint, möchte ich unter das Etikett der Armierung oder Einkapslung stellen. Spezifisch für den Sprung in die Medientechnik nämlich scheint mir, dass Medientechniken und Infrastrukturen eine besonders ›harte‹ Ebene

14 Ich habe den Zusammenhang dargestellt in: *Docuverse*. S. 192 ff.

der Einschreibung sind. Diskurse sind fluide, Medientechniken sind hart/monumental. Wenn der Diskurs also ausscheidet, was als Medientechnik sich niederschlägt, so handelt es sich um eine besonders stabile Variante der Monumentalisierung.

Für die Inhalte bedeutet dies, dass sie sich ›einkapseln‹. Dies wiederum hat verschiedene Ebenen. Zunächst die materiell-technische: Während Strukturentscheidungen, die in einen Text münden, relativ leicht zu verändern sind, nehmen andere Strukturentscheidungen die Form materieller Kabelnetze oder Satellitenschwärme an. Die Materialität der Einschreibung, Aufwand und Investition also *armieren* die Strukturentscheidung auf spezifische Weise. Und wenn es eine medientechnische Entwicklung gibt, die immer verzweigtere, immer voraussetzungsvollere und immer aufwändigere Techniken präferiert, dann bedeutet dies gleichzeitig, dass die Strukturentscheidungen sich gegen Einsprüche sichern.

Und vollständig parallel wirken auch Institutionalisierung und Professionalisierung. Auch hier werden Strukturentscheidungen festgeschrieben und dem Einspruch entzogen. Im Fall der Professionalisierung eingeschrieben in die Subjekte als eine Kompetenzstruktur, die die Medientechniker und die professionalisierten Enunziatoren gegen die Konkurrenz der Amateure sichert. Kompetenz, es wurde gesagt, ist eine ebenfalls sehr stabile Form der Einschreibung.

Einschreibung in Technik, Einschreibung in Institutionen und Einschreibung in Subjekte/Kompetenz wirken parallel. Sie monumentalisieren und sie sichern die eingeschriebenen Inhalte, und was im Fall diskursiver Ereignisse verhandelbar erscheint, wird solcher Verhandlung auf spezifische Weise entzogen.

Und gemeinsam wäre auch, dies wäre die zweite Ebene der Einkapslung, dass die Inhalte der Einschreibung, einmal eingeschrieben, nicht mehr offen zutage liegen. Technik, Institutionen und Professionalisierung haben gemeinsam, dass sie Arkanbereiche schaffen; relativ leicht abzugrenzen, z. B. durch den Stacheldraht, der die Sendeanstalten und Rechenzentren umgibt,[15] und gesichert durch

---

15 Ich habe zwei Jahre in einem kommunalen Rechenzentrum gearbeitet, das bereits in den siebziger Jahren von solidem Natodraht, Eingangsschleusen und Kameras umgeben war. Zur Begründung wurde auf den Schutz personenbezogener Daten verwiesen. Die schweren Rolltore der Sendeanstalten spiegeln eine ähnliche Sorge; besetzen Putschisten der Dritten Welt doch neben den Regierungsgebäuden immer als Erstes den Sender.

innere Komplexität, die ein Nachvollziehen der internen Vorgänge schwierig macht.

Im Fall der Technik kommt der spezifische Dingcharakter hinzu: Anders als der Diskurs sind die Dinge stumm und weigern sich über die Strukturentscheidungen, die in ihre Konstitution eingegangen sind, Auskunft zu geben.[16] Wo der Diskurs also anreizt zu ›Anschlusshandlungen‹, zu Nachfrage und Kritik, machen Technik und Institutionen diese gerade unwahrscheinlich.

Ertrag

Kehren wir nun zum Ausgang zurück. Die Frage nach dem Systemsprung zwischen Diskurs und Medientechnik, denke ich, hat sich über die verschiedenen Stationen der skizzierten Überlegung verschoben. Was tatsächlich *nicht* gezeigt werden kann, ist, dass Telefongespräche Telefonkabel hervorbringen. Der Gesamtmechanismus vielmehr ist komplizierter und indirekter und er muss entsprechend aufwändiger rekonstruiert und beschrieben werden.

Die erste methodische Entscheidung wäre, diskursive Äußerungen und Medientechnik unter die gemeinsamen Begriffe der Enunziation/Artikulation und der Einschreibung zu bringen. Von dort aus wären verschiedene Stufen zu unterscheiden, und ›weiche‹ Formen der Einschreibung (Äußerungen) von ›harten‹ Formen der Einschreibung (Technik, Institutionen) graduell voneinander zu trennen. Der fragliche Systemsprung wäre hierin bereits ein Stück moderiert; es wäre nicht mehr möglich, den Diskurs als außertechnisch und das Kabelnetz als ›technisch‹ aufzufassen, beide vielmehr wären technikgebunden, wenn eben auch auf unterschiedlicher Stufe der Verhärtung/Armierung.

Als Zweites wäre signifikant, dass der fragliche Systemsprung immer über den gesellschaftlichen Raum vermittelt ist. Wenn es tatsächlich die Äußerungspraxen sind, die die Medientechniken hervorbringen, dann vermittelt über die Negativität des Bedürfnisses, und rückgekoppelt über die Ökonomie, über den Gesamtraum der Gesellschaft, in dem ›Systemspannungen‹, bevor sie technisch zu lösen sind, überhaupt nur sich aufbauen können. Und vermittelt

16 Wieder ergibt sich ein Bezug zum Marx'schen Warenfetisch.

über die außermediale Technik, die nicht deshalb schon eine ›autonome‹ ist.

Der dritte Schritt wäre, die Vorstellung der Einkapslung ins Modell einzubringen. Dass medientechnische Systeme sich auf spezifische Weise abschließen, dass sie ›Autonomie‹ gewinnen gegenüber ihrer Nutzung und ihren Nutzern, und zu Organen der gesellschaftlichen Gesamtstruktur werden, wäre rückzubinden an die Mechanismen des Symbolischen, wo sich in der Artikulation von Signifikantensystemen und in der Generierung von Zeichen vergleichbare Abschlussbewegungen vollziehen. Bereits die Sprache selbst ist eine Institution und eine organisatorisch/technisch/institutionelle Ausgliederung gesellschaftlicher Funktionen; allein dass sie keinen Ort hat und nicht umzäunt werden kann, unterscheidet sie von jenen anderen Medieninstitutionen, die als Organe der gesellschaftlichen Arbeitsteilung institutionell sich verselbstständigen.

Die Frage nach Telefongesprächen und -kabeln war insofern irreführend, weil kurzschlüssig gestellt. Sie ist zu ersetzen, und Winthrop-Youngs Text entwirft diese Perspektive bereits vor, durch die allgemeinere der *Systembildung*. Was die Systemtheorie einigermaßen abstrakt als einen Selbstlauf von funktionaler Differenzierung und Grenzziehung/Autonomisierung beschreibt, wäre niederzubrechen auf die konkreten Mechanismen, wie Mediensysteme entstehen. Die Anforderung eben wäre, semiotische, institutionelle, technische und strukturell-funktionale Aspekte in diese Vorstellung gleichrangig einzubeziehen.

Meine Behauptung ist, dass zwischen all diesen Ebenen tatsächlich eine Verbindung besteht, dass es ein Kontinuum gibt zwischen der Abrundung/Freistellung einzelner Äußerungen oder Texte (die nur auf Basis dieser Abrundung zirkulieren können), der Systembildung im Umschlag vom Diskurs in den Code (die oben Verdichtung genannt wurde), der Herausbildung von Institutionen und der Einschreibung/Abrundung/Einkapslung spezifisch ›technischer‹ Infrastrukturen.

Die Inanspruchnahme vorgefundener Signifikanten (Lautmaterial) und die Artikulation neuer Signifikantensysteme (Videotechnik) ist nicht durch einen Graben geschieden. Erst wenn man die Sprache tatsächlich als eine Technik auffasst, und beginnt sich über das komplizierte Zusammenspiel ihrer technischen Aspekte – Lautmaterial, Übertragung im gesellschaftlichen Raum, Zwischenspeicherung/Verdichtung im individuellen Gedächtnis, und kollektive Verdichtung/Redundanzbildung im Code – tatsächlich zu wundern, erst dann besteht die Chance, Kupferkabel und schwingende Luft (Laute) tatsächlich in gleichen Termen zu denken.

Die Antwort auf die Ausgangsfrage hebt insofern auf den irreduzibel technischen Charakter des Symbolischen ab, auf die Verquickung zwischen Einzeläußerung und gesellschaftlichem Raum, und auf die Systembildung/systemische Schließung, die auf all den genannten Ebenen wiederkehrt. Nur auf dieser Basis, denke ich, kann die Kluft überbrückt werden.

Ein Großteil der Antwort also besteht darin, die Frage zu unterminieren. Aber trotz allem – bleibt es nicht dabei, dass Richtfunkstrecken und Glasfaserkabel, Internetserver und Sendeanstalten etwas ›anderes‹ sind als der Inhalt der Sendung? Auf der Basis des Gesagten kann ich dies nun schmerzlos zugestehen. Wenn es tatsächlich ein Kontinuum gibt zwischen der Enunziation_1 und der Enunziation_2, wenn es sich beim Symbolischen wie beim Technisch/Institutionellen um Einschreibung handelt, um zwei Modi der Artikulation, wenn beide irreduzibel ›technisch‹ sind im beschriebenen Sinne, dann kann die Differenz, die den ›Systemsprung‹ markiert, nun umso klarer herausgestellt werden: Der Übergang von der Enunziation_1 zur Enunziation_2 nämlich hat seine Besonderheit darin, *dass die Enunziation_2 den Raum des Symbolischen verlässt.* Die Enunziation_2 argumentiert nicht im Symbolischen sondern im Faktischen. Und dies ist in der Tat ein Unterschied fast ums Ganze. Der Versuch, diese beiden Register definitorisch zuverlässig zu trennen, wird Gegenstand der drei letzten Kapitel des Buches sein.

8 Ästhetische Form, Information, Formalisierung

Verlassen wir nun die Ebene des Generellen. Die folgenden Kapitel sollen sich Konzepten widmen, die mir geeignet scheinen, den Raum verschiedener Medien gezielt miteinander zu verbinden. Im Mittelpunkt wird dabei weiter die Frage nach dem Ökonomischen stehen. Wenn ›Speichern, Verdichten‹ einen diskursökonomischen Mechanismus beschreibt, so ist die Überlegung nun zu konkretisieren. Es wird zu zeigen sein, dass konkrete Medienprobleme im Licht der Ökonomie und der Zirkulation eine neue Färbung annehmen und dass bestimmte, in der Medienwissenschaft etablierte Begriffe ökonomisch reinterpretiert werden können. Ein erster solcher Begriff ist der der *Form* und das Medium, das in den Fokus rückt, ist der Computer.

Information und Formalisierung bilden die Basis, auf die der Computer als eine gesellschaftlich/technisch/mediale Apparatur aufbaut; Nachrichtentechnik und Informationstheorie erscheinen als ein solides Fundament, in dem Mathematik und hardware-technische Realisierung, logische Strenge und materiale Unbestreitbarkeit mühelos konvergieren; die Maschine selbst erscheint, folgt man bestimmten Rekonstruktionen der Wissenschaftstheorie, als Ziel- und Abschlusspunkt einer kohärenten ›Geschichte der Formalisierung‹.

Gleichzeitig steckt in Information und Formalisierung unübersehbar – verführerisch schillernd und verwirrend ambig – der Begriff der ›Form‹. Durch die Geschichte der Philosophie vielfach überdeterminiert verbindet er so heterogene Dinge wie Erkenntnistheorie und Ästhetik, Platon, den russischen Formalismus, den Alltagssprachgebrauch in Kunstkritik und Design und eben Formalisierung und Mathematik. Wenn dies nicht Zufall ist, oder eine Unzulänglichkeit der natürlichen Sprache, dann wäre zu fragen, ob es quer zu den unbestreitbaren Differenzen dieser Diskurse tatsächlich ein Gemeinsames gibt, das einen gemeinsamen Begriff der ›Form‹ rechtfertigen könnte.

Und von dort aus möglicherweise zweitens, was die Parallele, wenn sie denn besteht, für Computer und Formalisierung selbst bedeuten würde. Wenn es einen Begriff der Form gibt, der medienübergreifend Gültigkeit hat, oder realistischer: der im Feld unterschiedlicher Medien produktiv gemacht werden kann, dann könnte es gelingen, den Computer als das Medium der Formalisierung aus seiner Isolierung zu lösen, und zurückzubinden an vergleichbare Projekte, die in anderen Medien – der Erscheinung nach different, möglicherweise aber eben strukturähnlich – parallel oder früher stattgefunden haben. Die Rückwirkung wäre, dass die ›Formalisierung‹ zu historisieren wäre, nicht nur, wie innerhalb der Wissenschaftsgeschichte üblich, im Kontext ihrer Entstehung, sondern darüber hinaus in der Sache selbst: in expliziter Spannung zum Gemeinverständnis, das die Formalisierung *gegen* die Geschichte stellt und z. B. den Gesetzen der Mathematik zeitenthoben/überzeitliche Gültigkeit zuschreibt. Dies, oder zumindest eine Skizze hierzu, soll im Folgenden versucht werden. Ob alle Medien mit ›Information‹ zu tun haben, sei dahingestellt;[1] in der These, dass sie ›Form‹ ermöglichen, festschreiben und distribuieren, wären sich – wenn auch im Rahmen völlig unterschiedlicher Modelle – so differente Denker wie Cassirer, Flusser und Luhmann möglicherweise einig.

Visuelle Medien

Der Begriff der Form ist in den unterschiedlichen Medien unterschiedlich bestimmt. Lässt man die philosophische Tradition zunächst außer Acht, die Rolle der Form in der Metaphysik, in der Ontologie und der Erkenntnistheorie,[2] so findet sich der Begriff besonders stabil etabliert im Feld der Kunst und der visuellen Medien.

»Form«, definiert die Encyclopaedia Britannica, »the external shape, appearance, or configuration of an object, in contradistinction to the matter of which it is composed«.[3]

Oder Ritters historisches Wörterbuch der Philosophie:

---

1 So die problematische Bestimmung etwa bei Flusser.
2 Ein zusammenfassendes Referat findet sich bei Ritter, Joachim (Hg.): *Historisches Wörterbuch der Philosophie.* Darmstadt 1972, Bd. 2, S. 963-1031.
3 *Encyclopaedia Britannica,* www.britannica.com/bcom/eb/article/0/0,5716,35524 +1+34888,00.html, 27. 4. 00.

»[…] Seit Cézanne wird in der Malerei die Formgebung dem Motiv überge-ordnet; nicht auf die Dinge kommt es an, sondern auf die Art, die Dinge zu sehen.«[4]

Dieser erste Formbegriff bezieht sich auf die äußere Erscheinung, die ästhetisch-künstlerisch-technische Verfahrensweise und die spe-zifischen ästhetisch-materialen Eigenschaften von Kunstwerken. Ge-genüber – auf vielfältige Weise vermittelt – ist hier der ›Inhalt‹.[5] Und Bezugspunkt ist notwendig das einzelne Werk in seiner jeweils spe-zifischen, nicht austauschbaren Gestalt. Wenn z. B. Bordwell, ein Filmtheoretiker, der gemeinhin den Neo-Formalisten zugerechnet wird, schreibt: »If one issue has governed our treatment of aesthetic form, it might be said to be concreteness«,[6] so ist es dieser Formbe-griff, auf den er zurückgeht. »Form is a specific system of patterned relationships that we perceive in an artwork«.[7]

In dieser scheinbar eindeutigen Definition aber ist unter der Hand ihr Anderes bereits enthalten. Denn was, so wird man fragen müssen, bedeutet ›patterned‹, wenn nicht die Tatsache, dass das Kunstwerk eben keineswegs immer und zunächst ein Einzelnes ist? Offensichtlich enthält die Idee eines ›Musters‹ den Verweis auf einen zweiten, sehr anders gearteten Formbegriff. Bordwell setzt fort:

4 Ritter, a. a. O., S. 976.
  Und parallel für literarische Kunstwerke: »Form: (lat. forma = Gestalt), die äußere Gestalt oder Erscheinungsform eines sprachl. Kunstwerks als Summe vieler Einzel-komponenten (Sprache, Stil, Rhythmus, Metrum, Vers, Strophe, Reim, Klang, Bild, Struktur, Aufbau, Gliederung, Gattung, Zeitgestaltung, Perspektive u. a. m.) als schöpferische Leistung des Dichters im Unterschied zur intendierten Funktion und zum vorausgesetzten Inhalt oder Stoff, jedoch niemals von diesem ablösbar […]. Letztlich erst in der Formgebung und durch sie wird die Aussage des Dichters zum Kunstwerk; sie ist die eigentliche produktive Leistung der Kunst« (Wilpert, Gero von: *Sachwörterbuch der Literatur.* Stuttgart 1989, S. 303).
5 Für eine besonders enge Verbindung verweist Ritter auf Hegel: »Der Inhalt ist nichts als das Umschlagen der Form, die Form nichts als das Umschlagen des Inhalts.« (Ritter, a. a. O., S. 976); bei Wölfflin beginnt sich diese Wechselbeziehung zugunsten einer stärkeren Autonomie der Form aufzulösen: »Wölfflins ›große Formmöglichkeiten‹ (Stile) sind zwar mit den Geistes- und Empfindungsgehalten der Zeiten verbunden, unterstehen aber als an sich ausdruckslose ›Sehstufen‹ und ›Schemata‹ der Gesetzmäßigkeit einer inneren Formgeschichte. ›Die Kunst hat ihr eigenes Wachstum.‹« (Ebd.).
6 Bordwell, David: *Film Art. An Introduction.* Reading (Mass.) 1997 (OA.: 1979), S. 85.
7 Ebd.

»Our experience of an artwork is also a concrete one. Picking up cues in the work, we can create specific expectations which are aroused, guided, cheated, satisfied, or disturbed. [...] We compare the particular aspects of the artwork with general conventions which we know from life or from art.«[8]

Sehr schnell also ist Bordwell zu einem zweiten Formbegriff übergegangen, in dessen Zentrum ›expectations‹ und ›general conventions‹ stehen. Auf welche Weise beide Formbegriffe vermittelt sind, bleibt hier offen.

Die philosophische Ästhetik hat beide Seiten des Formbegriffs ausführlich diskutiert. So hat sie zum Beispiel zwischen der ›inneren‹ und der ›äußeren‹ Form des Kunstwerks unterschieden,[9] wobei die ›äußere‹ gerade nicht Erscheinung und Gestalt, sondern eben jene Muster und Gesetzmäßigkeiten bezeichnet, die das Kunstwerk von außen übernimmt, Genreregesetze etwa, die den Western zum Western machen, traditionelle Reim- oder metrische Schemata der Dichtung wären ein anderes Beispiel.[10] Der Begriff der ›Form‹ also spielt zwischen zwei Polen: der Form als Inbegriff ästhetischer Individuation, und einer vollständig entgegengesetzten Bindung an Konvention und *Gesetz*.

Ich möchte zunächst nur den zweiten weiterverfolgen. Die Frage nach der Form als Konvention und Gesetz nämlich führt auf jene ehrwürdigen Fragen, die – ich wähle noch einmal das Beispiel der Filmtheorie – unter dem Stichwort einerseits der ›Semiotik‹, und andererseits einer ›Grammar of the Film‹[11] diskutiert worden sind. Während die Überlegungen zur ›Grammar‹ die technisch-ästhetischen Mittel des Films, und zwar nicht einzelner Filme sondern ›des‹ Films, typisiert und in ihrer Regelhaftigkeit zu beschreiben versuchen, fokussiert die Frage nach einer Semiotik des Films auf die Problematik filmischer ›Zeichen‹ und begreift damit, zumindest der Möglichkeit nach, die Inhaltsebene ein.

---

8 Ebd.

9 Ritter, a.a.O., S. 974f.

10 »Man unterscheidet äußere F. (Gattungs-F., metr. und stilist. Darstellungsart) von innerer F. als Gestaltwerdung e. innewohnenden Idee; die Verbindung beider zu inniger, wesensgemäßer Einheit ist Erfüllung der F.« (Wilpert, *Sachwörterbuch Literatur*, a.a.O., S. 303).

11 Siehe z.B.: Spottiswoode, Raymond: *A Grammar of the Film.* Berkeley/LA 1973 (OA., am.: 1935), oder: Monaco, James: *Film verstehen. Kunst, Technik, Sprache, Geschichte und Theorie des Films.* Hamburg 1988 (OA., engl.: 1977).

Beide haben gemeinsam, dass die Ebene des im Film Sichtbaren überschritten wird in Richtung einer Regelhaftigkeit, die im Sichtbaren residiert, die das Sichtbare strukturiert und organisiert, selbst als Regel aber keineswegs zutage liegt. ›The obvious and the code‹, die Überschrift eines klassischen Textes von Bellour,[12] greift diese Trennung auf. Was aber kann man über die sichtbar-unsichtbaren Regeln sagen? Regeln und Schemata bilden sich im Verlauf der Mediengeschichte heraus; Bordwell hatte insofern sehr plausibel von ›expectations‹ gesprochen. Konventionen gehen auf konkrete Prozesse von Konventionalisierung und Schemabildung zurück.[13]

Der Begriff der ›Form‹ also ist geeignet, inmitten des Visuellen eine unvermutete Seite aufzudecken. Das Medium Film hat jenseits seiner konkret-sichtbaren Ebene eine zweite, ›formale‹, die gerade nicht mit Gestalt, Erscheinung und Sichtbarkeit zusammenfällt, sondern einer direkten Beobachtung sich entzieht und so betrachtet eine Art Rückseite der sichtbaren Oberflächen bildet. Gleichzeitig ist der filmische Diskurs auf diese formale Ebene angewiesen: Seine konkreten Textereignisse entfalten sich unter der Voraussetzung und in der Spannung zu jenem Apparat von Regeln und Schemata, die er als Erwartungen und Regelkenntnis im Publikum voraussetzen kann. Der Bilderstrom, der scheinbar keiner Dekodierung bedarf, wird dekodiert auf dem Hintergrund dieser kumulativ gewachsenen Medienkompetenz. Und ›formal‹ ist diese formale Seite des Visuellen, insofern sie eben Regeln und Schemata – die basale Bestimmung zumindest des zweiten Formbegriffs – vorhält.

Formalisierung, Formalsprachen

Wenden wir uns nun dem zweiten Medienkomplex zu, den Computern, der Information und der Formalisierung, die am Ausgangspunkt der Überlegung standen. Die Formalisierung ist, wie schon gesagt, für die Computer zentral. Wenn bereits im Feld des Visuel-

---

12 Bellour, Raymond: »The Obvious and the Code«. In: Rosen, Philip (Hg.): *Narrative, Apparatus, Ideology. A Film Theory Reader*. New York 1986 (OA., frz.: 1973), S. 93-101.

13 ›Innere‹ und ›äußere‹ Form des Kunstwerks, wie die Ästhetik sie konzipiert, also fallen keineswegs einfach auseinander. Vielmehr kann ein systematischer Zusammenhang zwischen beiden gezeigt werden.

len die Form über die Regel bestimmt werden muss, so hat dies zur Konsequenz, dass der Abstand zwischen den audiovisuellen Medien und den Computern sich verringert. Die Computer sind an Regeln, Ausführungsvorschriften, Algorithmen immer schon gebunden, Computer, so könnte man sagen, sind das Medium, das die Regel aus ihrer Latenz befreit und sie auf die Oberfläche der lesbaren Programmtexte bringt. Insofern erscheint es nur konsequent, wenn Bettina Heintz ihr Buch zur ›Grundlagengeschichte des Computers‹ unter den Titel ›Die Herrschaft der Regel‹ stellt.[14]

Gleichzeitig ist der Status dieser Regeln auch im Fall der Computer alles andere als klar. Zunächst sind die Regeln, die das einzelne Programm enthält und die als Ausführungsvorschriften an den Computer gehen, nicht gleichzusetzen mit den Regeln der Formalsprache, in denen diese Vorschrift formuliert ist, und sicher noch weniger mit jenem allgemeineren Regelbegriff, der oben im Bezug auf Konventionen und Regeln angesprochen war. In einem ersten Schritt also wären zumindest diese drei Ebenen zu unterscheiden; und insbesondere die dritte Ebene auch im Feld der Computer zu untersuchen erweist sich als schwierig, wie sich in den Ansätzen zeigt, eine Geschichte der Softwareentwicklung als eines besonderen Typus von Konventionalisierung zu schreiben.[15]

Und als noch prekärer erweist sich der Regelbegriff selbst. Dies wird deutlich, wenn man den imperativen Charakter, den Befehl, mit bedenkt, der diesen Begriff wortlos bestimmt. Auf der Ebene der einzelnen Ausführungsvorschrift einigermaßen unproblematisch, weil der Befehl an eine Maschine geht, sind Regel und Befehl auf einer allgemeineren Ebene keineswegs eins; und es würde sicher lohnen, die Problematik in einem weiter gefassten Rahmen zu betrachten, der das Modell eines instrumentellen Handelns (und einer instrumentellen Vernunft) nicht sorglos für Handlungen und Vernunft insgesamt einstehen lässt.[16]

Jenseits solcher Schwierigkeiten aber ist sicher, dass es sich beim

---

14 Heintz, Bettina: *Die Herrschaft der Regel. Zur Grundlagengeschichte des Computers.* Frankfurt am Main, New York 1993.

15 Siehe z. B.: Pflüger, Jörg: »Über die Verschiedenheit des maschinellen Sprachbaues«. In: Bolz, Norbert; Kittler, Friedrich; Tholen, Christoph (Hg.): *Computer als Medium.* München 1994, S. 161-182.

16 Auf dieser Unterscheidung haben Horkheimer/Adorno, sowie der vielgescholtene Habermas, in diesem Punkt mehr als berechtigt, immer bestanden.

Computeruniversum um Form, und zwar um Form in einem besonders expliziten Sinne, handelt. Die Entwicklung von Formalsprachen muss verstanden werden als ein Versuch, Form anzuschreiben, und zwar in einer möglichst expliziten Art und Weise. Computer, dies ist mein Deutungsvorschlag zur Geschichte der Formalisierung, bieten Form ›skelettiert‹; unter Verzicht auf das ›Fleisch‹, das andere Medien brauchen, um Form überhaupt zur Erscheinung zu bringen, und das, will man die Perspektive des neuen Mediums einnehmen, als überflüssiges ›Material‹ erscheint.

Die Intuition, dass Computer der Utopie folgen, ›Form‹ in einer Art Nettozustand zu bieten, wird im Mittelpunkt der folgenden Überlegungen stehen. Mein Vorschlag ist, ›Form‹ eher als Struktur denn als Regel zu denken, und die Formalisierung als einen historischen Versuch, eine Sprache für die Darstellung von Strukturen zu finden. Und mein Vorschlag ist zweitens, diese Frage auf diejenige nach der Referenz, d. h. der ›Realitätsdimension‹ der Modelle zu beziehen. Die einzelnen Programme, entsprechend, wären Strukturentwürfe, die Zusammenhänge innerhalb der Realität modellieren oder gestaltend in diese eingreifen. Form wäre auch hier Re-Präsentation (und/oder Performativität). So beschrieben, hätten Texte, Bilder und Programme ein zumindest ähnliches Projekt, und die Formalisierung wäre eine Art Extrem im Kontinuum der symbolischen Systeme.

Digital Idealism? Idealismus der Form?

Dieser Vorstellung allerdings stehen prominente Deutungen entgegen. Formalisierung wird häufig beschrieben als gegen jede Vorstellung von Repräsentation gerichtet, als ein freies logisch-kombinatorisches Spiel, das ausschließlich seinen eigenen Regeln und seinen eigenen Gesetzmäßigkeiten folgt. ›Form‹ wäre hier Entwurf, Konstruktion, Vorahmung, wie Flusser sagt, um den Bruch mit jeder mimetischen Tradition deutlich zu machen.[17] Beispiel für diese Überzeugung eben sei die Darstellung der Computergeschichte bei Bettina Heintz, auf die ich mich im Folgenden vor allem beziehe, weil

---

17 »Die [digitalen] Bilder werden sich von ihrer imitierenden, mimetischen Funktion lösen, und sie werden schöpferisch, dichterisch werden.« (Flusser, Vilém: *Die Schrift. Hat Schreiben Zukunft?* Frankfurt am Main 1992 [OA.: 1987], S. 65 [Erg. H. W.], siehe auch S. 132).

sie den Kern der These in besonderer Klarheit entfaltet und zumindest in dieser Hinsicht als repräsentativ für einen ganzen Diskurs, und auch für unsere Alltagsvorstellung von Formalisierung, angesehen werden kann.[18]

Heintz rekonstruiert die Vorgeschichte von Computer und Formalisierung auf dem Terrain der Geschichte der Mathematik. Ihr Projekt ist es zu zeigen, an welcher Stelle die Idee eines ›reinen‹, der Empirie enthobenen Formalen entsteht. Entscheidend für Heintz ist der Streit zwischen Hilbert und Brouwer, den sie als eine Art Scheidepunkt innerhalb der Mathematikgeschichte exponiert. Hilberts bahnbrechende Neuerung war, dass er die systematisch-logische Kohärenz der Mathematik in den Mittelpunkt stellt und – anders als Brouwer – auf einen Weltbezug dieses Ordnungssystems vollständig verzichtet. Die Axiome, die den Ausgangspunkt jedes Algorithmus bilden, mögen der Welt entrissen sein oder willkürlich gesetzt – die Mathematik selbst hat es in jedem Fall nur mit den Algorithmen zu tun, die ihr Gesetz exekutieren und in Kriterien einer strengen logischen Kohärenz eindeutig prüfbar sind.

Brouwer hatte dem widersprochen. Ein lebensphilosophischer und modernitätskritischer Hintergrund hatte ihn zu einem ›intuitionistischen‹ Ansatz geführt, der, wie Heintz rekonstruiert, die Mathematik als ein ›Denkhandeln‹ betrachtet; so ist »Brouwers Philosophie [..][einerseits] strikt subjektivistisch […]. Es ist das Subjekt, das kraft eines ›Willensaktes‹ und zum Zwecke instrumentellen Handelns die Welt kognitiv ordnet«.[19] Andererseits aber bleibt in der Vorstellung, dass mathematische Abstraktion und »dinglicher Inhalt« auseinander fallen,[20] in einer gewissen Entfremdungs-Rhetorik bei Brouwer[21] und in der Vorstellung des Instrumentellen ein Weltbezug, wenn auch schwarz gefärbt und ex negativo, erhalten. Brouwer war um eine Konzeption der Mathematik bemüht, »an deren Ausgangspunkt« – Heintz zitiert hier einen frühen Brief Brouwers – »die Frage steht, ›wie die Mathematik im Leben wurzelt‹«.[22]

---

18 Siehe z. B., zumindest in der Grundtendenz vergleichbar: Krämer, Sybille: *Symbolische Maschinen. Die Idee der Formalisierung in geschichtlichem Abriß*. Darmstadt 1988.
19 Heintz, a. a. O., S. 41 f. (Erg. H. W.).
20 Ebd., S. 35.
21 Ebd., S. 38.
22 Ebd.

Betrachtet man den Fortgang der Mathematikgeschichte, hatte sich Hilbert mit seiner Konzeption triumphal durchsetzen können.

»Die formalistische Auffassung der Mathematik«, schreibt Heintz, »steht für die mathematische Moderne. [...] Im Formalismus sind die Zeichen ›autark‹ geworden, sie haben keine Referenzfunktion, keine Bedeutung mehr, und der Mathematiker, der mit ihnen operiert, ist im Prinzip frei in ihrer Setzung. In der formalistischen Mathematik gibt es keinen Verweis mehr auf irgend etwas außerhalb des mathematischen Systems, heiße das nun Anschauung, Evidenz, sinnliche Erfahrung oder Intuition. Die Mathematik erzeugt die Objekte, mit denen sie operiert, und die Regeln, nach denen sie vorgeht, selbst«.[23]

Die formale Reinheit der Mathematik ist auf diesem Abschlussgestus errichtet, der Unterbrechung einer Interaktion mit der Welt, die die Reinheit der Mathematik ansonsten antasten würde. Und exakt dies macht den ›formalen‹ Charakter der Mathematik aus.[24]

Von dieser Basis ausgehend nun entwirft Heintz die Geschichte, die hin zum Computer führt. Wichtigste Station auf diesem Weg ist der Algorithmenbegriff, den Turing am Modell seiner Papiermaschine entwickelt. Indem Turing Algorithmen im strengsten Sinne als auszuführende Regeln beschreibt, als eine permutative Operation im Medium der Schrift, eröffnet er die Perspektive, dass diese entweder von menschlichen Rechnern oder eben auch von Maschinen ausgeführt werden können. Zentral ist die Forderung, die Aufgabe selbst exakt und vollständig zu beschreiben; hierin ist die Mechanizität ihrer Ausführung bereits gesetzt, und »Formalisierung und Mechanisierung [...] [werden] bedeutungsäquivalente Begriffe.«[25]

Der Computer nun muss als der konsequente Schlussstein dieser Entwicklung erscheinen. Das von der Welt abgelöste, ›rein syntaktische‹ Spiel der Algorithmen scheint seine Realimplementierung gefunden zu haben, die Konsistenz der Modelle und die mechanische Syntaxprüfung innerhalb der Formalsprache haben die Frage nach dem Weltbezug weitgehend verdrängt.

Aber müsste nun nicht, der Einwand liegt nahe, wenn schon nicht die Referenz, so doch zumindest die Maschine selbst, die

<hr>

23 Heintz, a. a. O., S. 16.
24 Innerhalb der Mathematik wurde das Hilbertprogramm einer ›widerspruchsfreien, entscheidbaren und vollständigen Mathematik‹ 1931 durch Gödel und 1936 durch Church/Turing, wie Heintz beschreibt, »endgültig widerlegt«. (Ebd., S. 63).
25 Heintz, a. a. O., S. 64 (Erg. H. W.).

Hardware, die Modelle an die dreidimensional-solide Welt zurückbinden?[26] Dies ist nicht der Fall; keineswegs nämlich, stellt Heintz klar, verweisen Mechanizität und Mechanisierung auf materielle Mechaniken zurück:

»Bei jedem algorithmischen Prozeß wird eine bestimmte Konfiguration von Gegenständen in eine andere umgewandelt. Was diese Gegenstände sind, welche physikalische Form sie haben, spielt im Prinzip keine Rolle. Es können Kügelchen sein wie beim Abakus, elektrische Impulse oder Zeichenfolgen auf dem Papier. Wesentlich ist nur, daß sich die Objekte der algorithmischen Operation […] eindeutig voneinander unterscheiden lassen.«[27]

Und weiter:

»Es ist erst in zweiter Linie interessant, ob sich operationelle Transformationssysteme wie Algorithmen in physikalischen Sachsystemen oder in organischen Komplexen realisieren. Die Materialität bleibt zwar immer Voraussetzung solcher technischer Prozesse, da diese auf einen Träger angewiesen sind; der materielle Artefaktcharakter tritt jedoch in seiner Bedeutung weit hinter das funktionale Operationsschema zurück.«[28]

Bereits bei Turing selbst ist es die Verhaltenstabelle und nicht die maschinelle Realisation, die im Mittelpunkt steht.

»Durch eine solche Verhaltenstabelle – oder ›Maschinentafel‹ wie man sie heute nennt –, ist eine Turingmaschine vollständig definiert. Da die Verhaltenstabelle alle relevanten Informationen enthält, ist es an sich irrelevant, ob die Maschine praktisch realisiert ist oder nicht. Was sie tut und zu tun imstande ist, ist in der Maschinentafel festgehalten. So gesehen *ist* die Maschinentafel die Turingmaschine. Die Apparatur selbst, so wie sie Turing beschrieben hat, hat nur veranschaulichende Funktion. Sie führt konkret vor, was es heißt, einer expliziten Vorschrift zu folgen«.[29]

Wollte man diese Definition angreifen, so müsste man fragen, was in aller Welt es denn heißt, dass eine Tabelle ›alle relevanten Informa-

26 In diese Richtung etwa geht ein Einwand von Kittler: »David Hilberts traumhaftes Programm, die Opazität der Alltagssprachen ein für allemal durch Formalisierung auszuräumen, scheitert nicht nur auf den lichten axiomatischen Höhen Gödels oder Turings, sondern in ingenieursmäßiger Empirie.« (Kittler, Friedrich: »Protected Mode«. In: Bolz, Norbert; Kittler, Friedrich; Tholen, Christoph [Hg.]: *Computer als Medium.* München 1994, S. 219).

27 Heintz, a. a. O., S. 73.

28 Ebd., S. 249; Heintz zitiert hier die ›medientheoretische Technikkonzeption‹ Werner Rammerts; ähnlich S. 234f.

29 Ebd., S. 83.

tionen enthält‹. Dass die Tabelle allein keinerlei Anstalten machen würde, ihre eigenen Anweisungen auszuführen, und es auch »Automaten« – der Begriff hypostasiert, was immer nur eine relative Eigenständigkeit sein kann – anders als konkret materialisiert und insofern kontextgebunden nicht gibt, sieht sich die Überlegung ein weiteres Mal auf die Kontexte verwiesen. Diese eben, das wäre die Behauptung, sind der Tabelle keineswegs äußerlich, und zu rechtfertigen wäre vielmehr, inwiefern Tabelle oder Automat sich – ›autark‹ war das Stichwort – gegenüber ihren Kontexten abschließen können.

Wichtiger als dieser Einwand aber ist die Tatsache, dass in der strikten Trennung zwischen Modell und Hardwarebasis (ebenso wie zwischen Modell und Referenz) die Argumentation, allen materialistischen Versicherungen zum Trotz, nahezu ungehemmt in Richtung eines digitalen Idealismus losgaloppiert. Dass die Materie austauschbar und damit irrelevant ist, ist eine Utopie, die Computer und Formalisierung von Beginn an begleitet, ebenso wie jene Rhetorik des ›Immateriellen‹, die von der Evidenz ausgeht, dass z. B. Elektronen nicht sichtbar sind.[30] Für den Begriff der ›Form‹ aber bedeutet dies, dass er schwebt. Massefrei leicht über dem Schmutz der dreidimensionalen Welt, in einer eigenen Sphäre, in der die Formen und Formalisierung ›autark‹ sind in ihrer Eigenlogik und inneren Stimmigkeit. Dass Heintz gleichzeitig gegen Platon polemisiert, ist deshalb Schein. Und es wäre sicher lohnend, den Begriff der ›Form‹ gegen solche Verkürzung in Schutz zu nehmen.

Damit das Referat das Gesamtprojekt nicht verfehlt, sei erwähnt, dass es bei Heintz auch eine Gegentendenz gibt, ist doch der gesamte zweite Teil ihres Buches einem wissenschaftssoziologischen Ansatz gewidmet. In dem Versuch, das Projekt des Computers in die Geschichte der Wissenschaftstheorie, und weitergehend der gesellschaftlichen Rationalisierung einzuordnen,[31] schreitet sie eine Vielzahl von theoretischen Kontexten ab; auffällig allerdings ist, dass keiner der aufgerufenen Ansätze die im ersten Teil herausgearbeite-

---

30 Ähnlich bereits für die Telegraphie: »›The Telegraph‹, asserted the New York Times in 1858, ›undoubtedly ranks foremost among that series of mighty discoveries that have gone to subjugate matter under the domain of mind.‹« (Czitrom, Daniel J.: *Media and the American Mind. From Morse to McLuhan.* Chapel Hill 1984 [OA.: 1982] S. 10).

31 Heintz, a. a. O., S. 114 ff..

ten Evidenzen tatsächlich kritisch erreicht. Selbst sehr entschieden-skeptische Abschnitte wie »die soziale Konstruktion der Mathematik« bleiben eigentümlich machtlos in der Sache, insofern sie weder den Geltungsanspruch noch die Autonomie des Formalen zu demontieren vermögen. Die Wissenssoziologie bleibt ein weiteres Mal nur Kommentar; und die ›Form‹ bleibt, einmal idealistisch entrückt, auch gegen die eigene kritische Anstrengung einigermaßen immun.

Konstruktion und Konstruktivismus

Mit der Autonomie/Isolation der Form hängt ein weiterer Aspekt zusammen, der den Diskurs um die Formalisierung kennzeichnet. Eng verbunden mit dem Abreißen des Weltbezugs nämlich ist der Begriff der ›Konstruktion‹; und die meisten Positionen, die der Vorstellung eines medienübergreifenden Formbegriffs sich annähern, tun dies im Kontext einer konstruktivistischen Perspektive.

Da es sich bei Medien und Medienprodukten um Ordnungssysteme handelt, und um Produkte des menschlichen Geistes, der, auf Ordnung angewiesen, Form und Ordnung auf grundsätzlich alle Gegenstände projiziert, scheint der Verweis auf den ›konstruktiven‹ Charakter dieser Ordnungen das rettende Eiland zu sein. Dass diese Ordnungen ›künstlich‹ sind, wäre immer schon zugestanden, vorausgesetzt im Begriff der Konstruktion, und in der Tatsache, dass Dinge wie die Mathematik in der Natur nicht vorfindlich sind.[32]

Und weitergehend, indem der Begriff der Konstruktion einzulösen scheint, was eine immer weiter radikalisierte Erkenntniskritik verlangt: Wenn zunächst der Begriff der Natur und dann jeder Verweis auf ein zu Erkennendes problematisch wird, und die Einsicht in den systemischen Charakter der Kognition jede naive Vorstellung von Wahrnehmung unterminiert, muss allein dieser systemische Charakter – eng assoziiert mit dem Begriff der Form – übrig bleiben. Es ist also u. a. Produkt der Erkenntniskritik, wenn das formalisierte System gegen die Welt freigestellt wird; und andere Bereiche als die

32 »Den Mathematikern, die damals mit der Tradition brachen und an die Stelle des ›natürlich‹ Gegebenen theoretische Konstrukte setzten, ›künstliche‹, wie von orthodoxer Seite oft moniert wurde, war der Bruch, den sie vollzogen, noch deutlich bewußt.« (Ebd., S. 17).

Mathematik haben parallel ähnliche und ähnlich schmerzhafte Abschlussgesten vollzogen.

Heintz stellt diesen Zusammenhang ausdrücklich her, indem sie die Formalisierung in den breiteren Rahmen einer zeichenkritisch definierten Moderne einordnet:

»In der ›modernen‹ Mathematik, so wie sie von David Hilbert zu Beginn dieses Jahrhunderts begründet wurde, ist vorbereitet, was heute als Signum der Nach-Moderne gilt – die Verselbständigung der Zeichen gegenüber ihrem Bezugsgegenstand.«[33]

Und exakt hier hat die ›Konstruktion‹ ihren Ort. Das Problem nun ist, dass Ordnung und Form damit zurückgenommen werden auf die Seite des Menschen. Dies muss zumindest insofern verblüffen, als Objektivität und Objektivierung als Anspruch ja keineswegs aufgegeben werden. Objektivität, Objektivierung und in der Folge die ›Wahrheit‹ vielmehr werden umdefiniert. Während es in der Parallelgeschichte der Aufklärung und der entstehenden Naturwissenschaften um eine Relativierung des Menschen ging, um den Versuch, die ›subjektiven Anteile‹ der Erkenntnis Schritt für Schritt zu eliminieren, ist es nun die logische Kohärenz selbst, die für die Wahrheit einstehen muss. Noch einmal Heintz:

»Wenn aber die Axiome keinen Bezug mehr haben zur Erfahrung (und dadurch ihren Wahrheitswert bekommen), sondern im Prinzip beliebig setzbar sind, so stellt sich die Frage, woran sich nun ihre Wahrheit und die Wahrheit der aus ihnen abgeleiteten Sätze festmachen läßt. Hilbert führt dafür das Kriterium der Widerspruchsfreiheit ein [...]. Wahrheit und Existenz, dies macht den Kernpunkt der Hilbertschen Auffassung der Mathematik aus, haben keinen äußeren Bezugspunkt mehr, sondern sind ausschließlich immanent definiert. Die Dinge, mit denen sich die Mathematik beschäftigt, sind nicht einfach ›da‹, sondern werden von ihr selbst erzeugt. Existent ist das, was den Axiomen des Mathematikers nicht widerspricht«[34]

Es ist dies, selbstverständlich, ein sehr veränderter Typ von Wahrheit, ein Typus allerdings, dem auch andere Wissenschaften sich angeschlossen haben, etwa wenn ›Viabilität‹ emphatischere Wahrheitskonzepte ersetzt, wenn Krämer Wahrheit/Objektivität auf Richtigkeit/Operationalität zurücknimmt,[35] oder wenn ausgerechnet die

33 Heintz, a. a. O., S. 9.
34 Ebd., S. 26 f.
35 Zitiert in Kapitel 12 ›Performativität‹, FN 30.

Biologie sich an der vordersten Front ›radikal konstruktivistischer‹ Paradigmen wiederfindet.[36]

Form und Tausch

Wenn man mit all dem nicht unmittelbar glücklich ist, wird man sich solchen Ansätzen zuwenden müssen, die sich an den Grundkonsens, Formalisierung und Empirie auf den größtmöglichen Abstand zu bringen, nicht mehr gebunden fühlen. Es ist dies der dritte Schritt meines Arguments.

Ein Konzept, das in diese Suchbewegung passen könnte, findet sich bei dem marxistischen Sozialphilosophen Alfred Sohn-Rethel, der sich mit dem Begriff der Form seit Anfang der dreißiger Jahre beschäftigt. Sohn-Rethel, selbstverständlich, ist mit dem Computer zunächst nicht befasst; umso interessanter ist im hier verfolgten Zusammenhang, dass er den Tausch, das Geld und die Ökonomie in den Mittelpunkt stellt, bzw. jene exklusive Schnittstelle, wo sich Ökonomie, Geld, Philosophie und Wissenschaftstheorie, und schließlich auch Medien- und Zeichentheorie auf erstaunliche Weise begegnen.

Ausgangspunkt bei Sohn-Rethel ist eine tiefgreifende Unzufriedenheit mit dem eigenen Fach, der Philosophie. Dort findet er bestimmte Sets fast unumstößlich stabilisierter Konzepte vor, die als *Denkformen*, wie Sohn-Rethel sie nennt, abgesetzt von jeder Erfahrung die Sphäre des Denkens konstituieren. Wenn die Kant'sche Kategorientafel Begriffe wie Substanz, Kausalität, Raum oder Zeit fast unverändert von Parmenides übernimmt und als ›Formen der Erkenntnis‹ – Grundlage jeder Erfahrung – festschreibt, dann stehen diese *jenseits* der Erfahrung, ja, sie sind geradezu in Polemik gegen Erfahrung und Empirie konzipiert; nur auf diese Weise können die Begriffe als ›Apriori‹ fungieren.[37]

---

36 Schmidt, Siegfried J. (Hg.): *Der Diskurs des radikalen Konstruktivismus.* Frankfurt am Main 1987.

37 Sohn-Rethel, Alfred: »Warenform und Denkform. Versuch über den gesellschaftlichen Ursprung des ›reinen Verstandes‹«. In: ders.: *Warenform und Denkform. Aufsätze.* Frankfurt am Main, Wien 1971 (OA.: 1961), S. 109 f.; ders: *Soziologische Theorie der Erkenntnis.* Frankfurt am Main 1985; ders.: *Das Geld, die bare Münze des Apriori.* Berlin 1990 (OA.: 1976).

Mit der Kant'schen Kategorientafel würde heute wahrscheinlich niemand mehr argumentieren. Aber kehrt nicht in Mathematik und Formalisierung das Problem der ›Denkformen‹ in veränderter Form wieder? Wenn auch sie ihren Ort jenseits der Erfahrung haben und die Erkenntnis – und zwar vor allem die Erkenntnis der Natur – gleichzeitig strukturieren, wenn wir sie als eine ›Konstruktion‹ (als Menschenwerk) beschreiben *und gleichzeitig* eben als den festesten Kern unseres Erkenntnisvermögens, zeitenthoben, nahezu unverrückbar und in ihrem spezifischen Wahrheitsanspruch gegen Menschenwelt und Geschichte auf spezifische Weise armiert, dann drängt sich der Eindruck auf, dass das Projekt der Formalisierung nach einem neuen ›Apriori‹ tastet.

Sohn-Rethels Verdacht nun ist, dass es sich bei den ›Denkformen‹ dennoch um zutiefst historische Konzepte handelt:

»Daß die menschlichen Denkformen vom gesellschaftlichen Sein bestimmt werden und geschichtliche Entwicklungsprodukte sind, ist eine der Grundlehren des Marxismus. Soweit die Denkformen sich auf das Verständnis gesellschaftlicher Beziehungen richten, stößt diese Lehre auf keinen großen Widerstand. Sie beansprucht jedoch Wahrheit auch für solche Denkformen, die der Erkenntnis der Naturobjekte dienen«.[38]

Sohn-Rethel setzt sich zum Ziel, den notwendig historischen Charakter solcher Basiskategorien, und zwar eben auch der Naturerkenntnis, aufzuweisen. Hierbei geht es ihm weniger darum, die Begriffe selbst zu dekonstruieren, als die Abstraktionsbewegung, die sie hervorbringt und die sie schließlich gegen den Bereich der Erfahrung freistellt, sichert und isoliert.

Es ist der *formale Charakter* dieser Konzepte, und schließlich das Konzept von Form und Formalisierung selbst, das hier infrage gestellt wird. Und dies ist eine weitere Berührung mit dem hier verfolgten Problem: Es erscheint plötzlich möglich, dass Formalisierung und Formalsprachen selbst Produkt von Abstraktionsprozessen sind, die als historische beschrieben werden können. Dies würde, fast ist es überflüssig dies zu sagen, die Alltagsauffassung eines überzeitlichen, der Empirie enthobenen Formalen, die hier mit Heintz zu rekonstruieren war, tiefgreifend irritieren.

---

38 Sohn-Rethel, »Warenform«, a. a. O., S. 101.

Sohn-Rethel hat sein Argument über einen Zeitraum von fast sechzig Jahren immer weiter ausgebaut, und das Referat wird nur die grobe Kontur nachzeichnen können. Im Kern aber geht es darum, die begrifflichen Abstraktionen auf einen anderen Typus von Abstraktionen zurückzuführen, der außerhalb des Symbolischen, in der Sphäre der Praxen und des Tatsächlichen, sich immer schon ereignet. Es ist dies die Abstraktion des *Warentauschs,* die Sohn-Rethel als basal für alle weiteren und eben auch die Abstraktionen des begrifflichen Denkens betrachtet. ›Warenform und Denkform‹, so der Titel des wohl bekanntesten Aufsatzes, sind untergründig verbunden; und was als spezifische Abstraktion des begrifflichen Denkens erscheint, geht auf ökonomische Praxen und eben den Tausch zurück; für diese zweite (erste) Ebene findet Sohn-Rethel den Begriff der ›Realabstraktion‹.

Ein gewisses Aufstöhnen kann man fast vorvollziehen: Muss denn der orthodoxe Marxist alles, und nun eben auch Form und Formalisierung aus dem Ökonomischen, der Ware – und letztlich dem Basis-Überbau-Schema – ableiten? Der Vorbehalt ist mehr als berechtigt und ich würde ihn in einigem teilen; meine Empfehlung aber wäre, ihn dennoch zurückzustellen; zumindest das Grundargument nämlich ist kaum zu bestreiten: Der Tausch ist tatsächlich eine Maschine der Abstraktion. Wo der Alltagsgebrauch die Dinge mit Qualitäten und Kontexten belädt, legt der Tausch über dieselben Dinge die Kühle der Abstraktion. »Der vorherrschende Charakterzug der Warenform«, sagt Sohn-Rethel, »ist in der Tat Abstraktheit«.[39] Wieder geht es darum, dass der Tausch das Verschiedene gleichsetzt. Er wirkt als ein Filter, der das qualitativ Verschiedene ausblendet und die Tatsache der Vergleichbarkeit/Äquivalenz favorisiert.

Zentral für Sohn-Rethel ist das Tabu, das die Sphäre des Austauschs von derjenigen der Konsumtion trennt.[40] Solange die Ware

39 Ebd., S. 105; die Stelle geht weiter: »und zwar eine Abstraktheit, die den ganzen Umkreis der Warenform zu ergreifen scheint. So ist zunächst der Warenwert oder Tauschwert selbst abstrakter Wert im Gegensatz zum Gebrauchswert. Der Warenwert ist einzig quantitativer Differenzierung fähig, und die Quantifizierung, die hier zur Anwendung kommt, ist wiederum abstrakter Natur im Vergleich zur Mengenbestimmung von Gebrauchswerten. Selbst die Arbeit wird, wie Marx nachgewiesen hat, als Bestimmungsgrund der Wertgröße und als Wertsubstanz zu ›abstrakt menschlicher Arbeit‹, menschlicher Arbeit als solcher, als Arbeit überhaupt.« (Ebd.).

40 Ebd., S. 114 ff.

auf dem Markt ist, darf sie nicht angetastet, konsumiert oder verändert werden. Auch dies ist ein Moment ihrer Abstraktheit und eine Besonderheit in der Sphäre des Tauschs. Der Tausch kapselt die Qualitäten der Ware ein, die Ware erscheint stillgestellt, Transport und Kontextwechsel sind die einzigen Eingriffe, die der Tausch erlaubt und verlangt.

Methodisch nimmt Sohn-Rethel die Tatsache ernst, dass es sich bei der Marx'schen Theorie um eine *Form*analyse, eine Analyse der Waren*form,* und beim Begriff des Werts um eine ebenfalls formale Kategorie handelt.

»So fest sitzen die Gewohnheiten metaphysischen Denkens, daß selbst marxistischen Theoretikern die Bedeutung der Warenanalyse nach der Seite, daß sie die erstmalige historische Ursprungserklärung eines reinen Formphänomens ist, noch nicht in ihrer ganzen Bedeutung aufgegangen ist.«[41]

In der Verallgemeinerung des Tauschwerts und dann im Geld findet die Tauschabstraktion ihren Ausdruck; das Geld ist das Zeichensystem, das von allem Qualitativen radikal abstrahiert:[42]

»Die geprägte Münze ist sichtbar gewordene Wertform. Denn hier ist einem Naturstoff in aller Form aufgestempelt, daß er nicht zum Gebrauch, sondern nur noch zum Austausch bestimmt ist.«[43]

Und schließlich glaubt Sohn-Rethel die exakte Zeitstelle benennen zu können, wo diese Abstraktion wirksam wird; historisch nämlich fallen die Münzprägung und der Beginn der Philosophie zumindest im engeren Sinne zusammen; im siebten Jahrhundert v. Chr. treten beide parallel in Ionien auf;[44] hierin sieht Sohn-Rethel mehr als eine historische Koinzidenz.

Noch einmal: Referenz

Gegen die so skizzierte Vorstellung, wie gesagt, lässt sich einiges einwenden. Dennoch ist Sohn-Rethels Ansatz speziell für die Medientheorie interessant, zunächst weil Abstraktion und Form in radikaler Weise abhängig gemacht werden von *Praxen,* die sich außerhalb des

41 Ebd., S. 106.
42 Ebd., S. 111f.
43 Ebd., S. 122.
44 Ebd.

Denkens ereignen und ihre Wirkungen unabhängig vom Bewusstsein der Beteiligten entfalten. Es wird plötzlich denkbar, dass es tatsächliche *Akte* sind, die die Form konstituieren, Akte des Austauschs eben, die die Abstraktion als einen Sekundäreffekt hervorbringen.

Und zweitens eben für das Problem der Referenz. Sohn Rethel zeigt, dass der gesellschaftliche Charakter der Austauschpraxen Basis der Anordnung ist, gleichzeitig aber verdrängt wird zugunsten des Anscheins eines reinen Objektverhältnisses; mit der Folge, dass Denken und Objektwelt, Begriff und zu Begreifendes rettungslos auseinander fallen:

»Der Ursprung der Warenabstraktion liegt […] in einer Sphäre, die der Begriffssprache des traditionellen metaphysischen Denkens völlig entgeht. Im metaphysischen Denken werden wir von den Dingen auf das Bewußtsein und vom Bewußtsein auf die Dinge verwiesen, etwas Drittes gibt es nicht. Die gesellschaftliche Relation, aus der die Wertabstraktion der Waren entspringt, ist gerade umgekehrt nicht auf die Dichotomie von Dingen und Bewußtsein aufteilbar. Das Phänomen der Warenabstraktion ist nach traditionellen Begriffsmaßstäben ein Unding, etwas, das es schlechterdings nicht geben kann. Es ist, wie Marx es bestimmt, ein raumzeitlicher Vorgang und von kausaler Natur, *aber was es hervorbringt, ist eine Abstraktion, also eine Wirkung von begrifflicher Art.* Zwischen der raumzeitlichen Dingwelt und der ideellen Begriffswelt läßt das metaphysische Denken kein gemeinsames Glied zu, sie sind antinomisch geschiedene Sphären. Die Warenabstraktion […] ist aber gerade so konstruiert, daß sie beiden Sphären gemeinsam angehört; eben hierin liegt ihre Eigenart.«[45]

Und dies ist erhellend eben auch für die Formalisierung. Völlig parallel scheint auch hier das Moment der gesellschaftlichen Vermittlung verdrängt oder abgerissen zu sein, weshalb Heintz die gesellschaftliche Dimension quasi von außen – und deshalb erfolglos – an den Gegenstand wieder herantragen muss.

Dass Sohn-Rethel die *Warenabstraktion* hier zur Basis macht, wäre plausibler zu machen mit Verweis auf die Überlegung, die hier in den Kapiteln ›Tausch‹ und ›Zirkulation‹ angestellt wurde: Wenn Waren- und Symbolverkehr eine gemeinsame Funktionslogik zugrunde liegt, wäre die Verbindung beider Sphären wesentlich leichter zu zeigen; und der Primat des Warentauschs (der ›Basis‹) könnte eingeklammert werden zugunsten eines allgemeinen Tauschkonzepts, das beide Sphären umfasst. Und vielleicht wäre diese Lösung sogar ver-

45 Ebd., S. 112 (Hervorh. H. W.).

gleichbar materialistisch, insofern sie, exakt wie Sohn-Rethel vorschlägt, materielle Tauschakte in den Mittelpunkt stellt.

Wenn Sohn-Rethel auf den Tausch orientiert, um die Abstraktion und den formalen Charakter der Denkformen zu klären, so ist sein eigentliches Ziel, die ›Dichotomie zwischen Dingen und Bewusstsein‹ zu überwinden. Die Behauptung, dass ein schlichter Abgrund das Formale vom Empirischen trennt, will er nicht akzeptieren. Wie aber soll ausgerechnet der Tausch hier eine Alternative bereitstellen?

Bei Brouwer oben deutete sich an, dass bereits der Verweis auf Praxen (und die Einordnung in die Naturbeherrschung) ein Weg wäre, die Mathematik an die empirische Welt (bei Brouwer ›das Leben‹) zurückzubinden. Ein *Zwischenreich* zwischen Dingen und Bewusstsein, Empirie und Form aber ist der Tausch für Sohn-Rethel aus einem prinzipielleren Grund. Der Tausch, so könnte man sagen, ist eine Maschine, die die Dinge dort aufgreift, wo sie sind, sie dann aber in ein Spiel bringt, das ihre raum-zeitliche Bindung übersteigt und das Allgemeine an ihnen aufsucht und findet. Der Tausch ist

»ein raumzeitlicher Vorgang und von kausaler Natur, aber was [er] hervorbringt, ist eine Abstraktion, also eine Wirkung von begrifflicher Art.«[46]

So betrachtet geht es um den Vorgang der Begriffs- und Formbildung selbst. Semiotisch ausgedeutet hieße dies, dass der Tausch den Dingen die Abstraktion nicht einfach überstülpt; die Abstraktion vielmehr ist den Dingen selbst abgelauscht, *sie ist Produkt einer Praxis, die in Tausch und Kontextwechsel die Dinge wie die Abstraktionen testet*; dass der Tausch die Dinge aus ihrem Kontext herausreißt, macht den Test auf Austauschbarkeit, Äquivalenz und Verschiedenheit überhaupt möglich; Abstraktions-, Begriffs- und Formbildung also sind abhängig von dieser Erfahrung, ihr Resultat: Abstraktionen, Begriffe und Formen sind Protokoll über diese Praxis.

Noch einmal: ich denke, dass der Gedanke plausibler ist, wenn man den ökonomischen Tausch wie hier vorgeschlagen in ein allgemeineres Tauschkonzept einordnet. Auf diese Weise rücken das Spiel mit den Dingen und das Spiel mit den Zeichen, symbolischer und außersymbolischer Tausch eng zusammen. Mit einem von der Empirie unabhängigen Formalen und einer (freien?) ›Konstruktion‹ allerdings wäre es dann vorbei.

46 Ebd. (Erg. H. W.).

Exakt an dieser Stelle setzt die Argumentation wieder auf bei Goux, der ja in sehr vergleichbarer Weise die begriffliche Abstraktion von Tausch und Zirkulation abhängig macht.[47] Zur Erinnerung: Es war Goux, der die Gemeinsamkeit von Ware und Zeichen im Mechanismus der *Kontextentbindung* gefunden hatte. Historisch, indem die Ware von den besonderen Bedingungen des einzelnen Tauschs sich zunehmend ablöst; massenhaft und für einen anonymen Markt produziert muss die Ware möglichst ›autark‹ sein in ihrem Gebrauchswertversprechen, sie muss in sehr unterschiedliche Kontexte eintreten können, ohne ihre Funktion zu verlieren. Goux' These war, dass mit der zunehmenden Menge der Tauschakte der Tausch selbst als Abstraktion auf die Ware zurückschlägt, und hierin hatte er das Muster für eine zunehmende Abstraktion auch der Zeichen gefunden.

Denn völlig parallel muss das Zeichen in der Lage sein, in sehr unterschiedliche Kontexte einzutreten. Es wird ausgetauscht und verschickt, und durchquert wie die Ware große Räume; und wenn das Zeichen vom magisch aufgeladenen Zeichen zum abstraktfunktionalen sich fortentwickelt, dies war das Argument, dann ebenfalls in Abhängigkeit von den Modalitäten und der Häufigkeit seines Tauschs.

Und nun zeichnet sich eine Möglichkeit ab, Goux' Überlegung auf einer semiotischen Ebene zu verallgemeinern. Zeichen nämlich, um den Bogen noch etwas weiter zu schlagen, sind dadurch gekennzeichnet, dass sie subsumieren. Vom Grenzfall der Namen abgesehen, bezeichnen sie nicht Individuen, sondern meist ganze Klassen von Gegenständen; die Bildung von Klassen oder Kategorien ist die basale Abstraktion, die die Zeichen leisten. Grundlage dafür, dass die überwältigende Komplexität der Welt dennoch in einer relativ überschaubaren Anzahl von Zeichen gefasst werden kann.

Preis dieses Mechanismus ist, dies hat Adorno in der Negativen Dialektik gezeigt, dass das Zeichen seinen Gegenstand notwendig verfehlt. Eben weil es abstrakt ist, müssen all diejenigen Eigenschaf-

---

47 Der Ansatz Goux' wurde im Kapitel zur Zirkulation bereits diskutiert: G., Jean-Joseph: Freud, Marx: *Économie et symbolique.* Paris 1973; ders.: *Les iconoclastes.* Paris 1978.

ten ausgeblendet werden, die den Gegenstand als einen jeweils konkreten kennzeichnen und ihn von anderen Exemplaren seiner Klasse unterscheiden. Zeichen sind immer ›formal‹ in diesem Sinne; und ›Form‹ kann bestimmt werden in Funktion dieser Klassenbildung, als das, was erlaubt, Exemplare zu Klassen zusammenzuführen. Form nähert sich auf dieser Seite der Kategorie der ›Ähnlichkeit‹ an; Form erscheint von den Dingen abgezogen als dasjenige, was ähnlich an ihnen ist. Und komplementär: als Kontrast, abhängig vom Zeichensystem insgesamt, in dem die Zeichen sich negativ-differenziell von einander abstoßen.

Der Gewinn dieser Bestimmung ist, dass es die hier verfolgte Frage tiefer legt und zurückführt auf basale Funktionsweisen des Semiotischen überhaupt. Knapp, kompakt und formal stehen die Zeichensysteme der Welt gegenüber; als ein formaler Abzug/Parallelentwurf dessen, was formal an ihr ist. Und in einem gewissen Abstand, der die abstrakte Kategorie vom Exemplar und die Beschreibung vom Beschriebenen trennt.

Der entscheidende Punkt ist, dass dieser semiotische Basismechanismus, folgt man Goux, von der Interaktion, von Tausch und Austausch, abhängig gemacht werden muss. Die Abstraktion selbst *verdankt* sich der Verschickung, der Post, und erst so gefasst, fällt das Problem eigentlich ins Feld der Medientheorie. Genauer: Ähnlichkeit kann nur festgestellt werden, wenn das Zeichen appliziert wird auf verschiedene Gegenstände, wenn es in einen neuen Kontext verschickt wird, um dort seine Arbeit zu tun. Dass Zeichen reisen, ist insofern nicht ein sekundärer Effekt, Senderkontext und Empfängerkontext vielmehr fallen notwendig auseinander; und Abstraktion und Form entspringen dieser Verschickung.

Parallel dazu wäre, dass am Beobachteten Ordnung erst im Vergleich hervortritt. Erst die geduldige Beobachtung der Himmelsbewegungen zeigt auf, dass hier eine komplexe Regelmäßigkeit herrscht; das Gedächtnis ist in Anspruch genommen, um die heterogenen Ereignisse zusammenzuziehen, und die frühesten Notationssysteme, so nimmt man an, sind im Kontext der Astronomie und der Kalendarik entstanden. Ebenso sind Stereotypen- und Genrewissen, die oben im Zusammenhang der audiovisuellen Medien angesprochen wurden, ein Effekt über einer großen Anzahl von Diskursereignissen; dies alles zeigt, dass Form und Ordnung von *Übertragung* abhängig sind. Ihr Ort ist weder der einzelne Gegenstand noch der einzelne Kopf, sondern sie sind immer intersubjektiv und ›interobjektiv‹ – Intersubjektivität (Verschickung, Post, Kontextwechsel) und Interobjektivität (Kategorienbildung, Subsumtion, Abstraktion) sind nicht getrennte Register des Semiotischen, sondern hängen regelhaft-beschreibbar zusammen.

Dies bedeutet, dass die technische Leistung der Medien, räumlich-zeitliche Abgründe zu überbrücken, in den Kern des Semiotischen vorrückt. Zeichen also werden keineswegs zuerst konstituiert und dann (sekundär) verschickt. Das Zeichen selbst ist die Klammer, die die unterschiedlichen Kontexte zusammenzieht, und die technischen Medien exekutieren nur, was als Kontextwechsel im Zeichen immer schon angelegt ist. Zeichen erscheinen so als *Speicher der Form*. Sie sind eine Maschine, die extrahiert und akkumuliert, was verschiedenen Dingen gemeinsam ist, ihrer Verschiedenheit und der Verschiedenheit ihrer Kontexte zum Trotz; und *Form* ist die Abstraktion, die in der Absehung von diesen Verschiedenheiten entsteht.

Folgerungen

Ich habe den Versuch gemacht, drei sehr unterschiedliche Theorie-Frames miteinander in Verbindung zu bringen: die Debatte um die ästhetische Form, bzw. einzelne ihrer Aspekte, dann mit Heintz eine bestimmte, sehr verbreitete Auffassung der Formalisierung, und schließlich mit Sohn-Rethel und Goux eine Perspektive, die Form und Zeichen generell von Tausch, Austausch und Kontextwechsel abhängig macht. Wenn dieser Durchgang nicht völlig unplausibel ist, dann scheinen mir zumindest skizzenhaft bestimmte Folgerungen möglich.

Zum einen dürfte klar geworden sein, dass die Auskunft, formale Systeme hätten mit der Welt nichts zu tun, eben weil und insoweit sie formal seien, einigermaßen unbefriedigend ist. Denn entspricht denn *irgendetwas* am Hilbert/Turing/Heintz'schen Bild des Computers dem Augenschein? Keine Zeichenmaschine ist kompromissloser eingespannt in die Kontexte ihrer Verwendung, im Feld keines anderen Mediums wird ähnlich unironisch, und mit einem ähnlichen Mangel an fiktiver Brechung an Bildern, Modellen und Strukturentwürfen bestimmter Weltsegmente gearbeitet. ›Referenz‹ in diesem Feld leugnen zu wollen, ist nur in der Anstrengung einer trotzigen Verdrängung möglich; und die Annahme, dass die Modelle von der Behauptung ihres Weltbezugs unabhängig wären, erscheint wenig plausibel.

Hier wäre mein Vorschlag, auch die Formalisierung – paradox – als *mimetisch* zu fassen, etwa im Sinne einer ›unsinnlichen Ähnlichkeit‹, wie sie Benjamin für das Medium der Sprache entwirft. Auch im Terrain der Computer, denke ich, wäre zu einem Konzept von Form zurückzukehren, das Referenz und Mimesis zugesteht, die Ebene der ›Anwendungen‹ ernst nimmt und die Materialität der Maschinen einbezieht.

Die zweite Folgerung geht auf das Verhältnis von innerer und äußerer Form und damit zurück auf das einzelne ästhetische Werk. Wenn es mit dem Versprechen der Formalisierung, das konkrete Einzelne zu verabschieden, nichts ist, wird wieder interessant, welche konkreten Strukturentwürfe – möglicherweise gerade in Spannung zu Konvention und äußerer Form – die einzelne Werke machen; die Ebene des Medialen steht damit dem ›Inhalt‹ nicht länger gegenüber; anstatt beide sauber zu trennen, wäre zu fragen, wie sie jeweils vermittelt sind und wie das einzelne Werk, die einzelne Form, allgemeine Form- und Mediengesetze umarbeitet und artikuliert.

Die dritte Folgerung schließlich betrifft das Verhältnis der Medien untereinander. Im Licht des Gesagten scheinen die Medien sich vor allem darin zu unterscheiden, wie rigide und wie strikt die in ihnen repräsentierten Formentwürfe sind. Bezeichnen Mathematik und Formalisierung den Pol einer besonders strikten, fast repressiven, gleichzeitig aber sehr transparenten Auffassung von Form, so stände für den anderen Pol möglicherweise das Audiovisuelle, Photographie, Film und Fernsehen; obwohl eben gleichfalls an Form gebunden, wären Regel und Gesetz hier möglicherweise opaker, gleichzeitig aber ungleich lockerer geknüpft und gerade diese Offenheit, so denke ich, wird innerhalb des Audiovisuellen fruchtbar gemacht.

Das Nebeneinander *unterschiedlicher* Medien, mit jeweils unterschiedlicher Struktur und Funktionsweise, würde hierin erklärbar; ein Grund mehr, sich den Medien undogmatisch und in einer radikal pluralistischen Perspektive zu nähern.

9 Rekursion[1]

Bleiben wir für den Moment beim Computer. Wenn plausibel gemacht werden konnte, dass das Projekt der Formalisierung in Zusammenhang steht mit dem allgemeineren Konzept der Form und dass etablierte Medienprobleme auf dem neuen Terrain in verändertem Gewand wiederkehren, so ist hieran anzuschließen. Und genauer: Wenn Form mit Abstraktion zu tun hat, und diese, zumindest in der referierten Perspektive Sohn-Rethels, Zeichenzirkulation und Zeichengenese – Ökonomie und Semiotik – miteinander verbindet, so wird es nun darum gehen, das Arbeiten dieser Abstraktion im konkreten Funktionieren der Rechner zu zeigen.

Der folgende Abschnitt will die Frage nach der Programmierbarkeit stellen. Im Rahmen der Informatik möglicherweise trivial, scheint mir diese Frage sowohl semiotisch als auch kultur- und medientheoretisch noch weitgehend ungeklärt. Im Mittelpunkt wird die faszinierende Knappheit stehen, die Programme allen anderen Textsorten voraushaben. Meine These ist, dass Programmierbarkeit, Rekursion und Knappheit auf regelhafte Weise zusammenhängen und dass hier ein Durchblick möglich wird auf eines der Versprechen, das die Rechner im Reich der Zeichen machen. Ein weiteres Mal also geht es darum, warum die Computer in die Welt gekommen sind, und was ihre mögliche Stellung im Konzert der Medien ist.

Den Begriff der Rekursion, dies sei vorab gesagt, werde ich allgemeiner verwenden, als dies z. B. innerhalb der Informatik üblich ist. Dort wird zwischen Rekursion und Iteration unterschieden und Rekursion definiert als die Wiederanwendung einer Verarbeitungsvorschrift auf eine Variable, die bereits Ergebnis, bzw. Zwischenergebnis derselben Verarbeitungsvorschrift ist. Abweichend hiervon wird mein Text Rekursion und Iteration weitgehend in eins setzen; zentral geht es mir um Zyklizität, erst in einem zweiten Schritt werde ich auch die engere Informatik-Definition einbeziehen.

---

1 Vortrag im Ars Electronica Center Linz 6 '98; erschienen in: Telepolis-Online: www.heise.de/tp,Print in: *c't, Magazin für Computertechnik*, Nr. 9/99, S. 234-240; für die Wiederveröffentlichung wurde der Text überarbeitet.

Knappheit

Zunächst seien einige Eigenschaften von Programmen und allgemeiner: von Algorithmen benannt. Algorithmen sind Regeln oder Ausführungsvorschriften. Sie haben performativen Charakter, insofern sie ein Zukünftiges, ihre Ausführung, präskribieren und anders als natürlichsprachliche Texte argumentieren sie immer im Imperativ. Algorithmen gibt es in jeder beliebigen Anzahl, sie selbst also sind so wenig knapp wie die Programme;[2] noch viel weniger knapp aber, und darauf kommt es hier an, sind die Daten;[3] Knappheit bestimmt das Verhältnis der Daten zu den Programmen, *Knappheit*, so könnte man sagen, *ist das Prinzip der Programmierbarkeit selbst*.

Programmierbar (oder in einen Algorithmus fassbar) ist, was wiederholt werden kann und soll. Ein Programm zu schreiben lohnt nur dann, wenn die Fragestellung sehr komplex ist, wenn zweitens sehr viele Daten vorliegen und diese durch ein einheitliches Verfahren verarbeitet werden sollen, oder drittens wenn man plant, das Programm nicht nur einmal, sondern immer wieder zu verwenden. Programmierbarkeit hat insofern sehr intensiv mit Wiederholung zu tun; mit verschiedenen Typen von Wiederholung, die jeweils unterschiedliche Zeit- und Folgestrukturen setzen.

Und dasselbe Prinzip – der Verweis auf komplexe Probleme deutet es an – bestimmt auch das Innere der Programme selbst. Komplexe Probleme sind nur dann programmierbar, wenn sie niedergebrochen werden können auf eine begrenzte Anzahl sehr einfacher

2 Auf das Ideal der Knappheit wie auf das Scheitern dieses Ideals macht Kittler aufmerksam, der Beginn der Stelle wurde bereits zitiert: »David Hilberts traumhaftes Programm, die Opazität der Alltagssprachen ein für allemal durch Formalisierung auszuräumen, scheitert nicht nur auf den lichten axiomatischen Höhen Gödels oder Turings, sondern in ingenieursmäßiger Empirie. Codes mit Kompatibilitätsproblemen beginnen zu wuchern und genau jene Opazität von Alltagssprachen anzunehmen, die die Leute seit Jahrtausenden zu Subjekten dieser Sprachen gemacht hat. Der schöne Begriff Quellcode wird buchstäbliche Wahrheit.« (Kittler, Friedrich: »Protected Mode«. In: Bolz, Norbert; Kittler, Friedrich; Tholen, Christoph [Hg.]: *Computer als Medium*. München 1994, S. 219).

3 Die Unterscheidung zwischen Daten und Programmen geht von der Erfahrung am Großrechner aus, wo Stapel gleich strukturierter Datensätze (Banküberweisungen, Versicherungsanträge ...) verarbeitet werden. Am PC ist diese Trennung weniger deutlich aber ebenso wirksam: hier ist das Programm der Rahmen für den interaktiven Dialog des Benutzers; die ›Daten‹ sind seine Eingaben, die das Programm strukturiert.

Verarbeitungsvorschriften und dies ist bei weitem nicht bei allen komplexen Problemen der Fall. Das hauptsächliche Mittel, die Anzahl der Arbeitsschritte zu begrenzen, ist die Isolation wiederholbarer, mehrfach verwendbarer Schritte. Bei der Problemanalyse, Grundlage der Programmierung, also geht es wesentlich darum, Einzelaufgaben zu typisieren und Module zu bilden, die innerhalb der Programmausführung möglichst häufig verwendbar sind; solche Module können entweder Unterprogramme sein, die das Programm immer wieder aufruft, oder, in der allgemeinsten Form, Schleifen. Schleifen sind die wohl wichtigste Programmiertechnik überhaupt. Sie erlauben es, einen Vorgang so lange zu wiederholen, bis eine vordefinierte Stoppbedingung erfüllt ist. Von mathematischen Iterationen wie dem Apfelmännchen bis zur Stapelverarbeitung der Versicherungen – immer sind es Schleifen, die die Architektur der Programme bestimmen.

Mein Vorschlag nun ist – und hieran hängt alles, was in der Folge gesagt werden soll –, die Perspektive umzukehren, und das Problem nicht mehr aus der Sicht der Algorithmen, sondern nun aus der Sicht der Wiederholbarkeit selbst in den Blick zu nehmen. So betrachtet nämlich sind Unterprogramme und Schleifen ein Mittel zur Eliminierung von Redundanz. Anstatt, was sich wiederholt, tatsächlich zu wiederholen, wird eine Formulierung gefunden, die allgemein genug ist, alle Fälle der Wiederholung unter sich zu fassen. Und man wird Programm und Ausführung unterscheiden müssen: Wo die Ausführung die Schleife unzählige Male durchlaufen muss, kommt das Programm mit einer einzigen Formulierung (und einem arithmetischen Zähler) aus. Dies ist der entscheidende Unterschied und der entscheidende Gewinn, den das Programm gegenüber seiner Ausführung und den zu verarbeitenden Daten bedeutet. Vorsprung durch Eliminierung von Redundanz.

Oder anders und besser: durch eine Formulierung für Redundanz, die selbst so sparsam wie möglich ist, knapp eben, und dennoch eine vollständige Repräsentation der Struktur. Schleifen sind ein Modus der Wiederholung, gleichzeitig aber stehen sie für ihr Gegenteil. Sie verkörpern den Vorbehalt gegen die Wiederholung, weil sie eine Formulierung finden, die die Wiederholung selbst gerade nicht enthält.

Und nun ist einzubeziehen, was oben über die technische Reproduktion gesagt wurde: Die Wiederholung wie die Allergie gegen die

Wiederholung haben die Computer von der Maschine und der industriellen Serienfertigung übernommen. Wer nur einen einzigen Kochtopf anfertigen will, wird mit einem Hammer und einem Stück Blech bestens bedient sein. Eine Produktionsstraße, eine Fabrik für Töpfe wird nur derjenige aufbauen, der einige tausend Einheiten herzustellen plant; die Maschine selbst steht für beides: eine fest konzipierte Wiederholung, ohne die die Investition nicht lohnt, und die Abneigung gegen die Wiederholung: Viel Arbeit wird in die Maschine investiert, damit die Herstellung des einzelnen Kochtopfs so wenig Arbeit wie möglich macht. Dies bedeutet, dass Arbeit verschoben wird von der Produktion in die Herstellung der Produktionsvoraussetzungen, der Maschinen; exakt wie im Fall der Programme, die – der Name Pro-gramm spricht es aus – geschrieben werden, lange bevor ihre Ausführung zu laufen beginnt.

Im Reich der Zeichen, auch dies wurde gesagt, hat die technische Reproduktion wahrscheinlich mit dem Rollsiegel und mit der Prägung von Münzen begonnen, und all diese Techniken setzen nur fort, was in der Type-token-Logik der Sprache immer schon vorvollzogen ist. Aber sind die Prinzipien wirklich identisch? Geht es auch im Fall der Computer um mechanische Wiederholung?

In klarer Weise steht der Begriff der Rekursion für mehr als das. Anders als die industrielle Serienfertigung zielen Programme nicht auf die Herstellung ähnlich/gleicher Endprodukte ab. In der Informatik eben ist Rekursion definiert als die Wiederanwendung einer Verarbeitungsvorschrift auf eine Variable, die bereits Ergebnis derselben Verarbeitungsvorschrift ist. Der Variablenwert ändert sich mit jedem Durchlauf der Schleife, und Effekt der Wiederholung ist gerade nicht die Herstellung von Identität sondern einer vordefinierten Variation. Rekursion ist insofern nicht einfache sondern erweiterte Reproduktion; und Rekursion verschränkt Wiederholung und Variation mit dem Ziel, ein Neues hervorzubringen, ein Ergebnis, das in dieser Form nicht vorvollzogen werden kann. Dennoch bleibt es dabei, dass Wiederholbarkeit Programmierbarkeit bedeutet; und das Programm eine Aufschreibetechnik, die das primäre Ziel hat, Redundanz zu eliminieren.

Interessant wird dies, sobald man die Perspektive erweitert. Nun nämlich ist eine Verbindung herzustellen zu den anderen Medien und zu jener allgemeineren Theorie der Schemabildung, die hier Schritt für Schritt entfaltet werden soll. Wenn die Wiederholung in den Medien insgesamt eine herausragende Rolle spielt, wenn die Sprache mit einem hohen Anteil von Redundanz funktioniert, der Druck Redundanz produziert in der Herstellung identischer Textkopien, die audiovisuellen Medien in Stereotypen und Formaten, und Viva in der ›heavy rotation‹,[4] so lassen sich all diese Prozesse, so unterschiedlich sie funktionieren, auf das Konzept von Verdichtung und Schemabildung beziehen, wie es im Kapitel ›Speichern, Verdichten‹ beschrieben wurde: Kern dort war ja, dass die extensive Fläche der Diskursereignisse umschlägt in jene kompakte Struktur, die wir als semantisches System oder als Apparat intersubjektiver Erwartungsstrukturen, Weltwissen und Reaktionsschemata mit uns herumtragen.

Die Medien sind ganz wesentlich damit befasst, das arbiträre Schwirren der Zeichen zu begrenzen und in diesem Schwirren redundante und das heißt stabile Strukturen herzustellen.[5]

Redundanz ist nicht ein Unfall der Kommunikation sondern ihr Kern; und Medien sind gesellschaftliche Maschinen, die intersubjektiv verbindliche Schemata durchsetzen.

---

4 Wird ein Clip in die Rotation genommen, bedeutet dies eine Art Auszeichnung; gleichzeitig ist diese Entscheidung spekulativ: Sie muss getroffen werden, *bevor* der Clip jene Popularität hat, die die Rotation gleichzeitig produziert, bestärkt und bestätigt.

5 »Der Mensch ist durch seine leibliche Existenz der Bedingung der Zeitlichkeit unentrinnbar anheimgestellt. Doch er entwickelt Strategien des Wiederholens, um diese Irreversibilität der Zeit – zumindest partiell – bannen zu können. Die Hervorbringung von Formen ist unsere Weise dafür zu sorgen, dass ein zeitliches Geschehen seiner Singularität entkleidet, mithin wiederholbar gemacht wird. Medien nun dienen dem Wiederholen von Formen. Sie müssen somit aufnahmefähig sein für Formen. Von Niklas Luhmann kommt die Idee, was Medien sind, durch die – beobachterrelative – Differenz von Medium und Form zu profilieren.« (Krämer, Sybille: »Sprache und Schrift«. In: *Zeitschrift für Sprachwissenschaft*, Nr. 15.1, 1996, S. 97.)

Programmierung als Schemabildung

Was nun bedeutet das Gesagte für die Programme? Wenn Programme – dies war die Ausgangsthese – ein Aufschreibesystem sind, das Redundanz in gezielter Weise eliminiert, so wird der Stellenwert dieser Operation nun deutlich: Das Programm inszeniert den Umschlag von Ereignis in Struktur auf dem eigenen Terrain; in der Differenz zwischen Ausführung und Vor-Schrift, der extensiven Fläche der durchlaufenen Zyklen und der intensiven Knappheit der Algorithmen. Vor allem aber im Bemühen der Programmierung selbst; im Versuch, Redundanz zu eliminieren, um zu möglichst redundanzfreien Formulierungen zu kommen. Dies exakt ist die ›Knappheit‹, die zu den Basisutopien des Datenuniversums zählt.

Programme beanspruchen nachzuzeichnen, was das Skelett, die innere Struktur der Dinge ist.[6] Problemanalyse verfährt bewusst reduktionistisch: Nicht die Dinge selbst sollen zur Abbildung gebracht werden, sondern nur bestimmte ihrer Züge, und zwar die wesentlichen Züge, jene eben, die für die Modellierung als hinlänglich angesehen werden.

Beispiel sei die Berechnung einer ballistischen Kurve; Luftwiderstand, Strecke und Gewicht des Geschosses werden in das Modell eingehen, das Wetter und die Psychologie der Betroffenen wahrscheinlich nicht; moralische Erwägungen wird der Ingenieur aus seinem Modell völlig ausschließen. In ähnlicher Weise (und weniger problematisch) hat man aus tonnenschweren Steinbrücken nach und nach immer leichtere Stahlbrücken entwickelt. Sehr unmittelbar lassen sich hier die Kräfte nachvollziehen, denen die Brücke sich entgegenstemmt; die Brücke selbst ist zum Skelett abgemagert, auf das Notwendigste reduziert. Der Eiffelturm ist ästhetisch deshalb, weil er den Verlauf seiner Kraftlinien einer beobachtenden Intuition zugänglich macht. Programme, dies ist meine These, erben auch dies von der Industrie. Ihre ›Knappheit‹ will die Kraftlinien offen legen, die das modellierte Problem durchziehen; sie verabschieden das Fleisch, um sich mit dem Skelett zu begnügen.

6 Ein Repräsentationsmodell ist hier vorausgesetzt, auch wenn dies der Auffassung der meisten Computer-Autoren widerspricht; Problemanalyse hat es immer mit etwas zu tun, das außerhalb der Rechner vorliegt, und sei es eben als Problem, und das im Rechner modelliert werden soll. Dieser Gedanke wird unten noch einmal aufzunehmen sein.

Meine Behauptung ist, dass Programme damit ein Typus von Schemata sind, der mit Schemata anderen Typs – den Begriffen der natürlichen Sprache und den Stereotypen des Bilderdiskurses – unmittelbar konkurriert. Und mein Vorschlag ist zweitens, die Programme nicht aus einer eigenständigen ›Geschichte der Formalisierung‹ heraus zu erklären, und nicht mit Flusser als eine ›Auswanderung der Zahlen aus dem alphanumerischen Code‹;[7] sehr viel interessanter scheint es mir, die konkreten Abstraktionsprozesse zu untersuchen, die konkrete Programme in der Modellierung konkreter Probleme vollziehen. Nicht die Existenz formaler Sprachen scheint mir erklärungsbedürftig, sondern die Tatsache, dass wir in die Formalisierbarkeit und in den neuen Typus von Schemata gegenwärtig ein so erstaunlich großes Vertrauen haben.

Der Hintergrund meiner Frage ist ein mediengeschichtlicher. Auf dem Terrain anderer Medien nämlich ist die Schemabildung hart, um nicht zu sagen final kritisiert worden. Von Nietzsches ›Wahrheit und Lüge‹, ich habe dies an anderer Stelle dargestellt,[8] über Hofmannsthal, Adorno, Lacan und Derrida, bis hin zum Alltagsbewusstsein, das der ›Rhetorik‹ der Sprache zunehmend misstraut, kann eine Demontagebewegung gegenüber der Sprache und ihren Referenz- und Wahrheitsansprüchen beobachtet werden. Vor allem das Signifikat, d. h., der Mechanismus der Begriffsbildung wurde in den Mittelpunkt einer zeichenkritischen Philosophie gerückt; und orientiert an den selben Texten hat die Medientheorie auch die Bilder einer radikalen Kritik unterzogen. Das Rätsel also ist, warum der neue Typus von Schemata dieser Kritik einstweilen entkommt. Und den Rest meiner Überlegung möchte ich darauf verwenden, ausgehend von Rekursion und Schema hier drei einander ergänzende Deutungen vorzuschlagen.

7 Obwohl auch dies sicher einiges für sich hat (Flusser, Vilém: »Die Auswanderung der Zahlen aus dem alphanumerischen Code«. In: Matejovski, Dirk; Kittler, Friedrich [Hg.]: *Literatur im Informationszeitalter*. Frankfurt am Main, New York 1996, S. 9-14).
8 *Docuverse*, S. 192 ff.

Schemabildung unsichtbar?

Meine erste Deutung ist, dass die Schemabildung als ein konkreter Prozess, als eine Maßnahme und ein Effekt des rekursiven Verfahrens unser Bewusstsein nur sehr selten tatsächlich erreicht. Dies scheint mir zunächst daran zu liegen, dass Programme innerhalb einer Formalsprache formuliert werden, so dass der entscheidende Schritt zur Schemabildung, die Formalisierung, immer schon vollzogen scheint. Wenn oben von der ›skandalösen semantischen Armut‹ des Geldes die Rede war und vom explizit anti-semantischen Charakter der Tauschabstraktion, so könnte hier ein Schlüssel für ein Verständnis auch der Datenverarbeitung liegen. Solange man innerhalb des Programms verbleibt, herrscht eine wunderbare Ordnung. Wiederholung wie Wiederholbarkeit scheinen immer schon sichergestellt und gegen jene subtilen Verschiebungen gefeit, die die Wiederholung in natürlichen Sprachen so bedrohlich machen.

In Programmen ist die Verschiebung eine kontrollierte Verschiebung; auch beim Übergang von der einfachen zur erweiterten Reproduktion ändern sich maximal die Werte der Variablen; das Ergebnis eines rekursiven Algorithmus mag überraschen, weder aber tun sich Interpretationsabgründe auf, noch zwingt dies zur Wahrnehmung der Schemabildung selbst.

Die Formalsprache scheint zudem zu garantieren, dass das einzelne Programm an andere Programme anschlussfähig ist, letztlich also Teil eines gemeinsamen Kosmos, der Wiederholung und Rekursion in den intertextuellen Raum hinein unproblematisch verlängert. Auch dies ist bei natürlichsprachlichen Texten und Begriffen keineswegs der Fall. Perspektivität und Widerstreit spielen hier eine entscheidende Rolle und machen es schwer, an einen vergleichbar kohärenten Textkosmos zu glauben.[9]

Die Unterschiede allerdings, und dies ist meine zweite Überlegung, vermindern sich, sobald man den Schutzraum des einzelnen Programms verlässt. Wenn oben gesagt wurde, dass Programme sel-

9 »Die *eine* göttliche Welt ist eben nur mit *einem* Heiligen Buch kompatibel. Spätestens mit der Erfindung der Buchdruckerkunst macht auch die christliche Tradition diese traumatische Erfahrung: ein für allemal gibt es Bücher (inkl. der vielfach übersetzten und kommentierten einen Heiligen Schrift!) im Plural, und in diesen Büchern steht auch noch durchweg Unterschiedliches, ja offen Konfligierendes zu lesen.« (Hörisch, *Kopf oder Zahl*, a. a. O., S. 65).

ten autonome Artefakte sind, sondern meist Modellierungen von Problemen, die außerhalb der Datenverarbeitung ihren Anlass und ihre Referenzebene haben, so verschiebt sich damit auch die Frage nach Schema und Rekursion; und der Blick wird frei auf einen Zyklus zweiten Grades, der gerade nicht mehr innerhalb der Programme seinen Ort hat, sondern nun, weit weniger übersichtlich, den Raum der Programme mit der umgebenden ›Realität‹ verbindet. Die Schemabildung, so könnte man sagen, zerfällt in zwei Hälften: innerhalb des Programms eben die Rekursion, und zwischen Programmen und ›Welt‹ jene eigentliche Abstraktionsleistung, die das Schema zum Schema tatsächlich erst macht. Das Schreiben von Programmen ist eine Form der Modellbildung. Ein konkretes Problem, in sich amorph und Teil einer amorphen, überwältigend komplexen Außenwelt, soll abgebildet werden in eine Struktur, die den Regeln einer vordefinierten, formalen Sprache gehorcht.

Zwischen beiden Welten besteht eine Kluft. Und hier, auf dieser Kluft, operiert als Agent, Übersetzer und Moderator der Systemanalytiker. Auch seine Übersetzerfunktion aber wird eher verdeckt; die Begriffswahl ›Systemanalyse‹ bereits ist ein Euphemismus; sie signalisiert, dass man dem Problem selbst bereits Systemcharakter unterstellt; seine Zerlegbarkeit in wiederholbare Module scheint jeder Frage enthoben, und die Probleme der Adäquatheit, der Repräsentation und der Repräsentierbarkeit – ehrwürdige Probleme im Reich der Zeichen wie der Zeichenkritik – scheinen gegenstandslos zu sein. Die Theorie ist dem willig gefolgt, indem sie solch traditionellen Kategorien im Feld des Computers jede Relevanz abgesprochen hat.

Aber sind sie tatsächlich irrelevant? Derart rüde Ausschlüsse, denke ich, sind nur möglich, wenn sie durch komplementäre Mechanismen gestützt, begleitet und konterkariert werden, Mechanismen, die den Weltbezug der Modelle, zumindest im Blick der Beteiligten, umso selbstverständlicher garantieren.

Parallel zur Programmierung der Computer und den weltfrei-symbolischen Spielen, auf die die Medientheorie hauptsächlich starrt, läuft ein sehr empirischer Großversuch, der allein die Verifizierung der Modelle zum Gegenstand hat. Kriterium ist hier die ›Funktion‹. Die gerechnete Wetterprognose wird daran gemessen, welches Wetter in der Folge tatsächlich eintritt und der Witz ist, dass die Prognose das Wetter nicht beeinflussen kann. Trifft das ›intelligent missile‹ nicht sein Ziel, wird es nicht länger für intelligent gehalten werden. Das Konzept der Wahrheit also ist, anders als der Sekundärdiskurs unterstellt, aus der Sphäre der Computer keineswegs eliminiert. Es ist verschoben auf jene ›Anwendungen‹, die die Modelle mit dem Modellierten in sehr unmittelbare Berührung bringen, oder sie auf das Modellierte zurückwirken lassen.[10] Die Börse und die Versicherungen, Statik und Statistik, Fernsehsatelliten und der internationale Geldverkehr – sie alle liefern jene Empirie, an der sich die Modelle weiterentwickeln. Die ›Schnittstellen‹ sind den Computern keineswegs äußerlich. Hier werden die Skelette und die Wirksamkeit/Berechtigung der Verdichtung getestet; skelettierende Verdichtung ist ein bestimmter Typus, der mit anderen Typen von Verdichtung konkurriert.

Unsere Hoffnungen aber gehen gerade nicht auf den Weltbezug, sondern, fast ist man geneigt zu sagen: im Gegenteil, auf die Schönheit und Eleganz der Modelle. Und deren ›Wahrheit‹ hat mit der Utopie der Knappheit unmittelbar zu tun. Unser Vertrauen ist geschwunden, dass wir die Welt erzählen können; im Ausblumen der Texte ist untergegangen, was ›das Wort‹, das am Anfang war (und zwar im Singular), einmal leisten sollte. Und im Bildernebel zergeht, was die Bilderkritik als deren ursprünglichen Wahrheitsanspruch demontiert. Wahrheit, sagt Hörisch, ist immer nur eine, und grundsätzlich knapp.[11]

Und noch ein zweites großes historisches Modell hat an der Wiege der Computer zumindest Pate gestanden: Problemanalyse reduziert Komplexität in derselben oder in ähnlicher Weise, wie die Naturwissenschaften die komplexe Natur zunächst zergliedert und dann auf ihre Gesetze gebracht haben. Die Naturwissenschaften sehen wir als erfolgreich an, weil ihnen eine empirische Verifizierung in Gestalt der Technik unmittelbar gefolgt ist. Neben dem Kriterium der inneren Stimmigkeit und der Kohärenz ist dies der hauptsächliche Grund unseres sehr weitgehenden Vertrauens in diesen Typus von Wissen. Aber hat nicht gerade über die Erfahrung der Technik unser Vertrauen erste Risse bekommen? Was wir als unge-

10 Was für die Wetterprognose gerade negiert wurde, trifft für viele andere Programme zu: Sie haben einen performativen Aspekt, insofern sie Tatsachen nicht nur beschreiben, sondern auch schaffen.

11 Zum Zusammenhang von Geltung und Knappheit siehe: Hörisch, *Kopf oder Zahl*, a. a. O., S. 26, (33), 66, 272.

wollte ›Nebenfolgen‹ und als ökologische Problematik zunehmend zur Kenntnis nehmen müssen, ist die Tatsache, dass das Skelett der Gesetze eben keineswegs automatisch für die Dinge selbst stehen kann und das verabschiedete Fleisch in bedrohlicher Weise immer wiederkehrt.

Wichtig ist deshalb zweitens, dass der Geltungsanspruch der meisten Programme hinter dem der Naturwissenschaften deutlich zurückbleibt. Mit den Programmen wurde eine Art Zwischenbereich geschaffen: Sie sind nicht soweit Gesetz wie die Naturgesetze, aber Gesetz genug, um das Modellierte mit ausreichender Präzision zu beschreiben; Zwischenwelt zwischen der Natur (wie sie die Naturwissenschaft als einen Raum der Naturgesetze modelliert) und der Unabsehbarkeit der Diskurse, die nicht mehr genug Redundanz produzieren, um als Gesetzgeber wahr- und ernst genommen zu werden. War also meine erste Deutung, dass es die Formalisierung, d. h. die Abspaltung von der Praxis ist, die Rekursion als Schemabildung so schwer durchschaubar macht, so scheint nun zweitens und umgekehrt das Involvement in Praxis dieselbe Funktion zu erfüllen; beide scheinen komplementär miteinander verschränkt, und es wäre Aufgabe einer erweiterten Zeichenkritik, die scheinbare Reinheit wie das Involvement des Digitalen zu dekonstruieren.

Meine dritte Deutung schließlich geht noch einmal von der einfachen zur erweiterten Reproduktion über. Wo Stereotyp und Schema zurück in die Vergangenheit verweisen, und das konkrete Ereignis als Token eines Types erkennbar wird, den die Vergangenheit in unserem Kopf bereits niedergelegt hat, scheint die Rekursion ebenso selbstverständlich nach vorne zu zeigen: In vielen Anwendungen sind wir geneigt, sie nicht als Wiederholung, sondern als Produktion zu begreifen, vergleichbar allein mit der Produktivität des menschlichen Sprechens. Artikulation, unabsehbar und zukunftsoffen, enthüllend; wenn nicht gleich – Heidegger ist ein gern bemühter Zeuge – Abschlag auf eine Selbstentbergung der Natur.[12]

12 »Die moderne Technik als bestellendes Entbergen zu situieren, welches im menschlichen Tun nicht gründen kann, weil es dieses erst herausfordert, ist das Motiv der Heideggerschen Frage nach der Technik. Verknüpft mit seiner Frage nach dem Ding lässt sich eine nicht lokalisierbare Topik umschreiben, welche technische Artefakte als Artefakte würdigen hilft.« (Tholen, Georg Christoph: »Platzverweis. Unmögliche Zwischenspiele zwischen Mensch und Maschine«. In: Bolz [Hg.], *Computer als Medium,* a. a. O., S. 125).

Und in der Tat, vielen Programmen gegenüber geraten wir in die Publikumsrolle; in die Rolle, Ergebnisse nur noch zu deuten, ähnlich wie vorher die erste Natur, und dann die zweite, die sich als ähnlich rätselhaft erwiesen hat. Paradox haben wir es nun mit Schemata zu tun, die Ereignisse produzieren. Dennoch denke ich nicht, dass es allein diese erweiterte Reproduktion ist, für die wir uns interessieren sollten; oder dass sich vor allem mit ihr, wie ein Text zur Rekursion sagt, »Automatenaktivität gegenüber dem planenden Verstand der Software-Ingenieure verselbständigt«.[13] Wie die Rekursion beide Seiten miteinander verbindet, die triviale, einfache Reproduktion mit der scheinbar unabsehbar erweiterten, so werden wir auch die erweiterte als einen Schematismus, also von der Wiederholung her, begreifen müssen.

Perspektive: Zeichenkritik

Wahrheit, sagt Hörisch, ist immer knapp. Wenn die Medienleute nun also auf die Computer setzen, und Philologen/Kulturwissenschaftler auf den ›Klartext‹ der Algorithmen,[14] so geht es um eine Wahrheit, die einer Kritik der Zeichen entkommt. Algorithmen sind Kondensat; deshalb Kittlers Polemik gegen das Ausblumen nun auch der Software, und immer scheinen sie wahr oder zumindest zu verifizieren. Als ein System kohärenter Regeln haben die formalen Sprachen Anteil an jener natürlichen Kohärenz, die die Mathematik allen anderen Zeichensystemen voraushat; die Arbitrarität, Erbkrankheit der Zeichen, scheint aus dieser Sphäre verbannt; die Geschichte, der Schmutz und die Körper.

Exakt dies aber ist der Defekt dieses Typs von Verdichtung; wie alle Verdichtung beruht sie auf dem Ausschluss des Konkreten, das sie gleichzeitig begrenzt. Die Zeichenkritik, die die Worte – als

13 Der Umraum des Zitats lautet: »Nichts ist so charakteristisch für die Arbeitsweise von Computern wie die ständige Wiederholung, die Allgegenwart von Versatzstücken, das Prozessieren von Mustern. Die Mächtigste der drei Basiskonstrukte algorithmischer Vorgehensweise, die Rekursion, Doppelgängerin der Iteration und der Schleife, ist die wesentliche Strategie, mit der sich Automatenaktivität gegenüber dem planenden Verstand der Software-Ingenieure verselbständigt.« (Einladung zur Tagung HyperKult VII, Juli 1998 in Lüneburg).

14 Das gilt für Kittler, für Bolz und modifiziert auch für Hörisch.

Signifikate – in ihrem Geltungsanspruch demontiert hat, und dann die Bilder in ihrem Bezug auf Konvention und Klischee, hat diesen Verdrängungsanteil offen gelegt. Für die Algorithmen steht eine vergleichbare Zeichenkritik einstweilen aus. Dies aber heißt nicht, dass sie unmöglich wäre. Wenn sie möglich ist, dann nur im Medienvergleich; im Aufweis, dass es Medienunterschiede gibt, unterhalb und jenseits dieser Unterschiede aber auch untergründige Querverbindungen. Wenn Rekursion und Schemabildung also tatsächlich zusammenhängen, könnte dies eine solche Verbindung sein.

10 Normalisierung

Vom Computer ist nun auf die Ebene einer allgemeinen Medientheorie zurückzukehren, und hier gibt es einen weiteren Ansatz, der
den implizit ökonomischen Charakter des Semiotischen auf besonders klare Weise belegt, die Theorie des ›Normalismus‹, die Jürgen
Link 1997 vorgelegt hat.[1] Diese Theorie ist umso interessanter, als
sie sich selbst nur vermittelt als ökonomisch versteht. Hinzu
kommt, dass sie nicht eigentlich auf die Medien zentriert ist; ich
werde also eine etwas perspektivische Lesart vorschlagen, um den
Zusammenhang zum hier verfolgten Projekt plausibel zu machen.

Ausgangspunkt bei Link ist – zunächst rein soziologisch – die
Beobachtung, dass gegenwärtige Gesellschaften nicht mehr primär
über normative Setzungen, Gesetze, Moral und Repression integriert werden. Sehr viel dominanter ist, was Link einen ›flexiblen‹
Normalismus nennt: Die Gesellschaft bildet zunehmend Mechanismen der *Selbststabilisierung* aus. Normen werden nicht gesetzt, sie
kristallisieren sich als eine Zone des ›Normalen‹ heraus, die Orientierungswert für die Individuen gewinnt; der Wunsch normal zu
sein und sich in der komfortablen Mitte der Gaußkurve zu bewegen,
verknüpft Input und Output zu einer Art Regelkreis: Die zunehmende Berufung auf Normalität, die Link beobachtet, bringt die
Gaußkurve gleichzeitig hervor. Typisch für diese Art von gesellschaftlicher Integration ist, dass nicht mehr starre Grenzen vertei-
digt werden müssen, sondern dass in den flachen Randzonen der
Normalverteilung die Grenzen des Normalen immer aufs Neue ausgehandelt werden. Dies ist der Hauptgrund, warum Link von einem
›flexiblen‹ Normalismus spricht.

Das Stichwort der Selbststabilisierung deutet es an: Es ist eine
letztlich kybernetische Vorstellung, die Link vertritt, wobei zunächst
offen bleibt, ob die Kybernetik nur die Beschreibung liefert oder ob
sie auf die Ebene des zu Beschreibenden übergewechselt, in die
gesellschaftliche Realität als ein integraler Mechanismus also bereits
eingegangen ist.

Die zweite Grundvorstellung Links ist statistisch: Es ist klar, dass
es sich bei diesem Typ von Normalisierung um Prozesse einer quan-

1 Link, Jürgen: *Versuch über den Normalismus. Wie Normalität produziert wird.* Opladen 1997.

titativen Kumulation handelt; Einzelakte und Einzelentscheidungen, die als unabhängig von einander betrachtet werden können, gehen in den Prozess der Normalisierung ein;[2] die Gaußkurve selbst beschreibt ja nichts anderes als Vorgänge einer zunächst quantitativen Kumulation.

Hintergrund bei Link ist ein weiteres Mal Foucault. Beschreibt dieser doch, ich habe es im Kapitel zur ›Übertragung‹ bereits diskutiert, dass Mechanismen der staatlichen Repression historisch ersetzt worden sind durch die ›Disziplinen‹, gesellschaftliche Regulierungsmechanismen also, die darauf angewiesen sind, dass die einzelnen Individuen sie in das eigene Selbst integrieren. Subjektkonstitution, Psychogenese und gesellschaftliche Regulierung/Macht hängen insofern eng zusammen; das ›Selbst‹, das Romantikern als ein Bollwerk gegen die Gesellschaft erschien, wird als ihre Agentur, als Depot gesellschaftlicher Normen deutlich.

Diesen Gedanken nun setzt Link fort. Flexible Normalisierung will den Prozess beschreiben, wie die Subjekte auf der Suche nach Orientierung gesellschaftliche Wertsetzungen zunächst beobachten, und dann flexibel-normalistisch internalisieren. Der hohe Grad von ›Freiwilligkeit‹ ist hierfür charakteristisch,[3] ebenso wie ihr Scheincharakter; ist doch die Möglichkeit, Orientierung wie gesellschaftlichen Bezug einzubüßen, immer schon Drohung genug.

---

2 Link spricht fast durchweg von Normalismus und nicht von Normalisierung, und dies obwohl der dynamische, prozesshafte Charakter des Normalismus immer wieder hervorgehoben wird. Vier Gründe sehe ich für diese begriffliche Entscheidung: eine Abgrenzung zu Marc Guillaume, der die ›Normalisierung‹ etwas anders besetzt (Link, a.a.O., S. 158 ff.); den Wunsch einen Fachbegriff zu prägen, der sich von bestimmten alltagssprachlichen und historischen Konzepten gezielt distanziert (185 ff.), einen an Foucault geschulten Vorbehalt gegen die Annahme einer kontinuierlich-prozesshaften Auffassung von Geschichte und schließlich eine durchgehende stilistische Präferenz für Substantivierungen bei Link.

3 »Die moderne Normalisierung duldet gleichzeitig einen gewissen Grad an Aufsprengung der zentralen Verwaltungsinstanzen und wird immer diffuser, gestreuter, innerlicher: allgemein etablierte Selbst-Normalisierung. […] Zu diesem Zweck wird die Normalisierung dominant indirekt […].« »Untertanen/Subjekte ohne Herren (Sujets sans Maîtres)«. (Ebd., S. 159, 160 [L. zit. Marc Guillaume]; siehe auch 368 ff.).

Bis zu diesem Punkt muss Links Ansatz als ein Beitrag zur Soziologie oder Sozialpsychologie, als eine Theorie gesellschaftlicher Integration erscheinen, aber sie ist mehr. An einigen Stellen des Buches nämlich wird deutlich, dass es speziell die *Medien* sind, die im Prozess der flexiblen Normalisierung bestimmte Funktionen erfüllen. Link selbst ist auf den Normalismus im Zuge seiner Untersuchungen zur Kollektivsymbolik gestoßen;[4] dort war das Projekt, semantische Komplexe zu isolieren, die innerhalb der Medien so etwas wie Gravitationszentren bilden. In einer gewissen Nähe zur Stereotypentheorie hatten hier noch die Medien*inhalte* die Hauptlast zu tragen.

Die Mediensphäre insgesamt modelliert Link mit den Mitteln der Soziologie; als ein Nebeneinander von unterschiedlichen Spezialdiskursen, die die Arbeitsteilung als Subsysteme oder Teilsysteme hervorbringt. Innerhalb dieser Spezialdiskurse gibt es Normalisierungsprozesse etwa dann, wenn die Psychiatrie Kriterien entwickelt, um gegen die verschiedenen Typen von Wahn eine fragile Sphäre von ›Normalität‹ abzugrenzen. Den Raum *zwischen* den Spezialdiskursen aber sieht Link keineswegs leer. Er wird vielmehr eingenommen von einem ›Interdiskurs‹ (oder einem System von Interdiskursen), der die spezifische Eigenschaft hat, soweit *entspezialisiert* zu sein, dass er die gesellschaftlichen Teilsysteme vermitteln und aufeinander beziehen kann. Es ist dies der Ort, den die klassischen Massenmedien einnehmen.

Dieses Modell nun ist aus verschiedenen Gründen interessant. Zum einen wendet sich Link gegen Parsons und Luhmann, insofern er komplementär zur gesellschaftlichen Differenzierung einen parallellaufenden Prozess der *Entdifferenzierung* am Werk sieht.

»Im Sinne Luhmanns müßte der normalistische ›Archipel‹ (wie alle interdiskursiven Komplexe und Dispositive) [...] als eine ›entdifferenzierende‹ Tatsache betrachtet werden – und solche Tatsachen liebt die Systemtheorie nicht. Das liegt m. E. an einem basalen Mißverständnis: ›entdifferenzie-

---

4 Ebd., S. 24; siehe auch: ders.: *Elementare Literatur und generative Diskursanalyse.* München 1983; sowie ders.: »Literaturanalyse als Interdiskursanalyse. Am Beispiel des Ursprungs literarischer Symbolik in der Kollektivsymbolik«. In: Fohrmann, Jürgen; Müller, Harro (Hg.): *Diskurstheorien und Literaturwissenschaft.* Frankfurt am Main 1988, S. 284-307.

rende‹ Tatbestände gelten der Systemtheorie in ihrem Wesen als theoretisch und historisch, als synchronisch und diachronisch ›älter‹ als funktionale Differenzierung – sie gelten also als irgendwie ›archaisch‹ und insofern als sozusagen peinliche Relikte bzw. Atavismen in der Moderne. Dabei übersieht die Systemtheorie m. E. den simplen Tatbestand, daß jede Ausdifferenzierung von der Neubildung ›entdifferenzierender‹, integrierender Strukturen, Dispositive, Verfahren und Mechanismen begleitet ist«.[5]

Während Luhmann also betont, dass die Massenmedien selbst ein Spezialsystem bilden, das als ein System unter Systemen sich konstituiert, hebt Link auf die Sonderrolle ab, die den Interdiskurs von den Einzeldiskursen trennt; beiden Ansätzen gemeinsam wäre die strikt funktionale Sicht, sind doch bei Link Interdiskurs und Entdifferenzierung in klarer Weise Funktionen, etwa die der Vermittlung, zugeordnet.

Zweitens interessant ist, im Zitierten bereits angesprochen, dass Link den Interdiskurs als denjenigen Ort betrachtet, an dem Normalismus und Normalisierung ihre eigentliche Bedeutung entfalten. Für die Massenmedien ist dies evident: hat man ihnen doch durchgängig vorgeworfen, klischeehaft, vergröbernd oder unterkomplex – in der Summe also: entdifferenzierend – zu verfahren, und die Differenzierungsgewinne, die in den Einzeldiskursen erreicht werden, systematisch zu unterbieten. In Talkshows wird ausgehandelt, was als ›normal‹ noch gerade akzeptiert werden kann, das Spiel mit Grenzen, Provokation und Übertretung, provisorischer Normsetzung und symbolischer ›Strafe‹, scheint für die Medien ebenso kennzeichnend wie die Wiederkehr des Immergleichen, die unendlich-zyklische Bestätigung des Normalen zu sein.

Redundanz ist auch in Links Perspektive nicht ein Unfall der Signifikation. Wenn Normalität *produziert* werden muss, dann kann der Technik der Wiederholung, der wiederholenden Bestätigung/ Bestärkung eine klare Funktion zugewiesen werden; in der statistischen Kumulation werden Einzelereignisse aufgehäuft, entweder weil sie in irgendeiner Weise strukturähnlich sind, oder weil sie in der Aufhäufung selbst Struktur und Ähnlichkeit produzieren.[6]

---

5 Link, *Normalismus,* a. a. O., S. 180 f.
6 An dieser Stelle drängt sich eine Assoziation auf zu Prokops Theorie der ›modalen Phantasiewerte‹ (Prokop, Dieter: *Faszination und Langeweile. Die populären Medien.* Stuttgart 1979, S. 76-88, 146 ff.).

Einen wichtigen Bezugspunkt findet Link, als er die Vorgeschichte des Normalismus durchmustert, und zwar im Feld von Technik und Industrie, in der Durchsetzung von *Industrienormen*.

»Soweit [im 18. Jahrhundert] der Begriff des ›Normalen‹ [...] bereits auftaucht, meint er die Vorstellung einer Masse genormter Produkte. ›Norm‹ meint dabei also technische (präindustrielle) Produkt-Norm, d. h. Muster und Schablone (Standard) für Massenfertigung. [...] Dabei sind vor allem fünf sektorielle Entwicklungen zu erwähnen: die militärische Uniformierung und Standardisierung, die beginnende Vereinheitlichung der Maße und Gewichte, die Bestimmung des wahrscheinlich korrektesten Meßwertes bei astronomischen und physikalischen Messungen, die Flußregulierung sowie die pädagogische Standardisierung.«[7]

Dies muss zunächst verblüffen, scheinen technische Normen doch ein Produkt willkürlicher Setzung, also eher ›ex ante gegebener Prototyp‹ als ›ex post festgestellter Durchschnitt‹[8] zu sein. Müssten sie damit nicht dem Universum des ›Normativen‹ zugerechnet werden, gegen das Link den flexiblen Normalismus gerade scharf absetzt?[9]

Bei näherem Hinsehen löst sich das Problem überraschend auf. Link nämlich kann zeigen, dass innerhalb des preußischen Militärs, in der Uniformschneiderei, vier ›Normalfiguren‹ durch Vermessung und Typisierung empirischer Soldatenkörper gewonnen wurden.

»Wie man sieht, geht es hier also [...] um die [...] Normalität als technisch[e] Herstellung von Durchschnittlichkeit in Massen.«[10]

In der fraglichen Zeit beginnt die Leidenschaft für die anthropologische Vermessung,[11] für Bevölkerungspolitik, Verdatung, Wahrscheinlichkeitsrechnung und Statistik,[12] die über Zwischenstationen schließlich zum fest etablierten Zensus und zu Hollerith führen wird.

Und Ähnliches gilt auch innerhalb der Technik selbst. Technische

7 Link, *Normalismus*, a. a. O., S. 190 (Erg. H. W.).
8 Ebd., S. 191 f.
9 Ebd., S. 15 ff., 193.
10 Ebd., S. 190 f.
11 Mattelart, Armand: *The Invention of Communication*. Minneapolis, London 1996 (OA., frz.: 1994), S. XV.
12 Link, a. a. O., S. 142 ff.; Mattelart, *Invention*, a. a. O., S. 20.

Normen sind weniger durch das Diktat eines Soll-Wertes gekennzeichnet als durch die Definition der jeweils zulässigen *Toleranz,* innerhalb derer die Messwerte empirisch-frei schwanken. Die Industrienorm selbst also erkennt an, dass die Empirie den Sollwerten nicht einfach folgt; sie vermittelt zwischen Norm und Empirie, wobei die Empirie nach dem Muster der schwankenden Soldatenkörper als statistisch aufgefasst wird.

Norm und Austausch

Toleranz und Industrienorm aber haben noch eine weitere, unvermutete Seite. Allein die Toleranz nämlich kann gewährleisten, was das Gesetz des Mechanischen und erweitert der industriellen Serienfertigung ist: ›the production of interchangeable parts‹, die Anforderung eben, dass die produzierten Einzelteile ausgetauscht und ohne Nachbearbeitung zu neuen Gesamtprodukten zusammengesetzt werden können.

»Henry Leland, an American machinist [...] elaborated the system of interchangeable parts for the country's automotive industry [...]. In a public demonstration in 1908, workers disassembled three Cadillacs, mixed the parts, then reassembled the vehicles and drove them away«.[13]

Es ist dies eine der deutlichsten Trennlinien zur handwerklichen Produktion. Mit dieser Definition aber – und hier kommt der Normalismus meinem Kernargument von Tauschen, Austauschen und Zirkulieren besonders nah – *sind Norm und Toleranz über den Austausch bestimmt.* Die Normung hat keinen anderen Zweck, als den Austausch möglich zu machen, und umgekehrt sind es empirische Austausch-Akte, die die Normung erzwingen. Der Austausch, so könnte man sagen, schlägt als Normung/Vereinheitlichung/Standardisierung auf die Produkte zurück.

Bei Link selbst spielt dieser Aspekt eine eher randständige Rolle. Armand Mattelart, ein französischer Medientheoretiker, der ökonomische Kategorien in seine Theorie systematisch einbezieht, aber nimmt ihn auf und kann zeigen, dass der Mechanismus auf den Mikrokosmos der einzelnen Fabrik keineswegs eingeschränkt ist.[14]

13 Beniger, James R.: *The Control Revolution.* Cambridge 1986, S. 298.
14 Mattelart, *Invention,* a. a. O.

Auch auf gesellschaftlicher Ebene haben sich Prozesse der Standardisierung nur in direkter Abhängigkeit von Austausch und Verkehr – einer zunehmenden Interaktionsfrequenz und zunehmenden Austauschradien – durchsetzen können. Maße und Gewichte etwa waren für die längste Zeit der Geschichte an lokale Gegebenheiten gebunden. Das metrische System wurde in Frankreich erst 1795 durchgesetzt, die internationale Standardzeit erst Ende des 19. Jahrhunderts;[15] und dass in den USA die überregionale Zeitmessung ›railway time‹ hieß, macht den Zusammenhang zwischen Norm und Verkehr zusätzlich deutlich.

»The new metric standard was one of the basic elements of the apparatus of fiscal reform. […] ›Through this innovation, moreover, the whole nation was made to acquire common ways of thinking, to share the same perceptions of space, dimensions, and weights […]. And to have imposed upon men common ways of perceiving, and thereby to have enabled them the better to understand one another, was surely an admirable accomplishment.‹ This observation should be placed alongside the analyses […] on the genealogy of the ›norm‹ and ›normalization‹.« »To circulate is to measure«.[16]

Normen der Sprache, Normen der Vernunft

Und Mattelart erweitert den Rahmen noch einmal. Er macht klar, dass sogar die Herausbildung von Standardsprachen und die Überwindung ortsgebundener Dialekte nach dem selben Muster wird gedacht werden müssen:

»In this respect, […] there is no difference between the birth of grammar in France in the seventeenth century and the institution of the metric system at the end of the eighteenth century… One begins by grammatical norms and ends up with morphological norms for men and horses in the interests of national defense, as well as industrial and hygienic norms.«[17]

Norm und Verkehr also bedingen einander und münden in das Projekt einer gestärkten, unifizierten Nation.[18] Dass es sich hierbei um

---

15 Trapp, Wolfgang: *Kleines Handbuch der Maße, Zahlen, Gewichte und der Zeitrechnung.* Stuttgart 2001 (OA.: 1992), S. 31, S. 70 f..

16 Mattelart, *Invention,* a. a. O., S. 42 f., 39 (M. zit. Witold Kula).

17 Ebd., S. 43 (M. zit. Georges Canguilhem).

18 »With the Revolution of 1789, the work of unifying the territory was inscribed in a larger framework, with a central role attributed to the improvement of communi-

einen äußerst chimärischen Prozess handelt, der repressive Momente (norms for men and horses, militärischer Zusammenhang, staatliche Kontrolle, Formierung der Gesellschaft) ebenso enthält wie Momente einer größeren Freiheit, wird im Zitierten deutlich. Noch klarer allerdings tritt dieses hervor, wenn Mattelart die Geschichte der Vernunft und der Aufklärung selbst an die Überwindung lokaler Gegebenheiten bindet:

»Language [the use of about thirty dialects in France]«, zitiert er einen Zeitgenossen, »is an obstacle to propagation of the Enlightenment.«[19]

Und weiter:

»Communication had the mission of bringing about a rational and ›good‹ nature – since there was also such a thing as irrational and ›bad‹ nature, a nature that separates, interposes itself between men, and lies at the root of prejudices. […] The eighteenth century considered, in effect, that prejudices were born of isolation, whereas Reason fought them by making possible the coming together of individuals.« »A scenario in which Reason acted as arbiter of the tensions between universalism and local interests.«[20]

Als Basis einer vereinheitlichenden Vernunft bekommen Verkehr und Kommunikation eine fast utopische Dimension. Konnotationen, die noch heute eine Rolle spielen, wenn der Begriff der Kommunikation mit Phantasien einer Überwindung von Grenzen bis hin zu einer universalen Verschmelzung/Kommunion aufgeladen wird.[21] Seinen rationalen Kern hat dieser Blick auf die Ratio darin, dass Abstraktion und Begriffsbildung selbst, wie oben gezeigt wurde, an den Kontextwechsel, an die Verschickung, gebunden sind. Wenn Abstraktion, Verallgemeinerung und Form, die besonderen Leistungen des Semiotischen, tatsächlich im Kontextwechsel ihren

cation and the fluidity of exchanges: suppression of interior customs barriers and of tolls, standardization of the tax system, elaboration of a single legal code, a new administrative partitioning of the national territory, and the obligation to use French language for public acts.« (Ebd., S. 39).

19 Ebd. (Erg. H. W.).

20 Ebd., S. 10 f., 26; es ist dies gleichzeitig der Punkt, an dem die Habermas'sche Vorstellung ansetzt, die Ratio auf Diskurs und Verständigung zu gründen.

21 Siehe z. B.: Teilhard de Chardin, Pierre: *Der Mensch im Kosmos*. München 1994 (OA., frz.: 1955; der Text wurde 1940 geschrieben); die radikale Kritik dieser Vorstellung wurde bereits genannt: Chang, Briankle G.: *Deconstructing Communication. Representation, Subject, and Economies of Exchange*. Minneapolis, London 1996.

Ursprung haben, dann wird sehr plausibel, dass in der Norm wie der Vernunft – und eben in der Zunahme der Verkehrsfrequenz – ein repressives und ein progressives Moment sich berühren.[22]

Naturalisierung, Automatisierung

Kehren wir zu Link und zum engeren Problem des Normalismus zurück. Und nun ist in den Blick zu nehmen, was schon den alltagssprachlichen Begriff des Normalen kennzeichnet: dass nämlich, was normal wird, normalerweise aus dem Blick verschwindet. Link hebt dies hervor, indem er sich auf Marx bezieht; dieser hatte betont, den entwickelten Industriegesellschaften sei die selbst produzierte technisch-gesellschaftliche Realität in den Rücken geraten, so dass sie nun als eine ›zweite Natur‹ – so unverfügbar-faktisch wie die ›erste‹ – erscheine.[23] Und lapidar sagt Link, »diese ›zweite Natur‹ eben [sei] die Normalität«.[24]

»Es ist wohl so, daß Marx [konzentriert auf die Ökonomie] den real existierenden Normalismus als effektiven Generator eines ›Ur-Vertrauens‹ in eine zweite Natur nicht wahrhaben wollte.«[25]

An dieser Stelle nähert sich die Normalismusthese dem Konzept der *Naturalisierung* an. Link selbst stellt diese Verbindung her;[26] schon Barthes etwa hatte in den ›Mythen des Alltags‹ mit der Naturalisierung argumentiert, geht es ihm doch um kulturelle Konstrukte und

22 »Ever since communication – above and beyond the different meanings each era confers on it – undertook its trajectory in pursuit of the ideal of reason, the representation that has been made of it has been torn between emancipation and control, between transparency and opacity. On the one hand, there is the logic of emancipation from all hindrances and prejudices inherited from dogmatic thinking. On the other, there is the logic of constraint imposed by a social and productive order. The means of decentralization that permit escape from confinement and from mental and physical barriers allow both the unleashing of movement and the consolidation of the center with the support of the periphery. The notions of freedom and liberation associated with communication appear in a paradoxical light.« (Mattelart, a. a. O., S. xvi).

23 Link bezieht sich auf das Kapitel zum Warenfetisch (Marx, Karl: *Das Kapital. Zur Kritik der politischen Ökonomie.* MEW 23, Berlin 1972, S. 85 ff.).

24 Link, *Normalismus*, a. a. O., S. 232.

25 Ebd., S. 233 (Erg. H. W.).

26 Ebd., S. 218.

Kollektivvorstellungen, die es schaffen, in den Status unbezweifelbarer Gewissheiten einzurücken.

»Wir sind hiermit«, sagt Barthes, »beim eigentlichen Prinzip des Mythos: er verwandelt Geschichte in Natur.«[27]

Geht man historisch noch weiter zurück, trifft man z. B. auf Viktor Šklovskij, der 1916 in seinem Text ›Die Kunst als Verfahren‹ beobachtet hatte, dass sich die Formen der Kunst im Laufe der Zeit abnutzen, so dass die bezeichneten Gegenstände nicht mehr gesehen, sondern nur noch wiedererkannt werden.[28] Er hatte für diesen Prozess den Begriff der ›Automatisierung‹ gefunden und gefolgert, es sei die hauptsächliche Aufgabe der Kunst, dieser Automatisierung mit den Mitteln einer gezielten Verfremdung entgegenzuwirken.

Auch wenn die Konzepte aus unterschiedlichen Kontexten stammen – Grund genug, sie nicht in schlichter Weise aufzusummieren –, haben Naturalisierung, Automatisierung und eben Normalisierung gemeinsam, dass sie Konventionalisierungsprozesse beschreiben, und genauer: die Tatsache, dass Konventionalisierung immer durch eine spezifische Blindheit gekennzeichnet ist. Diese Blindheit beinhaltet das Paradox, dass gerade das, was diskursiv besonders präsent, dominant und häufig ist, und damit, wie man denken sollte, besonders sichtbar, unter die Schwelle der Wahrnehmung gerät. Als selbstverständlich vorausgesetzt können solche Inhalte von der textuellen Oberfläche der Diskurse sogar ganz verschwinden; sie gehen in das Reservoir jener stummen Vorerwartungen ein, die den Diskurs strukturieren; jenseits und unterhalb seiner Oberfläche, und nur noch mit den Mitteln einer neuerlichen Anstrengung für die bewusste Reflexion überhaupt zurückzugewinnen. Vor allem die Modelle der Ideologiekritik haben sich mit diesem Problem theoretisch wie praktisch immer wieder beschäftigt.

Nach einer seiner Seiten also ist der ›Normalismus‹ eine Maschine der Verdrängung. Er produziert, und zwar im hellen Licht der gesellschaftlichen Aufmerksamkeit, was das Unbewusste der Gesellschaft

---

27 Barthes, Roland: *Mythen des Alltags.* Frankfurt am Main 1981 (OA., frz.: 1957), S. 113.

28 Šklovskij, Viktor: »Die Kunst als Verfahren«. In: Striedter, J. (Hg.): *Russischer Formalismus. Texte zur allgemeinen Literaturtheorie und zur Theorie der Prosa.* München 1971 (OA., russ.: 1916), S. 5-35; Link erwähnt auch diesen Zusammenhang, wenn auch nur in einer Randbemerkung (Link, *Normalismus,* a. a. O., S. 65).

ist. Und die Selbstadjustierung der Subjekte, die Link mit seinem Modell fassen will, verläuft sicher weniger über eine luzide Reflexion des Normalen als über Habitualisierungsprozesse, in denen sich bewusste und unbewusste Prozesse mischen.

Strukturgenerierung

Wie aber, und dies ist der letzte Punkt, ist eine solche Vorstellung diskursökonomisch zu reformulieren? Wenn die dominanten Inhalte der Normalisierung entweder quantitativ überpräsent sein können, oder aber unsichtbar/unbewusst, würde ich (ein weiteres Mal) dafür plädieren, das Modell der Strukturgenerierung in Anspruch zu nehmen und die Normalismusthese an dieser Front zu ergänzen.

Gaußkurve und Galton-Brett, es wurde gesagt, gehen von einer quantitativen Kumulation distinkter Vorkommnisse aus, die zunächst zufällig sind und in der Kumulation beweisen, dass es bei diesem Zufall keineswegs bleibt. Dies ist eine erste, grobe Annäherung an das, was ich hier ›Strukturgenerierung‹ nenne: Wie oben die Rekursion und die Stereotypen wäre auch die Gaußkurve als eine Form der *Verdichtung* zu fassen, die die Fläche der Vorkommnisse in kompakter Form repräsentiert, und Statistik generell als eine Technik, die Verstreutes auf beschreibbare Weise wieder versammelt.

Für das Feld der Messdaten und der Bevölkerungsstatistik, prominente Beispiele bei Link wie bei Mattelart, ist dies evident. Statistiken werden erst dann relevant, wenn Gesellschaften groß, verstreut-anonym und unübersichtlich werden, und erst in der quantitativen Kumulation die Strukturen überhaupt wieder hervortreten. Exakt dies ist der Ort, den Hollerith mit seiner mechanisch unterstützten Volkszählung, und in seiner Nachfolge der Computer, einnehmen;[29] es ist ein bestimmter *Typus* von Fakten, der nach dem Computer ruft. Und der Computer ist jene Maschine, die in der Lage ist, aus großen Quantitäten von Daten Strukturen zu extrahieren.

Aber gelten, so wird man fragen müssen, vergleichbare Mechanismen auch für symbolische Prozesse allgemein? Die Informationstheorie, obwohl dem Computer ja relativ nah, würde dies verneinen.

---

29 Vgl. Mattelart, *Invention*, a. a. O., S. 46.

Was informativ ist, hatte sie als komplementär zur Auftretenswahrscheinlichkeit bestimmt. Je häufiger ein Element auftritt, je größer also die Wahrscheinlichkeit seines Auftretens ist, desto geringer ist sein Informationsgehalt zu veranschlagen.

Mit Link wäre dieser Vorstellung zu widersprechen. ›Information‹ wäre hier, was sich besonders tief eingegraben hat. Und Redundanz wäre nicht das Gegenüber sondern eine *Technik* der Information. Das Paradox, dass das Normale gleichzeitig sichtbar und unsichtbar ist, wäre damit weiter zu klären: Besonders sichtbar ist das Normale, solange es Teil des Signals ist, besonders sichtbar eben als Redundanz; besonders unsichtbar, wenn es den Sprung in den Code geschafft hat. Ein weiteres Mal also geht es um das, was die nachrichtentechnische Informationstheorie zielgerichtet aussparen muss: den Umschlag von Signal in Code, von Ereignis in Struktur oder von explizit zu implizit. Was im Code vorausgesetzt werden kann, muss explizit nicht mehr kommuniziert werden. Das Signal aber setzt den Code voraus, es operiert gegen dessen Hintergrund, so dass es vollständig sinnlos erscheint, wenn ›materialistische Medientheorien‹ allein auf die Signalinformation sich berufen.[30] Der Code, umgekehrt, parasitiert am Signal.

Strukturgenerierung meint auch, und dies wäre ein dritter Gedanke, dass sich weitgehend empirisch entscheidet, wo der Scheitel der Gaußkurve zu liegen kommt. Aber geht das Modell dann nicht notwendig in Relativismus über? Was also schützt Diskurse davor, dass das Normale mal hier und mal dort sein Gravitationszentrum findet, und der Diskurs insgesamt zu panik- und lemming-artigen Richtungswechseln tendiert? Link selbst diskutiert diese Frage nicht. Wenn sie zu beantworten ist, und zwar auf dem Feld der Normalismusthese selbst, dann nur mit zwei Eigenschaften, die das Normale hat, die das Bild der einzelnen Gaußkurve aber eher verdeckt als enthüllt: An den Moment gebunden, in dem die Bilanz gezogen oder die Statistik gerechnet wird, verdeckt sie die Bindung an *Tradition*, die Tatsache also, dass Kumulationsprozesse notwendig zeitgebunden, kontinuierlich also auch auf der Zeitachse verlaufen. Im Licht der hier verfolgten Diskursökonomie wäre Links Modell zu ergänzen durch die Vorstellung einer Diachronie; einer diachronen Nor-

---

30 Ein Beispiel unter vielen: Ernst, Wolfgang: »Lose Kopplungen schreiben. Form und Medium im Kontext der Medien(begriffe)«. In: Brauns, Jörg (Hg.): *Medium und Form*. Weimar 2002, S. 88 f.

malisierung, die Normalisierung und Traditionsbildung (möglicherweise in deutlicher Spannung zum Hauptzeugen Foucault) bereit ist zusammenzudenken.

Die zweite Antwort und die zweite Eigenschaft des Normalen wäre, dass die Gaußkurven untereinander zusammenhängen. Anders als das Bild suggeriert nimmt, wer am ›Normalen‹ sich orientiert, nicht eine isoliert stehende Probe, nur weil die einzelne Gaußkurve jeweils einen einzelnen Parameter, eine einzelne Variable repräsentiert. Normalismus vielmehr ist immer schon Konglomerat. Und an dieser Stelle setzt die Überlegung auf semantischen Fragen auf, sofern man ›Semantik‹ nicht auf sprachliche Phänomene eingrenzen will: In die normalistische Selbstadjustierung der Subjekte gehen sehr unterschiedliche Faktoren ein: die aktuelle Beobachtung und deren Relation auf das angenommen Normale, daneben aber auch der wie auch immer unbewusste Abgleich mit semantischen Parametern – weiteren ›Normalismen‹, Orientierungen und Werten –, die mit der fraglichen Gaußkurve assoziiert oder verbunden sind, bis schließlich zum semantischen Gesamtsystem, das als großer, umfassender Weltbild-Normalismus alle einzelnen Normalismen relationiert. Wenn in einer Talkshow ein Gast im Gangsta-Look auftritt, wird man sich wundern, wenn er für die Ausweitung des Blockflötenunterrichts eintreten würde. Semantik also wäre als das Netz zu fassen, in dem die Einzelüberzeugungen, seien sie bewusst oder unbewusst, ihren Platz finden. Und möglicherweise führen die semantischen Konglomerate zu Links ›Kollektivsymbolik‹ zurück.

In einer Analyse der Medien, die sich am Normalismus orientiert, also wären drei Dimensionen zusammenzuführen: die Vorstellung einer Diskursökonomie, die quantitative Prozesse ernst nimmt und ihren Umschlag in Qualitäten beschreibt, die Normalismusthese selbst, die ausgehend vom Reiz eines Alltagsbegriffs des Normalen dessen Eigengewicht, dessen determinierende Kraft und seine tückische Blindheit/Unbewusstheit in den Mittelpunkt stellt, und schließlich die Dimension der *Semantik*, die sich ein weiteres Mal als ein zwingender Bestandteil jeder medientheoretischen Überlegung zurückmeldet.

Normalismus und Normalisierung jedenfalls beschreiben innerhalb der Medien nicht ein Randphänomen, sondern den Kern. Und wenn die Wiederholung – ›heavy rotation‹ – für die Medien kennzeichnend ist, dann weil hinter der Wiederholung jene Maschine läuft, die Link Normalismus nennt und die als eine Maschine der semantischen Strukturgenerierung in allgemeinerer Weise gefasst werden kann.

Befremden

Die hauptsächliche Leistung von Links Theorie scheint mir zu sein, dass sie den Blick vom Auffälligen, Herausragenden, Einzelnen auf Mainstream und Normalbetrieb zurückorientiert. Dieser Mainstream wird zum eigentlichen Rätsel, und zwar innerhalb wie außerhalb der Medien, sein scheinbar geräuschloses Funktionieren, seine Stabilität und seine zähe Beharrung, seine auftrumpfend-blauäugige Selbstverständlichkeit und sein eigentümliches Bündnis mit Praxen, Pragmatismus und dem Sosein der Dinge.

Und gleichzeitig wird damit formuliert, was – wieder innerhalb wie außerhalb der Medien – die Aufgabe von Theorie wäre: Theorie hat mit ihren Mitteln jene *Entautomatisierung* zu leisten, die Šklovskij zunächst nur der Kunst zugesteht, eine bewusste Abstandnahme, die – immer Distanzierung und Selbstdistanzierung –, als künstlich, hergeholt, wenn nicht gewaltförmig gerade dort erscheinen muss, wo sie den Dingen, wie sie gegeben scheinen, den Konsens kündigt. Die Pointe der Normalismustheorien ist die Entnormalisierung des Normalen. Dies ist nicht zwangsläufig deutlich. Vielmehr scheint der Aufmerksamkeit für Mainstream und Konvention selbst etwas Konventionelles anzuhaften, im Gegensatz etwa zur Beschäftigung mit der Kunst, die den Theoretiker adelt und – wie scheinhaft auch immer – vom Normalbetrieb distanziert.

Und in der Tat hat die Normalismusthese eine konventionelle, um nicht zu sagen konservative Seite darin, dass die zyklischen Mechanismen, in denen sich das Normale reproduziert, leicht als übermächtig erscheinen. Unausweichlich, alternativ- und letztlich ausweglos, gummi-artig plastisch und gerade darin gegen jede substanzielle Veränderung immun, scheinen die Zyklen der Reproduktion – Horkheimer/Adorno haben es ausformuliert – auf der Stelle zu rotieren. Gesellschaftliche Integration via Normalismus erscheint umso machtvoller, je stärker die zentrifugalen Kräfte sind, die die Entwicklung gleichzeitig entfaltet, im galoppierenden Prozess der funktionalen Differenzierung, der Ausweitung der geographischen Radien, der Zunahme gewollter und ungewollt in Kauf genommener Komplexität.

Hier dürfte der Grund dafür liegen, dass viele Theorien sich gleich auf die andere Seite, der ›Artikulation‹ und der unabsehbaren Veränderung, schlagen. Einer Theorie der Medien steht dieser Ausweg nicht offen. Medien sind immer schon Mainstream, offensichtlich und unhinterschreitbar; hier ›subversive‹ Momente aufzufinden ist möglich, geht an zentralen Fragen aber vorbei.

Wenn man die Theorie gegen ihr affirmativ/resignatives Moment also sichern will, wird man Argumente innerhalb der Normalismusthese selbst finden müssen. Und möglicherweise liegt der Ausweg ein weiteres Mal im Begriff der *Zirkulation*. Lenkt dieser doch den Blick, wie Friedrich Balke sagt, auf die »endogene Beweglichkeit der Prozesse«;[31] er verbindet Zirkularität mit Verkehr, Kreisbewegung/Reproduktion mit Kontextwechsel, Momente, wie sie widersprüchlicher kaum gedacht werden können. Wie die Zirkulation schließt auch der Normalismus diese Momente ein, einfach deshalb, weil Zirkulation wie Normalismus auf einzelne Akte zurückgehen. Die Gaußkurve verhüllt, dass sie sich – verkehrsbedingt – in ständigem Umbau befindet; dass das Monument *plastisch* ist, macht via Kumulation auch Verschiebungen, und via Verschiebung strukturelle Umbrüche möglich.

31 Balke, Friedrich: »Rhetorik nach ihrem Ende. Das Beispiel Adam Müllers.« In: Fohrmann, Jürgen (Hg.): *Rhetorik. Figuration und Performanz*. Germanistische Symposien Berichtsbände, Nr. 25, Stuttgart, Weimar 2004 (in Vorber.), Ms., S. 18.

11 Praxen[1]

Die letzten drei Kapitel des vorliegenden Buches sollen die Fragerichtung nun ändern, und nicht mehr die strukturellen Gemeinsamkeiten zwischen Medien und Ökonomie in den Blick nehmen,
sondern nun die Grenze, die beide trennt. Dies hat drei Anlässe:
zum einen die Tatsache, dass die Medien wie die Medienwissenschaften gegenwärtig in verblüffender Weise überschätzt werden.
Ich habe es in der Einleitung gesagt: Lange Zeit schien es keine
Grenze und kein Außen der Medien zu geben. Ökonomische Zuwachsraten und technologische Innovationen hatten den Eindruck
erweckt, nichts sei unmöglich, und unberührt von den Selbstzwei-
feln anderer Branchen löse zumindest der Mediensektor alle Hoffnungen ein. Und dann kam die Dot-com-Krise, und alle hatten es
plötzlich vorher gewusst. Dem korrespondiert das Selbstmissver-
ständnis eines Fachs, das nahezu jede Fragestellung zu einem Me-
dienproblem macht, die Medien zum gesellschaftlichen ›Apriori‹
und sich selbst zu einer Art Leitwissenschaft stilisiert; hier zu brem-
sen erscheint mir notwendig, nicht im Sinne einer Autoaggression
oder einer weisen Selbstbeschränkung, sondern ausschließlich aus
Gründen der Sache selbst. Es scheint mir dringlich zu überlegen, auf
welche Weise eine systematische Grenze des Mediensektors definiert
werden kann. Und dies scheint nur möglich, indem die Medienwissenschaft Gegenstände in den Blick nimmt, die eindeutig nicht in
ihren Zuständigkeitsbereich fallen.

Zweiter Anlass ist die Beobachtung einer Diskrepanz. Während
in der Medientheorie zeichenkritische Modelle dominieren, Modelle also, die die Zeichen und das Bezeichnete auf den denkbar
größten Abstand bringen, während Weltbezug und Referenz demontiert und ein von Zeichen unabhängiger Zugang zur Welt für
unmöglich erklärt werden, scheint mir gleichzeitig ein sehr massiver,
definitionsmächtiger und machtgetränkter Diskurs stattzufinden,
der vollständig außerhalb der Medien, in der Sphäre des Tatsäch-

---

1 Der Text dieses Kapitels ist als Aufsatz erschienen in: Hebeker, Eike; Kleemann,
Frank; Neymanns, Harald (Hg.): *Neue Medienumwelten. Zwischen Regulierungsprozessen und alltäglicher Aneignung.* Frankfurt am Main, New York 1999, S. 44-61;
auch dieser Text wurde überarbeitet.

lichen verläuft.[2] »Alternative wäre«, schreibt Bolz an einer hellsichtigen Stelle, »[...] rein mit Fakten zu konstruieren – eine Art Konkretion ohne Denken.«[3] In bestimmten ihrer Sektoren scheint die Gesellschaft zu dieser Lösung bereits übergegangen zu sein. Nicht leichte Signifikanten, sondern Stahl und Beton in Anschlag zu bringen und Sachzwänge zu installieren, wo der demokratische Meinungsstreit sich als zunehmend schwierig erweist.

Während Liberalisierung und Eigeninitiative verlangt werden, drohen Sachzwänge den Raum für solche Initiative längst zu verstellen. Die Medienwissenschaft aber diskutiert die ›Informationsgesellschaft‹, als verliefe der Vektor umgekehrt, weg von Hardware, Zwang und Ökonomie, und hin zu einem Reich der Informationen, das notwendig ein Reich der Freiheit, oder doch zumindest der Freiheitsgrade wäre.

Und parallel dazu schließlich besteht unsere Gesellschaft darauf, dass alles, was überhaupt etwas tauge, für eine Praxis tauge, also tatsächlich werden und sich in der tatsächlichen Welt bewähren müsse. Dies ist rational, wo es darum geht, gerade die Wissenschaft auf ihre Folgen zu verpflichten, und auf die Verantwortung für jene wertfreisymbolischen Spiele, die oft keine sind. Verallgemeinert aber ist dies ein Anschlag auf die Sphäre des Symbolischen selbst. Wenn alles Symbolische praktisch werden muss, geht die Pointe des Symbolischen, ein Probehandeln zu ermöglichen, das von tatsächlichen Konsequenzen zunächst entkoppelt ist, verloren; es implodiert der Unterschied zwischen Probehandeln und Handeln, virtuell und real, Konjunktiv und Indikativ.

2 ›Diskurs‹ in welchem Sinne? In Kapitel ›Speichern‹ hatte ich drei Diskursbegriffe unterschieden, die ich hier aufgreife: 1.) ›Diskurs‹ im engsten Sinne bezeichnet sprachliche Äußerungen, wie z. B. der Duden definiert: »Diskurs, der [...][:] die von einem [allen] Sprachteilhaber[n] auf der Basis seiner [ihrer] sprachlichen Kompetenz tatsächlich realisierten sprachlichen Äußerungen (Sprachw.).« (*Duden. Fremdwörterbuch.* Mannheim 1974, S. 182 [Erg. H. W.]). 2.) Von dort aus verallgemeinert wird ›Diskurs‹ häufig für die Gesamtheit der symbolischen Praxen verwendet, etwa indem dem Bilder-Diskurs dem sprachlichen gegenübergestellt wird. 3.) Bei Foucault schließlich umfasst der Begriff des Diskurses neben Äußerungen auch *Praktiken*, z. B. den Bau von Gefängnissen und den Eingriff in die Körper. Im Folgenden werden der zweite und dritte Diskursbegriff, abhängig vom Argument und vom Kontext, nebeneinander verwendet.

3 Bolz, Norbert: *Am Ende der Gutenberg-Galaxis.* München 1993, S. 9; ergänzend Sepp Herberger: »Grau ist alle Theorie, aber entscheidend ist immer auf'm Platz.«

Die Medien sind von der skizzierten Problematik gleich mehrfach betroffen. Denn sind die Medien nicht doppelt bestimmt? Einerseits Teil der Realität, 3-d-solide, Hardware, Praxis, ein Wirtschaftszweig, andererseits aber ein Reich der Zeichen, das als ein symbolisches Universum gerade nicht real sein will und zur Sphäre des Tatsächlichen einen definierten Abstand hält?[4] Die beschriebene Grenze also scheint die Medien selbst zu durchlaufen.

Und als Spaltung zudem auch die Theorie: Denn ist man nicht, zumindest wenn es um eine Techniktheorie der Medien ging, fast unberührt von den Skrupeln der Zeichen- und Erkenntniskritik auf den Standpunkt eines naiven Realismus zurückgekommen? Hat man nicht fröhlich-positivistisch Hardware-Geschichte(n) geschrieben, oder, unter Anrufung Foucaults, Medien-Archäologie, als sei zwar nicht die ›Realität‹, zumindest aber Signifikanten und Technik problemlos zugänglich?[5]

Im Folgenden also soll es um das Außen der Medien gehen.[6] Um Mechanismen, die zwischen dem Symbolischen und dem Tatsächlichen sich anspinnen, fokussiert auf eine einzelne Tendenz, die vielleicht als eine Variante von ›Naturalisierung‹ beschrieben werden kann. Der Begriff der ›Naturalisierung‹ wurde bereits erwähnt; mit Bezug auf die Cultural Studies soll er nun präzisiert werden; zuvor allerdings scheint mir die Klärung einiger Voraussetzungen nötig.

---

4 Die Unterscheidung zwischen symbolischen und außersymbolischen Praxen ist die zweite begriffliche Polarität, die ich vorschlagen will: Probehandeln, Fiktion, Virtuelles, Konjunktiv auf der einen Seite, irreversibles Handeln, Tatsächliches, Indikativ auf der anderen (immer eingerechnet, dass all dies eine sehr grobe Bestimmung und die Grenzziehung im Konkreten schwierig ist). Der Begriff des Diskurses würde im Sinne der oben getroffenen Unterscheidung aufgeteilt: die beiden erstgenannten Diskursbegriffe würden ins Feld der symbolischen Praxen fallen, der Foucault'sche Diskursbegriff ins Feld der außersymbolischen Praxen übergreifen.

5 Medien und Zeichen sind zweigeteilt; einerseits symbolische Praxis: sie erlauben ein Probehandeln, das vom Tatsächlichen zielgerichtet entkoppelt ist. Mit ihrer anderen Seite – als Signifikanten, Technik, Ökonomie – sind sie in die Sphäre der außersymbolischen Praxen involviert.

6 Dieses Außen enthält wesentlich mehr: Praxen, die keine Medienpraxen sind, Dingwelt, Technik (zweite Natur), erste Natur …

Die erste Frage nämlich scheint mir zu sein, wie es zu einer Totalisierung der Medien und der Zeichen überhaupt kommen konnte. Auf der Ebene des Alltagsbewusstseins mag der Verweis auf die Zuwachsraten des Mediensektors hinreichen; auf der Ebene der Theorie aber stellt sich die Frage anders: Wenn Philosophie, Sozialwissenschaften, Philologien und weitere Fächer auf die Frage nach Medien und Zeichen zunehmend einschwenken und ihre Kernfragen als Medienfragen zunehmend remodellieren, so ist dies ein Paradigmenwechsel, der durch objektive Veränderungen – Veränderungen der gesellschaftlichen Realität – m. E. nur unzureichend erklärt werden kann.

Beispiel sei die Soziologie, als diejenige Wissenschaft, die sich traditionell mit den außersymbolischen Praxen, oder zumindest auch mit ihnen, befasst. Nimmt man Luhmann und Habermas als zwei unstrittig prominente Zeugen, so stellt man fest, dass beide Ansätze den Begriff der ›Kommunikation‹ ins privilegierte Zentrum ihrer Gesellschaftstheorien stellen.

Luhmann betrachtet den einzelnen kommunikativen Akt als das Atom, aus dem sich die gesamte Apparatur der Gesellschaft aufbaut,[7] die Gesellschaft selbst als eine Struktur, die – ausdrücklich nach dem Muster von Diskursen entworfen[8] – in der Interaktion von Medium und Form sich fortentwickelt.[9]

---

7 »Der basale Prozeß sozialer Systeme, der die Elemente produziert, aus denen diese Systeme bestehen, kann unter diesen Umständen nur Kommunikation sein. [...] Der elementare, Soziales als besondere Realität konstituierende Prozeß ist ein Kommunikationsprozeß. [...] Voraussetzung für alles Weitere ist demnach eine Klärung des Kommunikationsbegriffs.« (Luhmann, Niklas: *Soziale Systeme. Grundriß einer allgemeinen Theorie.* Frankfurt am Main 1987 [OA.: 1984], S. 192 f.). Und Luhmann setzt diese Grundlegung explizit gegen die, wie er sagt, »übliche, handlungstheoretische Auffassung« ab: »[nach dieser] ist Kommunikation eine Art von Handlung neben anderen. Diese Auffassung wird typisch ohne Begründung eingeführt, so als ob sie die einzig denkmögliche wäre.« (Ebd., S. 192 [Erg. H. W.]).

8 An dieser Stelle, selbstverständlich, der erste bzw. zweite Diskursbegriff, im Sinne der oben getroffenen Unterscheidung.

9 »Diese Unterscheidung [von Medium und Form] hat Fritz Heider einer Theorie der menschlichen Wahrnehmung zu Grunde gelegt. Wir geben ihr eine allgemeinere, weit darüber hinausreichende Bedeutung. Medium in diesem Sinne ist jeder lose gekoppelte Zusammenhang von Elementen, der für Formung verfügbar ist, und Form ist die rigide Kopplung eben dieser Elemente«. (Luhmann, Niklas: *Die Wis-*

Dass diese Grundentscheidung weitreichende Konsequenzen hat, wird besonders augenfällig, sobald er sich der Rolle der Technik zuwendet. Auch die Technik nämlich konstruiert Luhmann aus der Perspektive diskursiver Phänomene, als eine Interaktion von Medium und Form.[10] Und er dementiert ausdrücklich die Annahme, Technik interagiere mit der Natur, z. B. in dem Sinne, dass ihr Funktionieren die Richtigkeit der zugrunde liegenden Weltmodelle belege.[11]

Der Preis dieses Ansatzes ist, dass der Technik ihr Gegenüber – abhanden kommt. Was die Alltagsintuition als das Spezifische der Technik ansehen würde: jenes Spiel gegen einen stummen, widerständigen Gegner, einen Gegner, der die Macht hat, ›Nein‹ zu sagen und selbst die prachtvollsten Maschinen mit leichter Hand zu zerbrechen, und das Spezifische, das die stummen, technischen Praxen von den beredten, allzu beredten, diskursiven Praxen unterscheidet, all dies wird entmächtigt, oder zumindest in den Hintergrund des Modells verbannt. Das Diskursive könnte seine Grenze allein an etwas Außerdiskursivem haben, an einer Gegeninstanz, die in unserem Denken und unseren Diskursen nicht aufgeht, und deshalb von

    senschaft der Gesellschaft. Frankfurt am Main 1992 [OA.: 1990], S. 53 [Erg. H. W.]; siehe auch: ders.: *Die Gesellschaft der Gesellschaft.* Frankfurt am Main 1997, S. 190 ff.).

10 Wie alle Medien dient Technik dazu, Kontingenz einzuschränken und unwahrscheinliche Kommunikation in wahrscheinliche zu überführen. Lose Kopplungen werden durch rigidere ersetzt und Technik, sagt Luhmann, stellt besonders rigide, verbindlich-unhinterschreitbare Kopplungen bereit. »Nur so wird auch der gewaltige Effekt der modernen Technik verständlich. Es handelt sich nicht um die Folgen der Entdeckung von bisher unbekannten Naturgesetzen, sondern einen konstruktiven Aufbau immer neuer Relationen von Medium und Form.« (Luhmann, N.: *Die Wissenschaft der Gesellschaft,* a. a. O., S. 184).

11 »Entsprechend sind denn auch technische Geräte jeder Art keineswegs Abbilder der Natur, sondern [?] auf Grund von Wissen gebaute Konstrukte. [...] Ihr Einbau in die Welt, wie sie ist, kann sich gerade nicht auf eine über Erkenntnis garantierte Stimmigkeit stützen. Es handelt sich nur [?] um externalisierte Kommunikation. Das war schon, am Ursprung des Gedankens und des Wortes téchne, mit dem Prometheus-Mythos formuliert. Je mehr uns aber das Problem der ›Technik-Folgen‹ einholt, desto weniger überzeugt ein Wahrheitsbegriff, der Wahrheit als eine richtige Abbildung [?] der Realität behandelt. Geleistet wird eine zunehmend unwahrscheinliche Herausforderung dessen, was unbekannt ist und unbekannt bleibt.« »Es geht bei Technik, anders gesagt, um das Ausprobieren von Kombinationsspielräumen, um kombinatorische Gewinne.« (Ebd., S. 261f., 263 [Erg. H. W.]; siehe auch S. 256 ff.).

deren Logik her allein nicht konstruiert werden kann. Geht diese Gegeninstanz verloren, erscheint das Diskursive in eigentümlicher Weise entgrenzt.

Bei Habermas liegt das Problem anders und doch vielleicht vergleichbar. Seine Theorie des kommunikativen Handelns verspricht, zumindest im Titel, die Kommunikation als den Sonderfall eines allgemeineren Handlungskonzepts zu begreifen; exakt diese Frage aber wird souverän übersprungen, indem nicht ein Handlungsbegriff, sondern die Rationalitätsproblematik zum Ausgangspunkt gewählt wird, und von dort aus in Frontstellung gegen instrumentalistische und funktionalistische Handlungskonzepte das Ideal eines verständigungsorientierten, kommunikativen Handelns entfaltet wird.

Wenn die Positionen Luhmanns und Habermas' sich ähneln, so eben darin, dass beide den ›naiven Realismus‹ – ansonsten bestrittenten-unbestrittene Arbeitsgrundlage der Soziologie – losgelassen haben; beide Theorien müssen begriffen werden und begreifen sich selbst als eine Reaktionsbildung auf jenen ›linguistic turn‹, der ausgehend von der Philosophie eben auch die Sozialwissenschaften zunehmend beeinflusst und in ihrer Substanz verändert hat. Einerseits sicher ein Brückenschlag zu den Textwissenschaften, ist dieser Paradigmenwechsel gleichzeitig problematisch; denn in der Annäherung droht mit der Vorstellung einer außersprachlichen Realität nun auch den Textwissenschaften eine wichtige Kontrollgröße im interdisziplinären Dialog abhanden zu kommen.

Auf den lichten Höhen der Philosophie, wen könnte es wundern, hatte es der ›linguistic turn‹ ohnehin wesentlich leichter. Was als ein sprach- und erkenntniskritisches Projekt begann und in der poststrukturalistischen Debatte die wohl fruchtbarsten und radikalsten Formulierungen fand, bei Derrida und Lacan zu einer allgemeinen Zeichenkritik ausgebaut wurde, und von dort aus zur selbstverständlichen Basis vieler Medien-Überlegungen, hat sich in den Exzess der ›radikalen Konstruktivismen‹ scheinbar problemlos verlängert.[12] Im Exzess aber treten die Grenzen deutlich hervor. Denn bedeutet die Einsicht, dass wir Zugang zur Welt nur über die Spra-

---

12 Wissenschaftshistorisch sind beide Denktraditionen kaum verbunden, insofern sich die radikalen Konstruktivisten auf die französische Philosophie kaum zurückbeziehen; die wissenschaftliche Alltagssprache aber weiß es besser: so werden die poststrukturalistischen Ansätze häufig ›konstruktivistisch‹, zweitere ›radikal konstruktivistisch‹ genannt.

che und die Gesetzmäßigkeiten unserer Wahrnehmung haben, zwangsläufig, dass die Welt uns abhanden kommt? Benötigen wir nicht einen Erfahrungsbegriff – so problematisch uns dieser in der Philosophie wird[13] –, der auch die stummen Praxen umfasst? Sogar unsere Medienpraxen haben mit dieser stummen, geist-abgewandten Seite immer zu tun. Körperliche Effekte im Kino und die technisch-akustische Überwältigung der Popmusik, die handwerklich-technische Seite der Produktion und das Apparative der Apparaturen, muss nicht in all diesem ein Außerdiskursives selbst innerhalb der Sphäre des Diskursiven zugestanden werden?

Beziehung zum Realen

Meine Behauptung ist, dass es immer um Wechselverhältnisse zwischen Diskursivem und Außerdiskursivem geht. Und ich möchte dies an einer Reihe von Beispielen zeigen. Zwei der suggestivsten Ereignisse der letzten Jahre waren die ICE-Katastrophe und, zugegeben ein Maßstabssprung ins Kleine, der Überschlag der A-Klasse. Beide haben gemeinsam, dass ihre Pointe in einem Zusammenprall besteht; und zwar einem Zusammenprall der Zeichen mit der Sphäre des Tatsächlichen. In beiden Fällen war vorher gerechnet worden. Unter Zeit- und Kostendruck hatte man in den Computer und also in Zeichenoperationen verlegt, was man vielleicht doch besser in der tatsächlichen Welt getestet hätte. Die Welt aber hatte sich geweigert, den Berechnungen zu folgen, und die Modelle im Rechner wurden von den realen Elchen katastrophisch falsifiziert.

Dass die Medien sich auf diese Ereignisse stürzten und tagelang in den Bildern der Zerstörung schwelgten, ist in meinen Augen ein Sekundäreffekt. Das ›Lehrstück‹ steckte in der Sache selbst. Eben in jenem Zusammenprall, und in der Tatsache, dass das Bezeichnete Einspruch gegen die Zeichen erhob. Immer begleitet uns der Verdacht, dass die Zeichen uns belügen. Wir leben mit der Tatsache, dass die Raster der Welterschließung uns Wesentliches vorenthalten,

13 Die Krise der Erfahrung ist inzwischen ein Topos; siehe z. B.: Benjamin, Walter: »Erfahrung und Armut«. In: ders.: WA, Bd. II. 1, Frankfurt am Main 1980, S. 213-219 (OA.: 1933), oder z. B. die Polemik gegen die ›lebendige Erfahrung‹ bei Foucault (Foucault, Michel: *Archäologie des Wissens*. Frankfurt am Main 1981, S. 26, 73).

dass unsere Generalisierungen falsch und grob sind und unsere Wissensbestände unvollständig. Was also kann uns gelegener kommen, als wenn die Referenten selbst zu sprechen beginnen?

Der Metaphernclash deutet es an: Die Referenten, selbstverständlich, sprechen nicht, und wenn sie es täten, wäre die Frage, in welcher Sprache. Deutlich aber dürfte im Beispiel werden, dass wir – entgegen allen Dementis – mit der ›Wahrheit‹ durchaus befasst sind. Und dass wir Konstellationen aufbauen, in die das Tatsächliche wie der Frosch in eine Versuchsanordnung immer schon involviert ist; und deutlich ist zweitens, dass die Anordnung nur dann Sinn macht, wenn der Ausgang der Experimente offen und nicht offen ist.

Solange der ICE ohne Zwischenfall lief, war er Beleg für den erreichten Stand der Technik. Und allgemeiner für das Gelingen des naturwissenschaftlichen Erkenntnisweges, der der Natur ihre Gesetze entreißt, um sie in Technik codiert in die Natur zurückzuschreiben. Auch dies, ohne Zweifel, ist ein Wahrheitsmodell. Ge- oder Misslingen, problemloser Betrieb oder Katastrophe arbeiten am selben Projekt, unsere Zeichen zu testen und zu immer neuen Vollkommenheiten zu bringen. Letztlich also geht es darum, den Zeichen eine Stütze zu verschaffen in der Sphäre des Tatsächlichen, dessen also, was selbst nicht Zeichen ist.

Und können nicht sehr viele unserer Praxen nach diesem Muster verstanden werden? Spielen wir nicht im Sport gegen die Grenzen unserer Körper, Akrobaten gegen die Schwerkraft, und Technologie, Luhmann zum Trotz, mit und gegen Natur?

Geht es nicht, noch allgemeiner, um die Grenze selbst? Wenn – um schon wieder ein Katastrophen-Beispiel zu wählen – in einem Formel-1-Rennen über 90 Minuten kein Unfall geschieht, war das Rennen nicht allein langweilig, sondern eigentümlich ›derealisiert‹; in der Perfektion der gezogenen Runden verliert sich das Vertrauen, dass die Beteiligten wirklich ›am Limit‹ gefahren sind. Was heißt am Limit? Die Formulierung bereits verweist auf den Versuchscharakter der Sache; sie impliziert, dass die Fahrer und Teams gegen einen Gegner spielen, der zwar unsichtbar ist, um den es aber eigentlich geht. ICE-Unfall und Formel-1 sind Polsterknöpfe; sie verbinden auf ideale Art beide Ebenen: die unbezweifelbare ›Realität‹ – Sphäre der Referenten – und eben die Sphäre der Zeichen, die nur allzu bezweifelbar sind.

Spätestens an dieser Stelle wird Foucault die Bühne betreten. Von Diskursen war die Rede? – Foucault! Von stummen Praxen? – Foucault! Auf die Reflexe im akademischen Raum ist Verlass. Und selbstverständlich geht viel des hier Vorgetragenen auf die Erfahrung seiner Texte zurück. Gleichzeitig aber habe ich Zweifel, ob das beschriebene Problem mit Foucault tatsächlich in den Blick zu nehmen ist.

Richtig ist, dass Foucaults Diskursbegriff zunächst sprachliche Äußerungen umfasst,[14] dieses Feld dann aber überschreitet, in dem er ausdrücklich auch Praktiken in seine Analyse einbezieht, etwa den Bau von Gefängnissen oder den Eingriff in die Körper durch Folter und Drill.[15]

»Diskurse sind selbst Praktiken«, schreibt Fink-Eitel in seinem Kommentar, »als diskursive Praktiken unterscheiden sie sich von den nicht-diskursiven (technischen, institutionellen, ökonomischen, sozialen, politischen) Praktiken.«[16]

Die nichtdiskursiven Praktiken nennt Foucault verschiedentlich ›stumm‹;[17] sie mögen von einem Sekundärdiskurs begleitet sein, der sie umspült, interpretiert und rechtfertigt, weder aber fallen sie mit diesem Sekundärdiskurs zusammen, noch gehen sie in ihm auf. Entsprechend sind die Praktiken dem Bewusstsein abgewandt; es ist Aufgabe der historisch rekonstruierenden Diskursanalyse, sie dem

14 Foucault beschreibt seinen Untersuchungsgegenstand und damit den Diskursbegriff zunächst sehr selbstverständlich im Feld sprachlicher Ereignisse: »Ein immenses Gebiet, das man aber definieren kann: es wird durch die Gesamtheit aller effektiven Aussagen (énoncés) (ob sie gesprochen oder geschrieben worden sind, spielt dabei keine Rolle) in ihrer Dispersion von Ereignissen [...] konstituiert. [...] Das Feld der diskursiven Ereignisse [...] ist die stets endliche und zur Zeit begrenzte Menge von allein den linguistischen Sequenzen, die formuliert worden sind«. (Ders.: *Archäologie des Wissens*. Frankfurt am Main 1988 [OA., frz.: 1969], S. 41f.).

15 Ders.: *Überwachen und Strafen. Die Geburt des Gefängnisses*. Frankfurt am Main 1989 (OA., frz.: 1975), sowie ders.: *Wahnsinn und Gesellschaft. Eine Geschichte des Wahns im Zeitalter der Vernunft*. Frankfurt am Main 1969 (OA., frz.: 1961).

16 Fink-Eitel, Hinrich: *Foucault zur Einführung*. Hamburg 1989, S. 57.

17 »[Körpertechniken] Gewiß, diese Technologie ist diffus, in zusammenhängenden und systematischen Diskursen kaum formuliert;« (Foucault, *Überwachen und Strafen*, a.a.O.); »Archäologie als Disziplin der stummen Monumente« (ders.: *Archäologie des Wissens*, a.a.O., S.15).

Bewusstsein verfügbar zu machen und die epistemische Struktur zu beschreiben, die Praktiken wie Diskurse determiniert.

Diese Grundauffassung, es wurde gesagt, hat Foucault vor allem für solche Medientheorien interessant gemacht, die den technischen Charakter der Medien in den Mittelpunkt stellen. Die Kittler-Schule etwa nimmt den Begriff der ›Diskursanalyse‹ als methodische Selbstbeschreibung in Anspruch und leitet aus ihm die Möglichkeit eines materialistischen Erkenntnisweges im Feld der Mediengeschichtsschreibung ab.[18]

Bei näherer Analyse aber werden der Bezug wie der Bezugspunkt problematisch. Auf die entscheidende Frage, wie das Verhältnis der diskursiven zu den nicht-diskursiven Praktiken zu denken sei, nämlich hat Foucault im Laufe seines Lebens sehr unterschiedliche Antworten gegeben. Fink-Eitel rekonstruiert drei Stufen: Stehen ›Diskurs‹ und ›Praktiken‹ sich zunächst unvermittelt gegenüber, so in ›Wahnsinn und Gesellschaft‹ und der ›Ordnung der Dinge‹, werden sie in der mittleren Phase, in der ›Archäologie des Wissens‹, auf einen umfassenderen Begriff des Diskursiven hin summiert; die Praktiken scheinen Teil des Diskurses geworden zu sein, der Diskursbegriff die Praktiken mit zu umgreifen. In der dritten Phase schließlich, folgt man Fink-Eitel, kehrt sich das Verhältnis um, und Diskurse wie Praktiken scheinen nun auf die andere Seite, die nun eng mit dem Begriff der Macht assoziiert wird, zu fallen.[19]

18 »Um solche Systeme als Systeme, also von außen und nicht bloß in interpretatorischer Immanenz zu beschreiben, entwickelte Foucault die Diskursanalyse als Rekonstruktion der Regeln, nach denen die faktisch ergangenen Diskurse einer Epoche organisiert sein mußten [...]. Diskursanalysen [...] haben auch nach Standards der zweiten industriellen Revolution materialistisch zu sein.« (Kittler, Friedrich: *Aufschreibesysteme* 1800, 1900. München 1995, Nachwort zur zweiten Auflage [OA.: 1985], S. 519 f.). Eine Schwierigkeit besteht darin, dass weder der Bezug auf Foucault noch der methodische Weg an irgend einer Stelle genauer ausgearbeitet worden ist.

19 »In der ersten Phase standen [...] nicht-diskursive und diskursive Praktiken in einem (allerdings völlig unbestimmten) komplementären und symmetrischen Verhältnis. *Wahnsinn und Gesellschaft* untersuchte das eine, *Die Ordnung der Dinge* das andere. Die ungelöste Frage war: Wie hängen beide eigentlich zusammen? Die Antwort, die Foucault in seiner zweiten Phase mit der *Archäologie des Wissens* gab, lautete: So, daß sie asymmetrisch unter die übergreifende eine Seite fallen, die zugleich das wie auch immer heterogene Ganze ist, nämlich die Ordnung des Diskurses. Die diskursiven Beziehungen beinhalten diskursive und nicht-diskursive Praktiken. In der dritten Phase hingegen werden beide asymmetrisch unter der

Foucault war weniger daran interessiert, eine Trennlinie zwischen Diskursen und Praktiken zu definieren, als zu zeigen, dass eine archäologische Analyse beide Ebenen berücksichtigen muss. Die Grenze zwischen Symbolischem und Außersymbolischem erscheint auf diese Weise eigentümlich nivelliert.

Foucault betont zwar, dass die Praktiken materiell, diesseitig-tatsächlich und möglicherweise unbewusst sind, da er die sprachlichen Diskurse aber sehr parallel als eine Folge materiell beobachtbarer Äußerungs-Ereignisse konzipiert,[20] ergibt sich auch an dieser Stelle kein grundsätzliches Trennungskriterium. Scheinbar mühelos, und dies scheint mir der Grund für seine hohe Attraktivität im Feld der Medienwissenschaft zu sein, vereinigt Foucault die Gegensätze: linguistic turn und materialistische Basis-Intuition, die Unhinterschreitbarkeit der Sprache und die Anerkennung der Opazität der Technik und der Praxen.

Auch diese attraktive Synthese allerdings hat ihren Preis; unter der Hand nämlich ist den Praxen abhanden gekommen, was sie in anderen Modellen bestimmt: der Bezug auf eine ›Realität‹, an der Praxis sich abarbeitet und die wirkungskräftig und widerständig das Gegenüber, Rahmen und Grenze der Praxen bildet. Mit dem linguistic turn, zumindest in den meisten seiner Formulierungen, wäre diese sehr selbstverständliche Vorstellung inkompatibel. Und ent-

übergreifenden anderen Seite zusammengefaßt. Die Dispositive der Macht beinhalten Diskurse und Praktiken, Wissen und Macht.« (Fink-Eitel, *Foucault*, a. a. O., S. 80 f.).

Und zum Übergang von der zweiten zur dritten Phase schreibt Fink-Eitel: »Das Andere der diskursiven Ordnung des Gleichen war früher der Wahnsinn. Als dieses Andere hat sich nun die Macht entpuppt. Deren Kontrollierung aber verdankt sich die Ordnung des Diskurses, die an die Stelle der wahnsinnigen Un-Ordnung des vormaligen Anderen tritt. Umgekehrt beinhaltet nun der Diskurs als vormaliger Inbegriff der Ordnung des Gleichen die anarchische Unordnung bedrohlicher Ereignishaftigkeit und Materialität. [...] Das ehemals Andere ist jetzt das Gleiche, und das ehemals Gleiche ist jetzt das Andere [?]. [...] Es liegt sogar eine doppelte Umkehrung vor. Die Praktiken hängen nicht von den Diskursen ab, sondern diese umgekehrt von jenen.« (Ebd., S. 69 f.). Und sehr ähnlich der Rekonstruktion von Dreyfus/Rabinow: »In Foucaults späteren Arbeiten wird Praxis auf allen Ebenen als grundlegender denn Theorie betrachtet. [...] Nach dem Mai '68 wandten sich Foucaults Interessen deutlich vom Diskurs ab.« (Dreyfus, Hubert L.; Rabinow, Paul: *Michel Foucault. Jenseits von Strukturalismus und Hermeneutik.* Weinheim 1994 [OA., am.: 1982], S. 132, 133).

20 Die Stelle wurde in FN 14 bereits zitiert.

sprechend lassen sich bei Foucault allenfalls Einsprengsel dieser Vorstellung finden.[21]

Die hier vorgetragene Argumentation verfolgt insofern ein differentes Projekt; wenn sie das ICE-Beispiel ernst nehmen will, und zeigen, dass die körperlich/materiell/technischen Praxen auch und gerade *gegen* die symbolischen funktionieren, dass außersymbolische Praxen Gewissheiten produzieren, die die Zeichen so nicht bieten können, und dass sie dies schließlich in die Lage versetzt, zu einer Stütze der Zeichen zu werden – wenn all dies eine plausible Recherche-Richtung ist, dann wird sich die Argumentation vielleicht nicht vom Vokabular, sehr wohl aber aus dem komfortablen Schutz Foucaults lösen müssen.

Naturalisierung

Angenommen nun, dies alles ist so, und die katastrophischen Beispiele belegen, dass zumindest einige unserer Gewissheiten (und Wahrheitsannahmen) aus dem Spiel mit den Dingen eher als aus dem Spiel mit den Zeichen stammen. Wie kann es dann dazu kommen, dass Zeichen und Dinge dennoch nicht einfach konvergieren? Und sei es nur in der Sphäre der Naturwissenschaften. Dass ihre Differenz auf so schmerzliche Weise erhalten bleibt, und dass die zeichenkritischen Modelle dennoch Recht behalten?

Und wie, umgekehrt, kann das Gesagte aus einer wahrheitskritischen, durch die Zeichenkritik informierten Perspektive reformuliert werden? Es wurde gesagt, dass der vorliegende Text sich vom Begriff der ›Naturalisierung‹ einiges verspricht. Innerhalb der Cul-

21 Etwa dann, wenn Foucault die prekäre Position des menschlichen *Körpers* diskutiert und ihm ein Moment von Widerstand zuschreibt: »Die Machtverhältnisse legen ihre Hand auf ihn; sie umkleiden ihn, markieren ihn, dressieren ihn, martern ihn, zwingen ihn zu Arbeiten, verpflichten ihn zu Zeremonien, verlangen von ihm Zeichen. Diese politische Besetzung des Körpers ist mittels komplexer und wechselseitiger Beziehungen an seine ökonomische Nutzung gebunden; zu einem Gutteil ist der Körper als Produktionskraft von Macht- und Herrschaftsbeziehungen besetzt; auf der anderen Seite ist seine Konstituierung als Arbeitskraft nur innerhalb eines Unterwerfungssystems möglich (in welchem das Bedürfnis auch ein sorgfältig gepflegtes, kalkuliertes und ausgenutztes politisches Instrument ist); zu einer ausnutzbaren Kraft wird der Körper nur, wenn er sowohl produktiver wie unterworfener Körper ist.« (Ders., *Überwachen und Strafen*, a.a.O., S. 37).

tural Studies wurde ›Naturalisierung‹ definiert als ein Mechanismus, der arbiträren, kulturell definierten Zeichenkomplexen den Status unbestreitbarer, quasi-natürlicher Gewissheiten verschafft. Hintergrund war zumindest ursprünglich ein ideologiekritisches Projekt. Die englischen Cultural-Studies-Autoren der siebziger Jahre, überwiegend marxistisch orientiert, standen vor dem Rätsel, warum die sie umgebende gesellschaftliche Struktur eine so hohe Stabilität zeigte, ungeachtet sehr augenfälliger gesellschaftlicher Widersprüche und eines mehr als fragilen ideologischen Überbaus. Anders als die marxistische Prognose vorhergesagt hatte, hielt die breite Masse an bestimmten Weltbildern hartnäckig fest, auch wenn diese in offenem Konflikt mit realen Erfahrungen standen; und insgesamt erwies sich das Publikum als der linken Aufklärung gegenüber verblüffend resistent.

Die Erklärung, die die Cultural Studies für diese Situation fanden, war eine ideologiekritisch-semiotische.

»Certain codes«, schrieb Stuart Hall 1980, »may […] be so widely distributed in a specific language community or culture, and be learned at so early an age, that they appear not to be constructed – the effect of an articulation between sign and referent – but to be ›naturally‹ given. […] However, this does not mean that no codes have intervened; rather, that the codes have been profoundly naturalized.«[22]

Der Begriff der ›Naturalisierung‹ also beschreibt das Phänomen, dass Zeichen sich durch Gewöhnung verfestigen, bis hin zum Status einer kaum hinterfragbaren Selbstverständlichkeit. An diesem Endpunkt fallen Zeichen und Bezeichnetes scheinbar zusammen. Es ist ein Effekt, eine spezifische Leistung bestimmter Codes, die Differenz beider vergessen zu machen,[23] ›Naturalisierung‹ also meint auch, dass den Subjekten ihre eigenen Zeichensysteme in den Rücken geraten, dass ihnen das Bewusstsein um das Gemachte und die historische Bedingtheit der Zeichen abhanden kommt. Die Aufgabe aufklärerischer Projekte entsprechend war klar: Sie hatten das Bewusstsein um diese Differenz wieder herzustellen.

22 Hall, Stuart: »Encoding, Decoding«. In: During, Simon (Hg.): *The Cultural Studies Reader*. New York, London 1993 (OA.: 1980), S. 90-103, hier S. 95.
23 Hall nennt als Beispiel die ikonischen Codes z. B. der Photographie: »The dog in the film can bark but it cannot bite! […] Iconic signs are […] coded signs too – even if the codes here work differently from those of other signs. There is no degree zero in language.« (Ebd.).

So beschrieben betrifft der Begriff der Naturalisierung zunächst die Sphäre der Zeichen; er macht deutlich, wie vor allem Butler inzwischen herausgearbeitet hat,[24] dass Zeichen – performativ – Einfluss auf die Wirklichkeit gewinnen, dass sie Wirklichkeit performativ produzieren; und wieder ist es Foucault, der zeichenkritische Foucault, auf den diese Vorstellung einer durch Bezeichnungspraxen hervorgebrachten Welt vor allem zurückgeht.

Aber gilt eben dies für die Zeichen und die symbolischen Praxen allein? In einer etwas kühnen Bewegung möchte ich den Begriff der ›Naturalisierung‹ umdrehen und zur Erschließung gerade dessen verwenden, was ich hier provisorisch die technisch/materiell/außersymbolischen Praxen genannt habe. Auch unsere technisch/materiell/außersymbolischen Praxen, unser Handeln nämlich ist keineswegs, was es zu sein scheint; so voluminös, raumgreifend, ›real‹ und unumkehrbar-tatsächlich es sich geriert, Grundlage dafür, dem filigranen symbolischen Handeln als Macht oder als Verifizierung/Falsifizierung gegenüberzutreten, so klar ist eben auch, dass dieses technisch/materiell/außersymbolische Handeln auf signifikante Weise verkürzt ist; verkürzt, insofern jedes Handeln ein ganzes Feld alternativer Möglichkeiten ausschließt und damit negiert; verkürzt, insofern der Handelnde prinzipiell nur einen sehr geringen Teil der Konsequenzen seiner Handlung übersehen wird, und sich ignorant und trotzig gegenüber dieser Tatsache zum Handeln dennoch entschließt; verkürzt im Entschluss des frischen Täters, Fakten zu schaffen.

Dass Handeln grundsätzlich verkürzt, weil an Verstehen nicht gebunden ist und dass das Handeln den Raum des Verstandenen grundsätzlich überschießt, macht die spezifische Blindheit und den notwendig unbewussten Charakter von Handlungen aus. Dieser haftet auch unserer Technik und unseren technischen Praxen an. Indem wir die ›Funktion‹ technischer Geräte in den Mittelpunkt stellen, reduzieren wir den Variablensatz, der über Verifizierung und Falsifizierung entscheidet; wir schneiden ab, was als Kontext unübersehbarer ›Nebenfolgen‹ uns sonst zutiefst irritieren würde, und was sich zur ökologischen Problematik zunehmend verdichtet. Und gerade weil Technik in der Abwehr von Schmerz und Leiden

---

24 Butler, Judith: *Körper von Gewicht. Die diskursiven Grenzen des Geschlechts.* Frankfurt am Main 1997 (OA., am.: 1993).

ihren hauptsächlichen Motor hat,[25] kommt uns die Ahnung, dass wir Schmerz und Leiden auf der Zeitachse vielleicht nur verschieben, und die Rache der Natur möglicherweise umso unabwendbarer droht. Auch der ›Einspruch‹ des Gegenübers, der Natur, gegen unsere Praxen also ist zugänglich und unzugänglich zugleich.[26]

Schluss

Kehren wir nun zur ›Naturalisierung‹ zurück. Mein Vorschlag ist, auch und gerade in die ›Naturalisierung‹ die Vorstellung eines Außerdiskursiven wieder einzubeziehen. Und mehr noch: Der ICE ist in meinen Augen Beispiel für einen Diskurs, der sich – zumindest im engeren Sinne – außerdiskursiver Mittel bedient; der auf der Natur als seinem Gegenüber aufsetzt und mit dem Gegebenen, gerade insofern es gegeben und zunächst unverfügbar ist, spielt. Der ICE ist ›Test‹ und ist Wahrheitsdiskurs, nicht in der sekundären Verwertung der Medien, sondern im Technisch-Praktisch-Tatsächlichen selbst. Und möglicherweise eben muss Technik insgesamt als eine ›Naturalisierung‹ verstanden werden; als ein Argumentieren in Fakten, das anderen Formen des Argumentierens seine Faktizität voraushat.

Die Formel, die ich hierfür vorschlagen will, ist die einer ›Naturalisierung mit der Natur‹. Mit der Natur und gegen sie, wie der Bezug auf die Ökologie zeigt; eine Strategie der ›Naturalisierung‹ aber eben, weil Evidenz und Unbezweifelbarkeit nicht Ausgangspunkt, sondern Resultat der Anordnung sind. Technische ›Naturalisierung mit der Natur‹ zielt darauf ab, Evidenzeffekte zu erzielen.

Und erschließt dies nicht eine ganze Fläche von Praxen, die – der Totalisierung der Medien zum Trotz – aus den meisten Medienüberlegungen wortlos herausgefallen wären? Jenes Evidenzgefühl etwa, das man hat, wenn man in einen Jaguar steigt und der Geruch der

---

25 Diesen Gedanken haben vor allem Horkheimer/Adorno in der *Dialektik der Aufklärung* vertreten. (Horkheimer, Max; Adorno, Theodor W.: *Dialektik der Aufklärung. Philosophische Fragmente.* Frankfurt am Main 1986 [OA.: 1947]). Gegenwärtig übrigens wird, völlig entsprechend, die Gentechnik über die Medikamentengewinnung gerechtfertigt.

26 Zugänglich z. B. im Schmerz, unzugänglich, z. B. weil als Kausalität nicht erkannt oder auf der Zeitachse in die Zukunft verschoben.

Lederpolster mühelos persuasiv die Nase korrumpiert und das Edelholz die Handinnenflächen? Wenn die eigenen Sinne quasi auf die Gegenseite wechseln im Gefühl, dass eine Gesellschaftsordnung, die ein solches Auto hervorbringt, zumindest vollständig nicht falsch liegen kann…

Jede/r mag unterschiedliche Evidenzerlebnisse haben und speziell für die Welt der Dinge unterschiedlich anfällig sein. Aber war es nicht eher das KDW als das ZDF, das dem real existierenden Sozialismus die Grundlage entzog – oder das ZDF als Distributor des KDW? Nennen wir die Warenwelt, die uns umgibt, nicht umstandslos ›real‹? Und nach Katastrophen fragen wir als Erstes, ob die ›Versorgung der Bevölkerung‹ – Genitivus obiectivus – weiter gewährleistet ist.

Letztlich ist es immer die Not, mit der die Technik argumentiert. Sie und ihr kleiner Bruder, der Sachzwang, erscheinen nicht grundsätzlich als auferlegt, als etwas, was es wegzuarbeiten gälte. Meine These ist, dass wir den Zwang geradezu aufsuchen, indem wir Situationen stellen, die sich selbst vereindeutigen, nur noch wenige Handlungsoptionen lassen; nur damit scheint gewährleistet, dass unsere komplizierten Vollzüge überhaupt in ein Handeln münden, Voraussetzung dafür, dass wir uns weiterhin als Subjekte verstehen.[27]

Die Praxen, und zwar vor allem die, die ich ›außersymbolisch‹ genannt habe, scheinen hier präzise Funktionen zu übernehmen. Es liegt mir fern, die selbst vertretene Differenz wieder einzuziehen; aber ist es nicht so, dass wir unseren Zeichensystemen in diesen Praxen den entscheidenden Rückhalt verschaffen? Deutet dies nicht darauf hin, dass es uns mehr als unbehaglich ist im Reich der Freiheit und der Arbitrarität? Und sicher unbehaglich mit der Auskunft, dass Zeichen und Welt sich grundsätzlich verfehlen?

Und möglicherweise kehrt all dies zu Marcuse zurück, der im ›Eindimensionalen Menschen‹ das »Aufgehen der Ideologie in der Wirklichkeit« beschrieb,[28] den Distanzverlust in der Technisierung und die »Logik der vollendeten Tatsachen«, die in Operationalis-

---

27 Auch diese Vorstellung eines künstlich begrenzten Handlungsraums findet sich bei Luhmann. Zum Zusammenhang von Handeln und Subjektposition siehe Horkheimer/Adorno, *Dialektik der Aufklärung*, a. a. O., S. 11, 40.

28 Marcuse, Herbert: *Der eindimensionale Mensch. Studien zur Ideologie der fortgeschrittenen Industriegesellschaft.* Neuwied 1970 (OA.: 1964), S. 31.

mus, Empirismus und Positivismus steckt.[29] Und vielleicht auch zu Habermas, der 1968 bereits die ›Technik als Ideologie‹ untersuchte.[30] Wenn dies so wäre, nähme ich dies gerne in Kauf.

29 Ebd., S. 32-36.
30 Habermas, Jürgen: *Technik und Wissenschaft als ›Ideologie‹*. Frankfurt am Main 1968.

12 Performativität[1]

Das Problem der Praxen, wie ich es eben andiskutiert habe, soll nun entfaltet werden. Und eines der Konzepte, die sich hier anbieten, ist das Konzept der ›Performativität‹, wie die Linguistik es am Modell der Sprache entwickelt hat. Performativität wird innerhalb der Medienwissenschaft gegenwärtig breit diskutiert, und ich möchte einige der Argumente aufgreifen, um zu einer Einschätzung der Performativität wie der Praxen zu kommen. Ich werde, um dies gleich zu sagen, eine kritische Lesart des Performativen vorschlagen. Wieder geht es um die Frage, wie mediale Prozesse von außermedialen klarer abgegrenzt werden können; und es geht weiter um Diskursökonomie, wenn diese, wie gezeigt, auch solche Prozesse umfasst, die die fragliche Grenze gezielt überschreiten. Mein Beispielfeld ist noch einmal der Computer.

Ich möchte ansetzen bei einer Unterscheidung, die aller Rede von Performativität zugrunde liegt, die aber dennoch selten expliziert wird; einer Unterscheidung, die sicher grob und vielleicht allzu grob ist, die dennoch aber schnell in weit weniger grobe, um nicht zu sagen, vertrackte Fragen führen wird. Jede Rede von Performativität, behaupte ich, impliziert und unterstellt eine Zwei-Welten-Theorie. Auf der einen Seite eine Welt eben des Sagens, der Worte, des Symbolischen, und auf der anderen Seite eine Welt des Handelns, die offensichtlich ganz anders geartet ist. Austins Titel ›How to do things with words‹ wäre keine Provokation, würden beide Sphären normalerweise nicht weit auseinander fallen.

Im Fall der traditionellen Sprachbetrachtung ist dies klar. Hatte sich diese doch auf die Sphäre der Worte weise beschränkt, und die Welt jenseits der Sprache zunächst nur als das Ziel von Referenz- oder Zeigebewegungen in den Blick genommen; sie hatte assertorische Äußerungen in den Mittelpunkt gestellt, also Aussagen, Propositionen, deren Handlungscharakter stark zurücktritt, und sprachliches Handeln als eine ›Anwendung von Sprache in Äußerungssituationen‹ beschrieben.

Austin, selbstverständlich, hatte dies kritisiert. Aus der Perspektive meiner Zweiwelten-Deutung erscheint sein Projekt als ein Brü-

1 Vortrag im Sonderforschungsbereich ›Kulturen des Performativen‹ FU Berlin, Juli 2000.

ckenschlag, der den Abgrund zwischen Sagen und Handeln moderiert. Am Beispiel zunächst der ›ursprünglichen Performative‹, und dann im Nachweis, dass jeglicher Äußerung eine performative Dimension zukommt, hatte Austin gezeigt, dass Sagen grundsätzlich ein Handeln ist, oder genauer: dass die Worte in die Sphäre des Handelns hinein sich verlängern. Worte haben Konsequenzen eben nicht nur im Fall von Eheformeln; und weil dies so ist, schlug Austin vor zu fragen: ›How to do things with words‹.[2]

Hierbei nun ist auffällig, dass die Formulierung die Polarität selbst weitgehend intakt lässt. Eine Handlungsdimension von Worten kann nur konstatieren, wer zumindest implizit annimmt, dass es neben der Sprache eine Sphäre gibt, in der Handlungen fraglos und im eigentlichen Sinne Handlungen sind, eine Sphäre eben, in der die Frage ›How to do things‹ selbsterklärend wäre. Fragen wir also mit und gegen Austin: ›How to do things‹.

Und es liegt nahe, als Erstes die Soziologie heranzuziehen, die sich ja traditionell mit kollektiven Praxen und dem Handeln von Individuen wie der Gesellschaft befasst, und wohl die elaboriertesten Vorschläge zum Handlungsbegriff gemacht hat.

Handlungsbegriff in der Soziologie

Zunächst aber wird die Erwartung enttäuscht: Esser etwa, der eine bekannte Einführung in die Soziologie geschrieben hat,[3] macht seine Argumentation zwar mit dem Begriff der Handlung auf:

»Soziologie (im hier verstandenen Sinn dieses sehr vieldeutig gebrauchten Wortes) soll heißen: eine Wissenschaft, welche soziales Handeln deutend verstehen und dadurch in seinem Ablauf und in seinen Wirkungen ursächlich erklären will.«[4]

Bereits zwei Sätze später aber sind die Verhältnisse weit weniger klar:

---

2 Austin, John L.: *Zur Theorie der Sprechakte. How to do things with Words.* Stuttgart 1981 (OA., am.: 1962).
3 Esser, Hartmut: *Soziologie. Allgemeine Grundlagen.* Frankfurt am Main, New York 1996 (OA.: 1993).
4 Ebd., S. 3.

»Handeln soll dabei ein menschliches Verhalten ... heißen, wenn und insofern als der oder die Handelnden mit ihm einen subjektiven Sinn verbinden.«[5]

In beiden Fällen übernimmt Esser Formulierungen Max Webers. Der Unterschied liegt in der Relationierung von Handeln und ›Sinn‹: Fällt dieser im ersten Zitat ausschließlich auf die Seite der deutenden Soziologie, so ist er im zweiten auf die Seite der Handlungen geraten; soll doch jetzt nur noch als Handlung gelten, was die Handelnden selbst mit einem subjektiven Sinn verknüpfen. Der Sinn, so könnte man sagen, hat, ausgehend vom Bedürfnis der Deutung, auf die Seite der Handlungen übergegriffen.

Im hier verfolgten Zusammenhang ist dies aus methodischen Gründen wichtig. Zumindest in traditioneller Perspektive ist die Kategorie des ›Sinns‹ eng mit der Sprache verbunden. War mein Ausgangspunkt der Versuch, Sagen und Handeln möglichst scharf zu polarisieren, so scheint das Sagen das Handeln auf eigenartige Weise zu unterminieren. Und dieses Problem findet sich in einer Vielzahl von soziologischen Ansätzen wieder: In der Betonung des instrumentellen und subjektiv zielgerichteten Handelns,[6] bei Parsons in der Erkenntnis, dass sich Handeln stets innerhalb von Orientierungssystemen vollzieht,[7] im Rekurs auf Kommunikation und ›Sinn‹ auch bei Luhmann,[8] oder der Neigung, den Handlungsbegriff immer schon mit Blick auf dessen ethische Dimension zu entwerfen.[9]

5 Ebd.
6 So bezieht sich Gephart z. B. auf Dilthey: »Die psycho-physische Einheit [des Menschen] ... empfängt, vermittelt durch das Nervensystem, beständig Einwirkungen aus dem allgemeinen Naturverlauf und sie wirkt weiter auf ihn zurück. Nun liegt es aber in ihrer Natur, daß die Wirkungen, welche von ihr ausgehen, vornehmlich als ein Handeln auftreten, welches von Zwecken geleitet wird.« (Gephart, Werner: *Handeln und Kultur. Vielfalt und Einheit der Kulturwissenschaften im Werk Max Webers.* Frankfurt am Main 1998, S. 75 [Erg. H. W.]). Und kritisch gewendet findet sich der Begriff des instrumentellen Handelns, es wurde gesagt, etwa bei Horkheimer, Adorno oder Habermas.
7 Rekonstruiert z. B. bei Wenzel, Harald: *Die Ordnung des Handelns. Talcott Parsons' Theorie des allgemeinen Handlungssystems.* Frankfurt am Main 1990, S. 17 ff.
8 Luhmann, Niklas: *Soziale Systeme.* Frankfurt am Main 1993 (OA.: 1984), S. 64 ff., 92 ff., 191 ff.
9 »Handlung, jedes Sichbetätigen des Menschen, an dem sein Organismus beteiligt ist und für das er sich (im Unterschied zu den Reflexbewegungen) verantwortlich

Alle diese Handlungsbegriffe erscheinen dominiert von Kriterien, die man intuitiv eher der Sphäre des Symbolischen zugerechnet hätte; und damit jenem Bereich, dem ich das Handeln ja gerade entgegensetzen wollte. Muss man also folgern, dass ein Unterschied zwischen Handeln und Sagen – und zwar bereits diesseits der sprechakttheoretischen Thesen – nicht existiert?

Ich möchte vorschlagen, auf dem Terrain der Sozialwissenschaften zu bleiben, nun aber auf solche Theorien zurückzugehen, die in die Zeit und die Perspektive vor der ›linguistischen Wende‹ fallen. Geht man, angeleitet etwa von Gephart,[10] auf Friedrich Gottl, einen Nationalökonomen der Jahrhundertwende, zurück, so entfaltet sich ein sehr anders gearteter Handlungsbegriff. Vom Begriff der ›Aktionswissenschaften‹, deren Gegenstand die Untersuchung menschlicher Handlungen sei, gelangt Gottl zur Überzeugung, die Handlung als Basis zumindest des Ökonomischen zu betrachten;[11] so wird ein Handlungskonzept exponiert, das auch nicht-intentionale Handlungen einbezieht, fremdes Handeln als *Widerstand* modelliert[12] und die Opazität des Handelns, d. h. die Tatsache betont, dass Handeln auf Sinn, Verstehen, Reflexion, Symbolisierung und Symbolisierbarkeit keineswegs angewiesen ist. Direkte Wirkungen dieses Handlungskonzepts kann Gephart auch bei Weber nachweisen, etwa wenn dieser schreibt,

»daß das Handeln des Menschen nicht so rein rational deutbar ist, daß nicht nur irrationale Vorurteile, Denkfehler und Irrtümer über Tatsachen, sondern auch Temperament, Stimmungen und Affekte seine Freiheit trüben, daß also auch sein Handeln – in sehr verschiedenem Maße – an der empirischen ›Sinnlosigkeit‹ des Naturgeschehens teil hat [...]«.[13]

fühlt. [...]. Handlungstheorie, eine neue phil. Disziplin, die vor allem in den angelsächsischen Ländern betrieben wird. Teildisziplin der Ethik, oder allgemeiner: Wissenschaftstheorie aller Handlungswissenschaften [...].« (Schischkoff, Georgi [Hg.]: *Philosophisches Wörterbuch*. Stuttgart 1982, S. 256 f.).

10 Gephart, *Handeln und Kultur*, a. a. O., S. 43 ff., 49 ff.

11 Ebd., S. 51.

12 Ebd., S. 52.

13 Weber, Max: *Kritische Studien auf dem Gebiet der kulturwissenschaftlichen Logik*. Zit. nach: Gephart, a. a. O., S. 59 (im Original sind weitere Begriffe in Anführungszeichen gesetzt).
Ähnlich bei Esser: »[...] Man sollte noch hinzufügen, daß diese ungeplanten funktionalen gesamtgesellschaftlichen Wirkungen auch ohne das Wissen der Akteure hierüber eintreten. [...] Die Entdeckung, daß eine Vielzahl von sozialen Phänome-

Die so getroffene Bestimmung hat sicher den Vorteil einer größeren Nähe zum alltagssprachlichen Handlungsbegriff; umfasst dieser doch zielgerichtet-zweckrationales Handeln ebenso wie Handlungen, die auf Verkennungen beruhen, Fehlleistungen und z. B. Unfälle;[14] bis hin zur Unfassbarkeit großer Verbrechen, an deren Resemantisierung ganze Generationen sich abarbeiten, deren schlichte Faktizität mögliche Sinnkriterien aber geradezu abperlen lässt. Zwischenergebnis wäre, dass das Handeln – zumindest nach einer Seite des Begriffs – an Sinn also nicht gebunden ist, und erst unter dieser Bedingung lässt sich von einer Polarität zwischen Handeln und Sagen, ›How to do things‹ und ›How to do things with words‹, überhaupt sprechen.

Dass beide Sphären sich gleichzeitig vermischen, wie die Sprechakttheorie und eben die neuere Soziologie exponieren, sei noch einmal ausdrücklich zugestanden; ebenso, dass Kriterien wie Bewusstsein und Sinn auch im Feld der Sprache hart kritisiert worden sind; um das hier verfolgte Argument stärker zu machen aber ist noch ein weiterer Schritt in die eingeschlagene Richtung nötig.

Definition des Symbolischen

Ergänzen wir das Gesagte von einer anderen Seite. Schärfer noch als im Feld der Soziologie nämlich tritt der skizzierte Gegensatz hervor, sobald man sich um eine Definition der Sprache selbst, und im Kern: um eine Definition des Symbolischen bemüht. Einige der Ansätze, die in diesem Feld prominent geworden sind, gewinnen

---

nen und Institutionen – wie das Geld, das Recht, Städte und Gemeinden, die Arbeitsteilung und der Staat – ungeplant und in kleinen Schritten aus dem jeweils nur sehr kurzsichtig orientierten Handeln von Personen evolutionär entstanden ist und gerade deshalb, weil es nicht als Endergebnis bereits von irgend jemandem geplant war, seine wundersame Funktionalität aufweist, gehört zu einer der weitreichendsten Erkenntnisse – keineswegs der Soziologie alleine [...]. Ungeplante Folgen müssen nicht immer erfreulicher Art sein.« (Esser, *Soziologie*, a. a. O., S. 24 f.).

14 »Handlung, die; -, -en, [mhd. handelunge]: 1. Vollzug od. Ergebnis eines menschlichen Handelns [...], Tuns; Tat; für die jmd. einstehen muß: eine [un]überlegte, vorsätzliche, strafbare, unverantwortliche H.; eine kultische, feierliche H. (Zeremonie) [...]«. (*Duden, Deutsches Universalwörterbuch*. Mannheim/Wien 1983, S. 541).

ihre Klarheit exakt in dem Gegensatz, der hier zur Debatte steht, indem sie nämlich die Sphäre des Symbolischen gegen eine Sphäre tatsächlicher Handlungen absetzen.

Vier dieser Ansätze möchte ich wenigstens kurz umreißen. Zunächst heben verschiedene Autoren die Tatsache hervor, dass das Symbolische, soll es als Symbolisches überhaupt funktionieren, auf eine relativ strikte Grenzziehung gegenüber dem Tatsächlichen angewiesen ist, eine Grenzziehung, die es davor schützt, vom Tatsächlichen schlicht überflutet zu werden. Beispiel sei die Bühnenrampe, die mit den Mitteln der Architektur den symbolischen Raum der Bühne von den tatsächlichen Handlungen im Zuschauerraum trennt; ein zweites Beispiel etwa die Entkopplung der menschlichen Stimme von praktischen Zwecken, Basis dafür, dass Laute innerhalb der Sprache zu Signifikanten werden können.[15]

Huizinga und in ähnlicher Weise Beneviste haben den Raum des Symbolischen über das Spiel zu bestimmen versucht.[16] Spiele definieren abgegrenzte Binnenräume, die ein Handeln ermöglichen, das von tatsächlichen Konsequenzen zielgerichtet entkoppelt ist; das Spiel und das Symbolische treten damit dem ›Ernst‹ der tatsächlichen Daseinsvollzüge gegenüber; die Trennung beider Räume ist Voraussetzung dafür, dass im Raum des Spiels zusätzliche Freiheitsgrade ermöglicht und ausgelotet werden.

Immer wieder und etwa auch bei Luhmann wird das Symbolische über seine Reversibilität bestimmt.[17] Im Gegensatz zum tatsächlichen Mord ist der Mord auf der Bühne reversibel; dies ermöglicht jenes Probehandeln, das in direkter Polarität zum tatsächlichen Handeln die wohl wichtigste Bestimmung des Symbolischen ist.

15 Siehe z. B. die Thesen zur der Sprachentstehung bei Leroi-Gourhan, André: *Hand und Wort. Die Evolution von Technik, Sprache und Kunst.* Frankfurt am Main 1988 (OA., frz.: 1964).

16 Huizinga, Johan: *Homo Ludens. Vom Ursprung der Kultur im Spiel.* Hamburg 1956 (OA.: 1938); eine konzise Zusammenfassung der Positionen findet sich in: Neitzel, Britta: *Gespielte Geschichten.* ftp://ftp.uni-weimar.de/pub/publications/diss/Neitzel, 16.9.02, S. 43-58). Dort zitiert: Beneviste, Émile: »Le jeu comme structure«. In: *Deucalion* 2, Paris 1947, S. 159-167. Krämer entfaltet den selben Gedanken mit Bezug auf Bateson: »Wo gespielt wird, handeln wir symbolisch«. (Krämer, Sybille: »Die Eigensinnigkeit von Medien«, www.inf.fu-berlin.de/~ossnkopp/eignsinn.html).

17 Luhmann, Niklas: »Temporalstrukturen des Handlungssystems«. In: ders.: *Soziologische Aufklärung.* Bd. 3, Opladen 1993, S. 126-150.

Und schließlich hat das Symbolische einen privilegierten Bezug auf die Sphäre der Möglichkeit, die den Raum des Tatsächlichen mit einem Ozean fraktal gestaffelter Alternativen umgibt.[18] Derridas Beharren, dass das Sprachliche seinen Kern nicht in Deskription und Indikativ sondern in Konjunktiv und Metapher hat, die noch Searle als ›uneigentliches Sprechen‹ an die Peripherie verdammen wollte, weist in ähnliche Richtung.

All diese Bestimmungen haben gemeinsam, und selbstverständlich sind sie danach ausgewählt, Symbolisches und Tatsächliches so weit wie möglich zu distanzieren. Während das Tatsächliche seinen Fokus hat in der Sphäre der Not, der Auseinandersetzung mit der Natur und den Daseinsvollzügen, die nicht zuletzt unsere physische Subsistenz gewährleisten, erscheint das Symbolische von diesen Zwängen nicht völlig freigestellt, dennoch aber eben auf zielgerichtete Weise entkoppelt. Und entsprechend klar sind zwei Typen von Handlungen einander entgegenzusetzen; jene irreversiblen, mit denen wir Eingriff für Eingriff die Welt irreversibel verändern, und jene reversiblen oder zumindest weniger irreversiblen, die wir als symbolische ansprechen. Und gerade mit Blick auf die ökologische Problematik wäre zu wünschen, dass manches Mögliche, anstatt tatsächlich zu werden, in der Sphäre des symbolischen Probehandelns verbliebe. Was aber bedeutet auf diesem Hintergrund die Behauptung der Performativität?

Performativität gradieren

Das Gesagte, denke ich, zwingt uns, zunächst verschiedene Niveaus von Performativität zu unterscheiden. Gemessen an der weltverändernden Kraft tatsächlicher Handlungen sind symbolische Handlungen grundsätzlich ›schwach performativ‹. Ja, mehr noch: Wenn der Verzicht auf praktische Konsequenzen eine Bestimmung des Symbolischen ist, so bedeutet dies einen Verzicht auf Performativi-

---

18 Köhler schlägt Plessner als Zeugen vor, dessen ›exzentrische Positionierung des Menschen‹ die Kategorie der Möglichkeit in den Mittelpunkt rückt. (Köhler, Sebastian: »Potentiale neuer Medien für gesellschaftliche Kommunikation. Zwei philosophische Perspektiven von John Dewey und Helmuth Plessner«. In: Hebecker, Eike u. a. [Hg.]: *Neue Medienumwelten. Zwischen Regulierungsprozessen und alltäglicher Aneignung.* Frankfurt am Main, New York 1999, S. 62-74).

tät. Wenn eine Äußerung in dem Maße ›performativ‹ ist, wie sie die ›sprachlich beschriebene Handlung in der außersprachlichen Wirklichkeit zugleich vollzieht‹,[19] so konkurriert sie mit einem breiten Feld anderer Handlungen, die den Umweg über die Sprache gar nicht erst nehmen; und der reale Tötungsakt überbietet, was seine Irreversibilität angeht, mühelos jede verbal-performative Eheschließung.

Ich meine hiermit ausdrücklich nicht, dass es irrelevant sei, sich mit der Performativität zu beschäftigen; allerdings meine ich, dass solche Überlegungen eingestellt werden müssen in den größeren Rahmen einer Kulturtheorie, die neben dem Raum des Symbolischen einen Raum auch eines Nicht-Symbolischen (oder eines nicht selbstverständlich, nicht primär oder zunächst nicht Symbolischen) zugesteht. Und diesem Raum gehören die Handlungen, zumindest was deren hier exponierte Seite angeht, an.

Gegenwärtige Positionen

Mein Einwand innerhalb der gegenwärtigen Debatte um die Performativität ist, dass sie die so gestellte Frage vermeidet. So interessiert die beteiligten Autoren den Begriff selbst aufgreifen, in so auffälliger Weise nivellieren sie die Differenz, die das System des Sagens von demjenigen der Handlungen trennt. Zudem scheint das Konzept der Performativität es anzubieten, die Szenerie allein aus der Perspektive symbolischer Ereignisse zu betrachten.

Deutlich ist dies bei Butler, die mit der Theorie der Performativität weitreichende politische Hoffnungen verbindet;[20] sie kombiniert Austin mit Foucault und greift vor allem die Foucault'sche Vorstellung auf, dass Diskurse produktiv wirken, Realität also produktiv hervorbringen; eine Vorstellung, die mit dem Modell der Performativität in der Tat sich berührt. Wenn das, was wir als Realität vorfinden, als ein Resultat von Diskursen angesprochen werden muss, so bedeutet dies, dass die Realität auf die Diskurse angewiesen ist, und genauer: auf die diskursiven Zyklen, in denen sich ihre Struktur

19 *Duden. Das Fremdwörterbuch.* Mannheim 1974, S. 547.
20 Butler, Judith: *Das Unbehagen der Geschlechter.* Frankfurt am Main 1991 (OA., am.: 1990), S. 190 ff.; sowie dies.: *Excitable Speech. A Politics of the Performative.* New York, London 1997.

reproduziert. Politisch eröffnet dies die Möglichkeit, in diese Zyklen diskursiv einzugreifen; bereits ein sanftes Abweichen vom Diktat der Wiederholung und ein Einsprechen etwa durch abweichende sexuelle oder symbolische Praxen muss zwangsläufig eine veränderte Realität zur Folge haben.

Völlig anders und doch vielleicht strukturähnlich hat z. B. Krämer vorgeschlagen, die Performativität für die Theorie der Computer fruchtbar zu machen.[21] Einer der Denkanreize ist hier die spezifische Eigenschaft der Rechner, gesteuert durch ein Programm und ein Set von Ausgangsdaten eigenständig unabsehbare und möglicherweise verblüffend-neue Resultate als Output zu produzieren; dies zwingt zu einem veränderten Begriff der Performanz, der, anders als in der sprachwissenschaftlichen Tradition etwa bei Chomsky,

»Performanz nicht länger mehr als – verzerrte und mangelhafte – Realisierung der Kompetenz [gelten lässt][...], sondern als eine produktive Kraft [fasst], welche Strukturen nicht bloß realisiert, sondern selbst hervorbringt.«[22]

Zweite Säule ist ein ebenfalls veränderter Schriftbegriff; Schrift wird nicht mehr als verschriftlichte Sprache bestimmt, sondern, indem z. B. Algorithmen und Rechenoperationen einbezogen werden, als eine eigenständige Kulturtechnik, eine Medientechnologie, die als Schrift sich fortschreibt, neue Räume eröffnet und eine performative Kraft entfaltet.[23]

21 Krämer, Sybille: »Sprache – Stimme – Schrift. Sieben Thesen über Performativität als Medialität«. In: Fischer-Lichte, E.; Kolesch, D. (Hg.): *Kulturen des Performativen.* Sonderband Paragrana, Internationale Zeitschrift für Historische Anthropologie, Bd. 7, H. 1., Berlin 1998, S. 33-57; dies.; Stahlhut, Marco: »Das ›Performative‹ als Thema der Sprach- und Kulturphilosophie«. In: Fischer-Lichte, Erika; Wulf, Christoph (Hg.): *Theorien des Performativen.* Paragrana, Internationale Zeitschrift für Historische Anthropologie, Bd. 10, H. 1., Berlin 2001, S. 35-64; dies.: »Sprachphilosophische Grundlagen des Begriffes ›Performanz‹. Performativität als Medialität«. Unveröff. Manuskript 1998; dies.: »John L. Austin. Performative und konstatierende Äußerungen: Warum läßt Austin diese Unterscheidung zusammenbrechen?« In: dies.: *Sprache, Sprechakt, Kommunikation. Sprachtheoretische Positionen des 20. Jahrhunderts.* Frankfurt am Main 2001, S. 135-150; dies.: »Die Eigensinnigkeit von Medien«, a. a. O.

22 Krämer, »Sprachphilosophische Grundlagen«, a. a. O., S. 2 (Erg. H. W.).

23 Krämer, Sybille: »Sprache und Schrift oder: Ist Schrift verschriftete Sprache?«. In: *Zeitschrift für Sprachwissenschaft,* Nr. 15.1 (1996), S. 92-112; dies.: »Sprache – Stimme – Schrift«, a. a. O.

So überzeugend, ja zwingend das Argument ist, angesichts einer Realität, die sich induziert durch die Rechner tatsächlich in augenfälliger Weise verändert, und so plausibel das Projekt, auch die theoretischen Konzepte auf den Stand der Entwicklung zu bringen – ein möglicher Einwand käme von ganz anderer Seite. Auffällig nämlich scheint mir zu sein, dass in beiden Fällen ein ursprünglich kritisches Argument in ein affirmatives umzuschlagen droht. Auf einer ersten Ebene erkennt die gegenwärtige Debatte die Blindheit der Praxen durchaus an. Sie wendet diese gegen die scheinbare Luzidität und Selbstgewissheit, mit der Sprache und Symbolisches bis dahin verbunden waren; und weist auf, dass auch sprachliche Ereignisse, insofern sie Handlungen sind, als eine Sphäre ›reiner Reflexion‹ nicht begriffen werden können. Sie gehört damit zu dem weit umfangreicheren Diskurs einer sehr radikalen Sprachkritik, die sich in der Nachfolge der poststrukturalistischen Ansätze entfaltet, den Begriff des Zeichens kritisch dekonstruiert und unsere Auffassung von der Sprache nachhaltig verändert hat.

Gleichzeitig aber, und dies ist die andere Seite, droht das Argument, und ich denke gegen die Intention der an der Debatte Beteiligten, affirmativ zu werden. Affirmativ gegenüber eben der Praxis – nicht einer bestimmten Praxis, sehr wohl aber der Praxis allgemein –, die nun zum Kriterium und zum Maßstab auch für sprachliche Ereignisse wird. Denn müsste man nicht zwingend auch die Praxis, gerade wenn sie eine weitgehend blinde ist, einer ähnlich tiefgreifenden Kritik unterwerfen?

Die Praxis, das wortlose Handeln, scheint mir den gesellschaftlichen Prozess weit eher, weit wirkungsvoller und machtgesättigter zu bestimmen als jene Akte, die sich darauf beschränken Sprechakte zu sein. In souveräner Umgehung des Symbolischen wird hier 3-d-solide in Beton, Stahl, Glas und Biotechnik argumentiert; und es werden Fakten geschaffen, die wir im Medium des Symbolischen allenfalls nachbearbeiten. Mein Argument ist, dass das Konzept der Performativität, gerade weil es sprachkritisch ansetzt, sich dagegen schützen muss, in ein Bündnis mit einem unkritischen Praxisbegriff zu geraten.

Die Theorien zur Performativität aber scheinen mir Ansätze auch zu einer anderen, kritischeren Lesart zu bieten. Austins Theorem nämlich, so könnte man sagen, ist auf eigentümliche Weise praktisch geworden. Zunächst in der Medienentwicklung selbst, und dann, dies werde ich in meinem Schlussargument zeigen, speziell im Fall des Computers.

Krämer hat in einem der erwähnten Aufsätze klargemacht, dass die Frage nach der Performativität einen neuen Blick gerade auch auf die technische Seite der Medien eröffnet.[24] Austins Frage ›How to do things with words‹ hebt auf die Worte ab, ein symbolisches System, das medienhistorisch bereits zu seiner Zeit nicht mehr im Zentrum der Medienentwicklung stand; sind Medien grundsätzlich Doppelwesen, mit ihrer Signifikantenseite einerseits Teil der tatsächlichen Welt, andererseits aber Träger dessen, was ich oben einigermaßen abstrakt das Symbolische genannt habe, so hat sich die Spannung zwischen diesen beiden Bestimmungen im Verlauf der historischen Entwicklung deutlich verschärft. In dem Maße, wie die Technik sich auch in der Sphäre des Symbolischen nach vorne drängt, augenfällig in der apparateabhängigen Photographie und Telegraphie, und weiter über den Film, hin zum Computer, der sich über eine immer elaboriertere Hardware definiert, so nimmt die Signifikantenseite Schritt für Schritt an Gewicht zu. Als technische Implementierungen sind die Medien in die technischen Praxen augenfällig involviert; und damit in jenes Tatsächliche, dem das Symbolische gegenübertreten sollte.

Und auch die Frage nach der Performativität erscheint in Perspektive dieser Überlegung verändert: Denn auch die Performativität muss mit der Technisierung der Medien zwangsläufig zunehmen, allerdings nicht, wie im Fall der Eheformel, als ein Praktischwerden der Botschaft, sondern als ein Praktischwerden der technisch-medialen Anordnung selbst, die erst in der Folge der Botschaft, und zwar unabhängig von ihrem Inhalt, eine größere Durchschlagskraft und einen zunehmend zwingenden Charakter verschafft. Performativität, dies wäre mein erster Vorschlag für eine Bestimmung, geht von den Inhalten auf die Technik über. Die Zeichen sind auf sehr

24 Krämer, »Die Eigensinnigkeit von Medien«, a. a. O.

ursprüngliche Weise praktisch geworden, indem sie auf die Linie der Naturbeherrschung zunehmend eingeschwenkt sind.[25]

Computer

Im Fall des Computers wird die Problematik noch deutlicher. Der Computer, so könnte man sagen, ist das performative Medium schlechthin. Augenfällig ist zunächst, dass Computer Daten nicht allein speichern und übertragen sondern algorithmengesteuert auch umformen. Im Kern des Computers sitzt ein Prozessor; die Berechnungen selbst sind zeitgebunden und haben prozessualen Charakter; und da der Ablauf der Berechnung automatisch verläuft, ist das Ergebnis zumindest prinzipiell unabsehbar und offen. All dies wirkt wie eine Illustration der Frage nach der Performativität: so als habe sich die Medienpraxis selbst vom Modell einer statischen (?) Repräsentation verabschiedet und sei zu einer dynamischen Zeichenpraxis übergegangen, und die Theorie folge ihr konsequenterweise nur nach.[26]

Ich habe bestimmte Zweifel an dieser Deutung, aber ich möchte zunächst das Argument selbst weiter entfalten. Rechner haben zweitens die Besonderheit, dass sie an Formalsprachen gebunden sind. Schon bei Leibniz ist die Formalisierung eng verknüpft mit der Vorstellung einer Idealsprache. Einer Sprache, deren innere Kohärenz durch ein striktes Set von Regeln garantiert ist; die die Abgründe

25 Krämer selbst argumentiert in ähnliche Richtung: »Die Prägekraft eines Mediums – das ist die Vermutung – entfaltet sich in der Dimension einer Bedeutsamkeit jenseits einer konventionellen Semantik. Und es ist die mediale Materialität, welche die Grundlage abgibt für diesen Überschuß an Sinn, für diesen Mehrwert an Bedeutung, der von den Zeichenbenutzern nicht intendiert und ihrer Kontrolle auch gar nicht unterworfen ist.« (Krämer, »Die Eigensinnigkeit«, a. a. O.).

26 »Medium ist kein Raum oder Gefäß von Speichern und Bewahren, sondern eine Bühne des Operierens und Handelns.« »Es geht um die Sprache, nicht mehr als ›Repräsentation‹ vielmehr als ›Artikulation‹.« (Krämer, »Sprachphilosophische Grundlagen«, a. a. O., S. 5 (K. zit. Hans U. Reck), S. 12). »Die [Computer-] Technik [...] erzeugt künstliche Welten, sie ermöglicht Erfahrungen und Verfahren, die es ohne Apparaturen nicht etwa abgeschwächt, sondern überhaupt nicht gibt. Nicht Leistungssteigerung, sondern Welterzeugung ist der produktive Sinn von Medientechnologien.« (Krämer, »Die Eigensinnigkeit«, a. a. O. [Erg. H. W.]). »Performativität ist [...] als Medialität zu rekonstruieren; der Medienbegriff selbst ist zu dynamisieren.« (Krämer, »Sprachphilosophische Grundlagen«, a. a. O., S. 13).

und Ambiguitäten der Semantik vermeiden und in prüfbare Relationen überführen kann.

Für die Frage nach der Performativität ist dies aus einem besonderen Grunde relevant; wer den Handlungsaspekt symbolischer Operationen in den Vordergrund stellt, ist gezwungen, das Symbolische als Akt und das heißt vom Standpunkt der Aktualität her zu konstruieren.[27] Im Fall natürlicher Sprachen würde dem der Begriff des Codes entgegenstehen: verweist der Code doch immer auf jene Vergangenheit zurück, der er seine Form verdankt, und jene Prägekraft, die er aktuellen symbolischen Operationen auferlegt.

Mit dem Computer scheint diese konstitutive Bindung an die Vergangenheit aufgehoben. An die Stelle des historisch gewachsenen Codes tritt ein Regelsystem, das zwar möglicherweise ebenfalls historisch gewachsen ist, seine innere Kohärenz und Leistungskraft aber nicht auf diese Entstehung, sondern eben auf die Reinheit seiner Konstruktion gründet. Es sei daran erinnert, dass die Befreiung von Tradition, Autorität und Vergangenheit zu den Leitidealen der Aufklärung gehörte, die auch Leibniz' Vorstellung einer Idealsprache trägt.

Erst auf diesem Hintergrund, behaupte ich, gewinnt die gegenwärtige Hochschätzung der Performativität Kontur: Der Rechner erscheint als die Einlösung der Utopie, Vergangenheit und Code verabschieden und durch die Formalisierung substituieren zu können; Formalisierung erscheint als ein von den Zwängen der Vergangenheit gereinigter Code.

In der Theoriebildung ist dies ablesbar, etwa wenn Überlegungen zur Performativität unmittelbar gegen eine Auffassung der Sprache als Code polemisieren und den jeweils materiellen Äußerungsakt gegen den Systembezug frontal ausspielen.[28] Mein Einwand wäre,

27 Siehe FN 26.
28 Krämer beginnt: »›Verkörperte Sprache‹ meint zuerst einmal: Es gibt keine Sprache jenseits des raum-zeitlich situierten Vollzugs ihrer stimmlichen, schriftlichen oder gestischen Artikulation« (Krämer, »Sprache – Stimme – Schrift«, a. a. O., S. 39), und radikalisiert dann: »Es gibt keine Sprache hinter dem Sprechen und dem Schreiben«. (Krämer, »Sprachphilosophische Grundlagen«, a. a. O., S. 3). Siehe auch: dies.; König, Ekkehard (Hg.): *Gibt es eine Sprache hinter dem Sprechen?* Frankfurt am Main 2002.
Zumindest die zweite Formulierung schließt explizit aus, z. B. die Sprache als Struktur und als Gedächtnisphänomen in eine materialistische Medientheorie mit einzubeziehen. Mit der Dynamisierung des Medienbegriffs (FN 26) und der Verab-

dass der so gestellte Gegensatz scheinhaft ist. Insofern der Äußerungsakt Wiederholung ist,[29] was Austin selbst für die Performative zugesteht, und Wiederholung in Konventionalisierung, und somit in Kodifizierung mündet, ist es die Wiederholung selbst, die den Code nährt. Die abstrakte Polarität also wäre ein weiteres Mal ersetzen durch eine dialektische Vorstellung, die Akt und Code, performative Einzeläußerung und Systembezug, im Sinne einer Wechselwirkung zyklisch aufeinander bezieht.

Für die Theorie der Computer würde dies bedeuten, dass auch in seinem Fall die Performativität nicht alleine steht; gewitzigt durch die Erfahrung anderer Medien wäre der Versuch zu unternehmen, die Systemstelle neu zu rekonstruieren, die Code und Kodifizierung im Fall des Computers einnehmen; und mit der impliziten Antwort, an seine Stelle sei die Formalisierung getreten, sich nicht länger zufrieden zu geben.

Die dritte Dimension, die Computer und Performativität miteinander verbindet, funktioniert noch direkter. Der Computer ist die erste Maschine, die die Ebene der Modellbildung, also symbolisch-repräsentative Prozesse, und die Steuerung von Realvorgängen mechanisch-technisch zusammenführt. Da dasselbe Modell, das die Umwelt simuliert, dazu verwendet werden kann, auch den Eingriff in diese Umwelt zu steuern, ist der Computer das erste Medium, das in der Lage ist, symbolische Konstrukte empirisch zu verifizieren. Und auch dies ist, so denke ich, ein Modell von Performativität.

Der Computer schafft es, dass seine Zeichen tatsächlich unmittelbar praktisch werden. Er schafft eine Kette zwischen einer symbolisch-konstruktiven Modellbildung und zweitens einer praktisch-empirischen Verifikation. Und dieses Modell ist offensichtlich bestechend. Es wird begrüßt als die Ablösung der Frage nach Widerspiegelung, Repräsentierbarkeit der Welt und ›Wahrheit‹, Kategorien, an denen gerade medienkritisch-aufgeklärte Geister zunehmend verzweifeln; und als deren Ersetzung durch eine pragmatische ›Viabilität‹ oder Operationalität, die um vieles prüfbarer und diessei-

schiedung des Speicheraspekts (»Medium ist kein Raum oder Gefäß von Speichern und Bewahren« [ebd.]) ist schließlich jeder Rückweg, und sogar der zu einer Auffassung materieller Texte als Speicher und Monumente, versperrt.

29 »Der Iterabilität, der ›Zitathaftigkeit‹, die all unserem Sprechen innewohnt, ist Aufmerksamkeit zu schenken« (Krämer, »Sprachphilosophische Grundlagen«, a. a. O., S. 10).

tiger erscheint; Wahrheit wird durch eine pragmatische Verifizierung ersetzt.[30] Die Dimension der Performativität, so könnte man sagen, hat die prekäre Frage nach der Referenz aufgezehrt.

Die Kette, selbstverständlich, hat prominente Vorbilder; sie imitiert, was auf einer Makroebene das Vorgehen der Naturwissenschaften ist, die sich mit der praktisch-technischen Anwendung zyklisch verbinden und in ähnlicher Weise ihr Wahrheitsmodell, neben dem genannten Kriterium innerer Kohärenz, auf die praktische Verifikation durch den Nachweis eines technischen Funktionierens stützen.[31]

Es ist dies allerdings eine problematische Art des Belegs. Machbarkeit kann keineswegs für die Gültigkeit der dem Modell zugrunde liegenden Annahmen einstehen. In den Termini der Philosophie heißt dies, dass pragmatisch hinreichende Richtigkeit mit ›Wahrheit‹ nicht zusammenfällt. Die systematische Verkettung des Symbolischen mit dem Praktischen, wie ich sie hier gestützt auf den Begriff der Performativität rekonstruiere, könnte sich insofern als eine scheinhafte Lösung erweisen.

Schluss

Kehren wir nun zum Ausgangspunkt zurück. Ich hatte die Frage nach der Performativität aufgemacht, indem ich zunächst dem Verhältnis zwischen Sprechen und Handeln nachgeforscht hatte. Dass beide auseinanderfallen und dass dem Handeln sehr viel mehr als dem Sprechen ein Moment von Interesse und Not(wendigkeit), Latenz der Motive, Irreversibilität, Praxisdruck und Blindheit anhaftet, macht seine innere Spannung aus.

Auf diesem Hintergrund aber muss es äußerst problematisch erscheinen, wenn der Praxisdruck – via Performativität – nun auch

30 »[Der] formale Umgang mit Symbolen nach Regeln, die auf die Bedeutung der Symbole keinen Bezug nehmen, […] wird zur Leitvorstellung auch des Erkenntnisideals der rationalistischen Philosophie, welches darin besteht, Wahrheit auf Richtigkeit zurückzuführen.« (Krämer, »Sprachphilosophische Grundlagen«, a. a. O., S. 5).

31 »Naturwissenschaft und Technik [schließen] nicht eigentlich einen Bund, sondern sie werden zwei Seiten ein und desselben Prozesses, der in gewisser Hinsicht selbst automatisiert ist.« (Gehlen, Arnold: »Die Technik in der Sichtweise der Anthropologie«. In: ders.: *Anthropologische Forschung*. Reinbek 1961 [OA.: 1953], S. 98 f.).

in sein Gegenüber, die symbolischen Systeme, zunehmend vordringen kann. So wenig es eine vollständige ›Freiheit‹ des Symbolischen von solchem Druck je gegeben hat, so klar ist eben auch, dass das Symbolische erst in gezielter Abkopplung von der Sphäre der Praxis seine eigentliche Kraft entfaltet. Zu plädieren wäre deshalb dafür, diesen Abstand als eine kritische Ressource gezielt zu erhalten und symbolische Systeme mit geringem Performativitätsniveau und entsprechen hoher Referenz-Problematik höher als bisher zu schätzen.

Eine Theoriebildung, die die kontrafaktische ›Wahrheit‹ aufgibt, um sie durch Viabilität zu ersetzen, droht in ein ungewolltes Bündnis zu geraten mit einer gesellschaftlichen Tendenz, die jede symbolische Operation ohnehin auf Praxisrelevanz verpflichten will. In einem Umfeld, das die bornierteste technische Fortentwicklung ohne Ansehen der Ziele als Beitrag zum Fortschritt begrüßt, und die reduzierten Kriterien ökonomischen Handelns zum Maßstab für gesellschaftliches Handeln insgesamt macht, scheint es mir geradezu subversiv, auf der Folgenlosigkeit symbolischer Operationen zu bestehen. Nicht das wirkungsmächtigste Zeichen wäre insofern interessant, sondern – paradox – jenes, das seine Wirkung gezielt limitiert. Nur auf reduziertem Performativitätsniveau, letztlich gegen die Performativität also, denke ich, ist der Raum für ein von tatsächlichen Folgen entkoppeltes Probehandeln zu finden.

13 Gewissheit

So war es also nichts mit der ›Informationsgesellschaft‹. Angenehm wäre sie gewesen, die Vorstellung, und sicherlich ein narzisstischer Gewinn für das Fach; inzwischen aber ist klar geworden: Was der Information und dem Begreifen als das *zu Begreifende* gegenübersteht, hat sich zurückgemeldet und alle radikalen Konstruktivismen, so sehr wir Culturati uns mit ihnen eingerichtet hatten, als paperwork zu den Akten gelegt. ›Welcome to the Desert of the Real‹ hat es Žižek auf die knappe Formulierung gebracht,[1] sicher niemand, dem man Neo-Naivität oder eine umstandslose Rückkehr zu ontologischen Positionen unterstellen würde.

Dass dieses Reale sich als wenig einladend erweist, hatten wir geahnt, sonst hätten wir uns nicht so begeistert mit den Zeichen beschäftigt; und ebenso, dass das Reale gegen jeden Zugriff sich nach wie vor sträubt. Die Aufgabe ist dennoch einigermaßen klar: Wenn es nichts nützt, den Weltbezug der Zeichen schlicht zu dementieren, wenn er als Problem wie das Verdrängte wiederkehrt, dann sollte die Theorie ihre Probleme so reformulieren, dass das Reale in ihnen, und sei es als Ziel einer Zeigebewegung, zumindest vorkommt.

Die Thesen dieses letzten Kapitels gehen von der Beobachtung aus, dass die tatsächlichen Gewissheiten, auf die sich unser Weltbild stützt, nicht innerhalb der Medien produziert oder distribuiert werden. Zumindest Medien im engeren Sinne – Schrift, Sprache, Photographie oder Fernsehen – sind nicht zentral involviert. Unstrittig ist, dass die Medien diese Gewissheiten aufgreifen und sie weiterbearbeiten; und unstrittig ist sicher zweitens, dass es auch dort, wo diese Gewissheiten ihren Ort haben, vollständig ohne Medien und Zeichen nicht geht. Die Gewissheiten selbst aber scheinen davon eigentümlich unabhängig zu sein, nicht der einzige Grund, warum es sich um offensichtlich prekäre Gewissheiten handelt.

Und zweitens geht es um etwas anderes: Es geht um das Gefüge der Ordnungssysteme, auf das sich das gesellschaftliche Funktionie-

---

1 Anlass des Žižek-Artikels war der Anschlag auf das New Yorker World Trade Center, und die deutsche Fassung erschien in der *Zeit*. Das ›Reale‹ im Sinne Lacans stellt in den letzten Jahren einen Fokus in Žižeks Texten dar, ich selbst verwende den Begriff hier im eher alltagssprachlichen Sinn.

ren stützt, um eine komplexe Konstellation von symbolischen und außersymbolischen Aktivitäten, Codes, expliziten und impliziten Überzeugungen, Subjektstrukturen und gesellschaftlichen Apparaturen. In diesem Sinne geht es auch um Wissenschaftstheorie; um die Frage, wie die Wissenschaft in diese Ordnungssysteme sich einfügt, und speziell die Wissenschaft der Medien. Und in der Folge die Medien selbst. Gerade wenn sie nicht Träger der fraglichen Gewissheiten sind, sollten sie sich für mögliche Parallel- und Konkurrenzunternehmen interessieren.

Ökonomie und Naturwissenschaften

Fragen wir also, welche gesellschaftlichen Maschinen unumstößliche Gewissheiten hervorbringen, wäre die Antwort wahrscheinlich Konsens: Zentral für das Funktionieren wie für das Selbstverständnis der modernen Gesellschaften wäre der Komplex Naturwissenschaften/Technik und als Zweites sicher die Ökonomie.

Beide Sphären erscheinen – jede auf ihre Weise – als basal und sinnvoll nicht zu bezweifeln; konnte man in religiös integrierten, traditionalen Gesellschaften ›Ketzer‹ sein, und gesellschaftlich zentrale Wissens- und Glaubenssysteme mit einem bestimmten Kraftaufwand zurückweisen und negieren, so erscheint dies hier kaum möglich: Die Aufklärung hat uns einen Typus von Gewissheiten hinterlassen, die gewisser als die Glaubensgewissheiten sind.

Die Naturwissenschaften mögen fach-intern ihre Zweifel und tiefgreifenden Widersprüche haben, ihr Anspruch aber ist nach wie vor, die Gesetze der Natur zu entschlüsseln. Entdeckungen in diesem Feld sind Ent-deckungen und damit in gewissem Sinne Selbstentbergung der Natur. Modelle und Konstruktionen mögen als Hilfsmittel in den Erkenntnisprozess eingehen und in bestimmten Wissenschaftsbereichen wie der Quantentheorie sich mit dem Gegenstand auf verwirrende Weise vermengen, letztlich aber geht es auch hier unbestreitbar um ›Fakten‹. Um etwas, was der Fall ist, mag es uns lieb sein oder nicht; um etwas, das den Charme hat, letztlich unabhängig von Interpretation und Bewertung zu sein.

Und anders/ähnlich in der Ökonomie. Das gigantische Tauschsystem, das uns den Frühstückstisch deckt, das alles heranschafft, was wir als Mängelwesen täglich durch uns hindurch- und an uns vorbeischleusen, das die Tätigkeit aufsaugt, die wir innerhalb einer einzelnen gesellschaftlichen Facette täglich verrichten, und mit den Produkten der parallelen Tätigkeiten verrechnet/vergilt, erscheint als alles durchdringend und vollständig unentrinnbar, und insofern als ›faktisch‹ in einem zweiten Sinn. In klarer Weise gesellschaftlich hervorgebracht und strukturiert, würde niemand das Wirtschaftssystem der Natur zurechnen. Dass die Eigentumsordnung gerecht oder ungerecht sein kann, der Tausch gleich oder ungleich, dass gesetzliche und politische Rahmenbedingungen in die Wirtschaft hineinwirken, ist Teil des gesellschaftlichen Alltagsbewusstseins; was sich aber faktisch vollzieht, vollzieht sich eben unbestreitbar faktisch. Ökonomie schreibt sich in die Stadtstruktur, die Straßen und Banken ein, und wer reich ist, zahlt mit geltendem Geld, ganz im Gegensatz zum Gebildeten, der möglicherweise blufft, weil er eben nur möglicherweise gebildet ist.

All dies mag holzschnittartig vergröbert klingen und zudem trivial, weil ebenfalls nahezu unbestreitbar. Nicht darum aber kann es hier gehen. Die Beschreibung nämlich impliziert bereits, was zumindest aus der Perspektive der Medienwissenschaft, erweitert aber auch der Wissenschaftstheorie skandalös erscheinen muss, zumindest wenn man es expliziert: dass nämlich beide Diskurse, beide gesellschaftlichen Maschinen zur Produktion von Gewissheit, mit einer *Mischung von Zeichen und Fakten* operieren, in einer Weise, die jeder Semiotik ins Gesicht schlägt, und vor allem der routiniert-zeichenkritischen Grundeinstellung, die zu den Standards der gegenwärtigen Medienwissenschaft gehört.

Zudem stellt sich das Problem, was der triviale Befund für die Modellierung von *Mediengeschichte* bedeutet. Wenn Naturwissenschaft und Ökonomie Diskurse sind, die gesellschaftliche Integration übernehmen, und insofern (in Grenzen) mit Religion, Literatur und Massenmedien funktional konkurrieren, dann wäre doch zumindest interessant, auf welchen Typus von Signifikanten sie sich stützen. Daran, dass die Mediengeschichte den selbstverständlichen Vorrang natürlichsprachlicher Texte aufgegeben hat, kann kein Zweifel bestehen. Den Weg der Massenmedien über die technisch reproduzierbaren Bilder hin zum Computer aber sind weder Naturwissenschaft noch Ökonomie in vergleichbarer Weise gegangen. Liegt es dann nicht nahe, mit und gegen die Wissenschaftstheorie nach den ›Medien‹ dieser beiden Diskurse zu fragen? Und dann umgekehrt, ob aus der Perspektive von Naturwissenschaft und Ökonomie das tradierte Bild der Mediengeschichte aufrechterhalten werden kann?

Latour

Da das Feld der Wissenschaftstheorie und -geschichte nahezu unüberschaubar breit ist, möchte ich hier nur einen einzelnen Ansatz herausgreifen, der mir besonders nah an die Probleme zu führen scheint, um die es mir geht. Bruno Latour hat 1991 ein Buch *Nous n'avons jamais été modernes* vorgelegt,[2] das große Beachtung (und würdige Gegner) gefunden hat, gerade weil es den Anspruch der Wissenschafts*geschichte* höher als bis dahin denkbar setzt. Während die Wissenschaftstheorie nach den Erkenntniswegen der verschiedenen Fächer fragt und mit der philosophischen Erkenntnistheorie an vielen Stellen gleichauf liegt und interagiert, hatte sich Wissenschaftsgeschichte häufig darauf beschränkt, die historische Genese, größere Entwicklungslinien und die konkreten Umstände bestimmter Fortschritte oder Paradigmenwechsel nachzuzeichnen. Polemisch gesagt lieferten hier Kulturwissenschaftler die Menschen-Seite eines an sich nicht (oder nicht primär) Menschlichen nach. Den Kern zumindest des naturwissenschaftlichen Selbstbewusstseins konnte eine solche Bemühung kaum antasten; aus der Sicht der wissenschaftlichen Gegenwart wurde immer Vorgeschichte geschrieben; das implizite Fortschrittsmodell, das die Wissenschaft trägt, musste nicht in Frage gestellt, und die Vorstellung einer wie auch immer widersprüchlichen Approximation an die Wahrheit nicht relativiert werden.

Latour, und durchaus auch andere, parallele Autoren,[3] setzen anders an. Aus dem performativen Selbstwiderspruch einer Wissenschaftssoziologie, die als Soziologie Kulturwissenschaft ist, als Wissenschaftslehre aber mit der objektiven Seite der Dinge befasst, macht er die Pointe, die Trennung selbst zu seinem Thema zu machen. Er untersucht, wenn auch in einigermaßen groben Zügen,[4]

2 Latour, Bruno: *Wir sind nie modern gewesen. Versuch einer symmetrischen Anthropologie.* Frankfurt am Main 1998 (OA., frz.: 1991).

3 Beispiel seien Steven Shapin oder Michel Serres.

4 … mit einer nachhaltigen Neigung zu Polaritäten und an einigen Stellen mit der

wie es zu dieser Trennung überhaupt kommt. Und er stößt auf einen Mechanismus der schrittweisen Separation, der, beginnend mit den naturwissenschaftlichen Experimenten und Demonstrationen der Aufklärung, Objektivität und Menschenwelt, Natur und Kultur gegeneinander freistellt und als Spaltprodukte in ihrer ungemischten Reinheit überhaupt erst hervorbringt.

»Es wird also zwei verschiedene Geschichten geben: Die eine [, diejenige der Wissenschaft,] beschäftigt sich mit den universellen und notwendigen Dingen, die immer schon dagewesen sind; sie kennt keine andere Geschichtlichkeit als totale Revolutionen und epistemologische Einschnitte. Die andere dagegen spricht vom Treiben der armen, von den Dingen losgelösten Menschenwesen, einem Treiben, das mehr oder weniger von den Umständen abhängt und mehr oder weniger beständig oder unbeständig ist.«

»[Die Wissenschaften] werden nur dadurch wissenschaftlich, daß sie sich gerade jedem Kontext, jeder Berührung mit Geschichte, jeder naiven Wahrnehmung entziehen und sogar ihrer eigenen Geschichte entgehen.« »Auf der einen Seite das Rechtssubjekt, auf der anderen das Wissenschaftsobjekt. Die politischen Sprecher werden […] die zänkische und rechnende Masse der Bürger repräsentieren, die wissenschaftlichen Sprecher dagegen die materielle und stumme Masse der Objekte.«[5]

Dies ist die basale Trennung, die wissenschaftliche Objektivität ermöglicht; in gewisser Weise also hebt Latour auf die gesellschaftliche Differenzierung ab, die die unterschiedlichen gesellschaftlichen Systeme und Rollen voneinander absetzt und nach unterschiedlichen Leitdifferenzen organisiert. Und die Spaltung durchzieht indirekt auch die Akademie, insofern die Kultur- und Sozialwissenschaften, in die Menschenwelt immer verstrickt, von der skizzierten Grenzziehung nicht im selben Maß wie die Naturwissenschaften profitieren können.

Obwohl ihrem Selbstverständnis nach der Geschichte enthoben, also hat die Trennung ihren exakten geschichtlichen Ort. Zudem enthält sie eine geschichtlich-utopische Perspektive:

»Die Vergangenheit war ein Durcheinander von Dingen und Menschen; Zukunft ist, was sie nicht mehr durcheinanderbringen wird. Modernisierung heißt, immer wieder aus einem die gesellschaftlichen Bedürfnisse mit

schwer erträglichen Selbstgewissheit des Zertrümmerers, einer Rolle im Übrigen, die in der Logik der angegriffenen Moderne/Modernisierung einen festen Ort hat …
5 Latour, a. a. O., S. 96, 124, 43 (Erg. H. W.).

der wissenschaftlichen Wahrheit vermengenden dunklen Zeitalter hinaus-
zugelangen, um einzutreten in ein neues Zeitalter, das endlich klar unterscheidet zwischen dem, was zur zeitlosen Natur gehört, und dem, was von
den Menschen kommt; zwischen dem, was von den Dingen abhängt, und
dem, was zu den Zeichen gehört. [...] Die Gegenwart gewinnt Gestalt
durch eine Folge radikaler Brüche, [...] deren jede[r] eine irreversible Bar-
riere darstellt, die uns für immer daran hindern soll, zurückzugehen.«[6]

Die Aufklärung hatte ihre Hoffnung in die *Vernunft* gesetzt, die dem
Streit der Meinungen ein Ende machen und die zänkische Menschenwelt letztlich befrieden sollte. Bei Latour nun wird deutlich,
dass diese Utopie auf der genannten Trennung nicht nur basiert,
sondern wesentlich auf der einen ihrer Seiten – in der Objektivität
der Dinge – ihren Ankerpunkt hat.

Und zweitens wichtig ist dieses Bündnis mit der Objektivität im
Vergleich der Kulturen:

»Warum denkt sich das Abendland in dieser Weise? [...] Wir, die Abendländer, können nicht nur eine Kultur unter anderen sein, weil wir auch die
Natur mobilisieren. Nicht allein, wie die anderen Gesellschaften, ein Bild
oder eine symbolische Repräsentation der Natur, sondern die Natur als solche; oder zumindest die Natur, wie die Wissenschaften sie kennen, Wissenschaften, die im Hintergrund bleiben, unerforschbar, unerforscht, auf wundersame Weise mit der Natur selbst verschmolzen. Hätten die Abendländer
nichts weiter getan, als Handel zu treiben und zu erobern, als zu plündern
und zu unterjochen, so hätten sie sich von den anderen Händlern und Er-
oberern nicht radikal unterschieden. Aber sie haben eben die Wissenschaft
erfunden, eine Aktivität, die etwas völlig anderes ist als Eroberung und Handel, Politik und Moral.«[7]

Die konzeptuelle Spaltung ist Ansatzpunkt für einen sehr grundsätz-
lichen Zweifel; zumal die Anthropologie, weiterer Bezugspunkt bei
Latour, eine Fülle von Kulturen kennt, die eine vergleichbare Trennung als abwegig zurückweisen würden. Unterhalb dieser Spaltung
nun, und damit wird es endgültig interessant, entdeckt Latour eine
unübersehbare Fülle von Objekten, die er zunächst ›hybride‹ und

6 Ebd., S. 97; ähnlich Henri Poincaré für die moderne, formalisierte Mathematik:
»Die mathematische Wissenschaft nimmt, indem sie streng wird, den Charakter des
Künstlichen an, der alle Welt befremdet; sie vergißt ihren historischen Ursprung;
man sieht, wie die Fragen gelöst werden können, man sieht nicht mehr, wie und
warum sie gestellt wurden.« (Zit. bei: Heintz, Bettina: *Die Herrschaft der Regel. Zur
Grundlagengeschichte des Computers*. Frankfurt am Main, New York 1993, S. 61).
7 Latour, a. a. O., S. 131.

dann mit Serres ›Quasi-Objekte‹ nennt, weil sie weder der einen noch der anderen Seite, weder der Kultur noch der Natur, zugerechnet werden können.

Bereits das Labor, zentrales Instrument im naturwissenschaftlichen Erkenntnisweg, ist ein solcher Hybrid: Produkt des Menschen und von seinen Annahmen, Fragen und Bedürfnissen durch und durch geprägt, soll es dennoch die Dinge selbst zum Sprechen bringen:

»Obwohl die in dieser Weise erzeugten Fakten artifiziell, kostspielig und schwer zu reproduzieren sind, und die Anzahl der glaubwürdigen und geschulten Zeugen klein, repräsentieren diese Fakten die Natur wirklich so, wie sie ist. [...] Die Wissenschaftler sind die skrupulösen Repräsentanten der Fakten. Wer spricht, wenn sie sprechen? Zweifellos die Fakten selbst, aber ebenfalls ihre autorisierten Sprecher. [...] Kleine Gruppen von Gentlemen lassen die Naturkräfte Zeugnis ablegen und bezeugen sich gegenseitig, daß sie das wortlose Verhalten der Objekte übersetzen und nicht verfälschen.«[8]

Und ausgehend vom Labor sind Tausende von Mischobjekten in den Gesellschaftskörper eingeströmt:

»Wenn man [...] von Embryonen im Reagenzglas, Expertensystemen, digitalen Maschinen, Robotern mit Sensoren, hybridem Mais, Datenbanken, Drogen auf Rezept, Walen mit Funksendern, synthetisierten Genen, Einschaltmeßgeräten, etc. überschwemmt wird, wenn unsere Tageszeitungen all diese Monstren seitenweise vor uns ausbreiten und wenn diese Chimären sich weder auf der Seite der Objekte noch auf der Seite der Subjekte, noch in der Mitte zu Hause fühlen, muß wohl oder übel irgend etwas geschehen. Alles sieht so aus, als wären die beiden Pole [...] zuletzt miteinander verschmolzen [...]. Die Natur schien in Reserve zu sein, transzendent, unerschöpflich, weit genug entfernt. Aber wo läßt sich die Geschichte mit dem Ozonloch einordnen, die Erwärmung der Erdatmosphäre oder das Waldsterben? Wo soll man die Hybriden unterbringen? Sie sind unser Werk. Sind sie also menschlich? Aber sie sind nicht unser Tun. Sind sie also natürlich? [...] Und die Menschenmassen, die von den Tugenden und Lastern der Medizin und der Ökonomie vermehrt worden sind, sind ebenso schwer zu lokalisieren. [...] Befinden wir uns hier in der Biologie, der Soziologie, der Naturgeschichte, der Ethik oder der Soziobiologie? [...] Weder auf der Seite der Natur noch auf der Seite des Sozialen lassen sich demnach die beiden konstitutionellen Garantien der Moderne wiedererkennen.«[9]

8 Ebd., S. 42 f., vergleichbare Stellen finden sich auf S. 105, 54.
9 Ebd., S. 68 f.

Die gesamte ›zweite Natur‹ also, inklusive ihrer ungewollten Rück-
wirkungen auf die erste, gehört in den Raum jener Mischobjekte,
die die analytische Ausgangstrennung so nachhaltig verwirren.
Latour schlägt deshalb vor, sie schlicht aufzugeben, was, der Einwand liegt nahe, durch eine heroische Umorientierung der Theorie
allein sicher nicht zu erreichen ist. Und klar ersichtlich hat auch die
Analyse selbst Schwächen. Enthält zumindest dieser Text Latours
doch weder eine systematischere Überlegung zu Abstraktion und
Synthese, die für die naturwissenschaftliche Erkenntnis ebenso
wichtig sind wie das Labor, nichts zur Anforderung logischer Kohärenz, die alle formalisierten Systeme verbindet, nichts zu Quantifizierung und Formalisierung selbst. All dies aber macht die Überlegung nicht irrelevant.

Festzuhalten ist sicher der Anspruch, die Wissenschaftssoziologie
aus der Rolle eines reinen Kommentators herauszuführen und sie in
die Lage zu versetzen, die Grundannahmen der Naturwissenschaft
auf einer gleichberechtigten Basis verhandeln und das heißt auch:
kritisieren zu können.

»Sie [die Anthropologie bzw. die Wissenschaftssoziologie] muß nicht nur
jenen Glaubensformen, die uns nicht unmittelbar berühren, die Stirn bieten
können – ihnen stehen wir immer recht kritisch gegenüber –, sondern den
wahren Erkenntnissen, denen wir selbst vollkommen anhängen.«[10]

Festzuhalten ist zweitens das fruchtbare Paradox, dass etwas kritisiert werden soll, obwohl oder gerade weil wir ihm ›vollkommen
anhängen‹, obwohl oder weil das Kritisierte zunächst als nicht hin-
terschreitbar erscheint. Weiter und konkreter schließlich, dass die
Aufmerksamkeit sich den Mischobjekten zuwenden sollte.

»Das soziale Band der Gesellschaft, in der wir leben«, schreibt Latour,
»besteht aus Objekten, die im Laboratorium fabriziert sind. An die Stelle
von Ideen sind Praktiken getreten.«[11]

Objekte und Praktiken nimmt Latour ähnlich ernst wie Foucault,
der das Substitut der ›Ideen‹ ebenfalls nicht mehr ausschließlich in
Texten glaubte aufsuchen zu dürfen. Wenn Praktiken und Objekte
Ideen substituieren können, müsste dies die Medienwissenschaft
alarmiert aufhorchen lassen. Was nämlich, und damit kehre ich zur

10 Ebd., S. 124 (Erg. H. W.).
11 Ebd., S. 33.

Ausgangsthese zurück, wenn das, was die Medienwissenschaft in medialen Manifestationen aufsucht, tatsächlich in Bereiche ausgewandert ist, die zumindest ihr Zentrum vollständig außerhalb der Mediensphäre haben?

Medienwissenschaften

Dieser Verdacht ist der Medienwissenschaft selbstverständlich nicht verborgen geblieben, oder besser: Es gibt innerhalb des Fachs Argumentationslinien, die sich dieser Perspektive zumindest zuordnen lassen. Die besondere Aufmerksamkeit für die Technik könnte hier eine ihrer Ursachen haben. Und ebenso die verbreitete These, dass die reale Medienentwicklung die ›Inhalte‹ zunehmend marginalisiere, um ihre hauptsächlichen Effekte im Technisch-Tatsächlichen zu entfalten; eine Bewegung, die das Fach nachvollzieht, indem es sich ebenfalls von den Inhalten ab- und den technisch-organisatorischen Tiefenstrukturen zuwendet. Die Parallele endet, wo Latour verlangt, der Objektivierung des Gegenstandes nicht einfach zu folgen, sondern den Ausschluss des Sozialen mitzureflektieren und die eigene Methode in der prekären Mitte zwischen Objekten und Subjekten, auf der Stelle der hybriden Quasi-Objekte also zu positionieren. Dies geschieht in den meisten Ansätzen explizit nicht; der theoretische Gewinn vielmehr, der unbestreitbar erzielt wird, wird erzielt durch einen Ausschluss des Sozialen und der Geschichte, der vollständig parallel zu der von Latour dargestellten Trennung verläuft. Wenn die Theorie also glaubt von der Objektivierung des Gegenstandes profitieren und sich bis in den Gestus der Darstellung hinein mit mildem Hohn auf dessen Seite schlagen zu können, so wäre dem mit Latour entschieden zu widersprechen.

Das Bedürfnis nach Objektivierung und Selbstobjektivierung ist in vielen medienwissenschaftlichen Texten zu spüren; nur mit einer gewissen ingenieurmäßigen Kälte glaubt man der Kälte der tatsächlichen Ingenieure beikommen und mit ihnen in der Sache gleichziehen zu können;[12] und im Brückenschlag hinüber zu den Naturwis-

---

12 Für das Kokettieren mit dem Krieg glänzend analysiert von Winthrop-Young (Winthrop-Young, Geoffrey: »Drill and Distraction in the Yellow Submarine. The Dominance of War in Friedrich Kittler's Media Theory«. In: *Critical Inquiry*, Vol. 28, Nr. 4 (2002), S. 825-854; und: ders.: »Silicon Sociology, or, Two Kings on

senschaften[13] – einem Brückenschlag, der ebenfalls unbestreitbar notwendig und fruchtbar ist – sucht man gleichzeitig Schutz bei einem überlegenen Partner. Mit Latour wäre darüber nachzudenken, ob der Partner tatsächlich nur überlegen ist.

Der zweite Punkt der Abweichung wäre, dass die skizzierte Techniktheorie sich nach wie vor wie selbstverständlich auf die Medien beschränkt. Meine These wäre, in Verlängerung der Suchbewegung, dass grundsätzlich alle Technik und alle Hardware, die den Konsumenten erreicht, vergleichbar wie die Medientechnik fungiert; die Evidenzeffekte und die persuasive Kraft, die mich hier interessieren, hat die Technik allgemein; ob Unterhaltungselektronik, Fortbewegungsmittel oder Küchengerät – insgesamt ist sie Träger der Botschaft, dass die naturwissenschaftliche Forschung, solange sie solche Wunder hervorbringt, auf dem richtigen Weg ist; dass die Natur ihr zustimmt im Funktionieren der Geräte, oder ihrer Logik zumindest grundsätzlich nicht widerspricht; dass die Natur beherrschbar ist und das Elend abwendbar, das wie ein Schatten hinter der täglich erfahrenen Bedürftigkeit steht, und dass es im Schatten dieses Schattens um nichts anderes als um Beherrschung gehen kann. Die Technik insgesamt wäre insofern als ein ›Medium‹ anzusprechen; Signifikant wenn schon nicht einer Botschaft, so einer Praxis, die sich selbst nicht als eine symbolische versteht.

Sprache

Sieht man bei Latour selbst nach, auf welche Weise er mediale Prozesse behandelt, so lassen sich zumindest zur *Sprache* relativ klare Aussagen finden. Fast ebenso frontal wie die Grundannahmen der Naturwissenschaften nämlich kritisiert Latour die Kultur- und Sprachwissenschaften, wo diese bestimmte Fragen wortlos aus der Hand geben:

»Ob sie nun ›Semiotik‹, ›Semiologie‹ oder ›linguistische Wende‹ genannt werden, alle diese Philosophien haben zum Ziel, aus dem Diskurs nicht ein transparentes Zwischenglied zu machen, welches das menschliche Subjekt

Hegel's Throne? Kittler, Luhmann and the Posthuman Merger of German Media Theory«. In: *Yale Journal of Criticism*, Nr. 13.2, 2000, S. 391-420).

13 Beispiel sei die Gründung des Helmholtz-Zentrums an der Humboldt-Universität Berlin.

mit der Naturwelt in Kontakt bringt«, – hier wäre einzuwenden, dass die Einsicht, wie wenig ›transparent‹ dieses ›Zwischenglied‹ ist, die fraglichen Theorien überhaupt angestoßen hat – »sondern einen von der Natur wie der Gesellschaft unabhängigen Mittler. Diese Autonomisierung der Bedeutungssphäre hat die besten Köpfe unserer Zeit im letzten halben Jahrhundert beschäftigt. Doch auch sie haben uns in eine Sackgasse geführt. Zwar nicht, weil sie ›den Menschen vergessen‹ oder ›die Referenz aufgegeben‹ hätten, wie es die modernistische Reaktion heute behauptet, sondern weil sie ihr Unternehmen ganz auf den Diskurs beschränkt haben.

Für diese Philosophien war die Autonomisierung der Bedeutung nur möglich, wenn sowohl die Frage der Referenz zur Naturwelt als auch die Identität der sprechenden und denkenden Subjekte ausgeklammert blieb. Jener mittlere Ort der modernen Philosophie – der Treffpunkt der Erscheinungen bei Kant – wird jetzt von der Sprache eingenommen. Sie stellt nicht länger etwas dar, was mehr oder weniger transparent oder opak sein kann, mehr oder weniger getreu oder ungetreu, sondern sie hat den ganzen Raum eingenommen. Die Sprache ist zur eigenen Welt und sich zum eigenen Gesetz geworden. ›Sprache als System‹, ›Sprachspiele‹, ›Signifikant‹, ›Schrift‹, ›Text‹, ›Textualität‹, ›Erzählungen‹, ›Diskurse‹ sind einige der Begriffe, die dieses Reich der Zeichen benennen […]. Während die modernistischen Philosophien die Distanz ständig vergrößerten, welche die Objekte von den Subjekten trennte und sie inkommensurabel machte, nahmen die Sprach-, Text- oder Diskursphilosophien die leergelassene Mitte ein. Dabei glaubte man, sehr weit von den Naturen und Gesellschaften entfernt zu sein, die man ausgeklammert hatte […]. Die Größe dieser Sprachphilosophien bestand darin, gefeit gegen die doppelte Tyrannei des Referenten und des sprechenden Subjekts, jene Begriffe zu entwickeln, die den Mittlern eine eigene Würde verleihen.«[14]

Auch dies müsste der Medienwissenschaft mehr als zu denken geben, gerät sie doch unmittelbar in Verdacht, an der den Mittlern verliehenen Würde partizipieren zu wollen; darüber hinaus hat sie sich bei den genannten Theorien nicht nur ausgiebig bedient und die Medien in ähnlicher Weise autonomisiert, wie hier für die Sprache beschrieben, sondern eine solide Mehrheit im Fach operiert auf Basis der Überzeugung, dass nur auf diese Weise ein Medienbegriff sinnvoll fundiert werden kann. Latour würde einwenden, dass die Autonomisierung der Medien wie der Sprache Produkt jener Spaltung ist, die Subjekt und Objekt auf den denkbar größten Abstand bringt, um die Lücke dann mit einem ›autonomen‹ Vermittler zu

14 Latour, a. a. O., S. 85 f.

füllen. Und Gegengift wäre möglicherweise, was hier vorgeschlagen wird: die Besinnung auf solche Mechanismen, die die Spaltung immer schon unterlaufen, so dass der Vermittler eine Autonomie weder beanspruchen kann noch benötigt.

Signifikanten

Wenn man nun also nach den Signifikanten fragt, auf die die Diskurse Naturwissenschaft/Technik und Ökonomie sich vor allem stützen, so möchte ich vorschlagen, verschiedene Ebenen dieser Signifikanten zu unterscheiden. Auffällig vor allem ist, wie gesagt, dass in beiden Fällen die 3-d-solide Realität die Rolle von Signifikanten – materiellen Bedeutungsträgern – übernimmt; die Naturwissenschaft, wie auch immer sie ihre Erkenntnis gewinnt, argumentiert dem Publikum gegenüber im Funktionieren der Technik und im Ausbau der zweiten Natur; jede Brücke, die nicht einstürzt, und jeder Schaltkreis, der tut, was er soll, singt ein Preislied auf die Richtigkeit der Modelle und auf den zugrunde liegenden Erkenntnisweg selbst. Die Ökonomie, denke ich, argumentiert, völlig parallel, primär in Waren. Hat Zola diese Rhetorik am Warenhaus des 19. Jahrhunderts noch deutlich ablesen können, ist sie uns inzwischen vollständig unter die Haut geraten. Der ›Konsum‹ aber ist eine zutiefst symbolische Angelegenheit, und dies gerade weil er nicht zu vermeiden ist. Und wichtig ist zweitens das Funktionieren der ökonomischen Apparatur selbst. Dass auf dem Esstisch Produkte aus möglicherweise 30 Ländern sich treffen, und dass dies nicht ein Fürstenprivileg, sondern eine Massenerfahrung ist, ist Fakt, und dennoch genauso wenig wirklich denk- und vorstellbar, wie die Tatsache, dass acht Stunden sinnlose Arbeit an irgend einem Punkt der gesellschaftlichen Apparatur das Äquivalent für diesen Reichtum heranschaffen. Die gesellschaftliche Arbeitsteilung, von der Ökonomie organisiert, ist so komplex, dass das Vorstellungsvermögen schlicht kapituliert; wir nehmen das Wunder hin und zahlen den Preis, uns immer ein bisschen wie Rentner, Betrüger oder Räuber zu fühlen.[15]

Flusser hat vorgeschlagen, die Medien nach der Dimensionalität

15 … was im Verhältnis zur Dritten Welt ja keineswegs abwegig ist.

ihrer Signifikanten zu unterscheiden;[16] wenn Schrift eindimensio-
nal-linear ist, und die Bilder zweidimensional, so wäre hier mit den
drei Dimensionen der Skulptur plus der vierten Dimension der
Realzeit zu rechnen; die zweite Natur, Baudrillard kehrt zurück, als
ein begehbarer 3-d-Film, der zudem keine Zuschauer sondern ausschließlich Mitwirkende kennt. Semiotisch bedeutet dies, dass Signifikant und Referent miteinander ›verklebt‹ sind, was den überwältigenden Realismuseffekt dieser Anordnung bewirkt.

Neben diesen überwältigend-zwingend-dreidimensionalen Signi-
fikanten-Referenten kennen beide Diskurse selbstverständlich auch
Signifikanten und Zeichenpraxen konventionelleren Typs. Auffällig
ist hier, dass die ›natürliche Sprache‹ in beiden Fällen eine eher un-
tergeordnete Rolle spielt. Und ebenso, es wurde gesagt, jenes Audiovisuelle, das die Medienlandschaft des zwanzigsten Jahrhunderts bis
in sein letztes Viertel hinein dominiert hat. Naturwissenschaft und
Ökonomie sind von den *Zahlen* bestimmt. Ausgewandert aus dem
alphanumerischen Code, wie Flusser sagt,[17] haben sie in Naturwissenschaft und Ökonomie ihre Heimstatt gefunden, und im Computer ihr Medium, der in Naturwissenschaft und Ökonomie seine
plausibelsten Anwendungen findet.[18]

Neben den Zahlen selbst wären die Algorithmen wichtig, die den
Zusammenhang der Zahlen auf syntagmatischer Ebene organisieren. Sicher sähe eine von Latour inspirierte Sozialgeschichte der Algorithmen anders aus als jene Geschichten der Formalisierung, die
gegenwärtig in Informatik, Philosophie und Medienwissenschaft
vorgelegt werden. Wenn Latour gesagt hatte, dass die Referenzpro-
blematik sich mit jedem Schritt der Separierung verschärft, so stellt
sich im Fall von Computer, Zahlen und Algorithmen dieses Problem in besonders dringlicher Weise. Die Zahlen selbst können,
selbstverständlich, ausschließlich quantitative Verhältnisse repräsen-

---

16 Flusser, Vilém: *Ins Universum der technischen Bilder.* Göttingen 1985, S. 10.

17 Flusser, Vilém: »Die Auswanderung der Zahlen aus dem alphanumerischen
   Code«. In: Matejovski, Dirk; Kittler, Friedrich (Hg.): *Literatur im Informationszeitalter.* Frankfurt am Main, New York 1996, S. 9-14.

18 Mit Blick auf die Geschichte der *Schrift* müsste man sagen, es war umgekehrt. Da
   die Schrift mit Listen und im ökonomischen Kontext beginnt, lange bevor sie zur
   Aufzeichnung mündlich-sprachlicher Texte eingesetzt wurde, und zweitens mit
   Aufzeichnungen, die astronomische Beobachtungen festhalten, also mit Naturwissenschaft, ist der alphanumerische Code ausgewandert aus den an Zahlen gebun-
   denen Praxen.

tieren; jeder qualitative Aspekt (und die Referenz) muss deshalb von anders gearteten Zeichen zusätzlich gewährleistet werden, weshalb z. B. die Buchführungslisten der Ökonomie neben Zahlen immer auch kurze Textsegmente enthalten. ›Formalisierung‹ besteht unter anderem darin, beide Register in radikaler Weise zu trennen. Aspekte des zu Beschreibenden, die syntagmatisch-formal repräsentierbar sind, gehen in das Modell ein, Aspekte, die dies nicht sind, werden Begleittexten, Manuals und der ›Applikation‹ des Modells auf die Welt überlassen. Die Friktion, die zwischen Modell und Beschriebenem auftritt, ist insofern zwangsläufig und hat in der Logik der Signifikanten einen präzise beschreibbaren Ort.

Und schließlich kennt zumindest die Ökonomie noch das *Geld*. Spezifisch für das Geld ist sicher, dass es sich zwar um ›leichte‹ Signifikanten handelt, mit einer deutlichen Tendenz, in den ›immaterialisierten‹ Datenströmen mit anderen Zeichen sich zu vermischen, gleichzeitig aber wird diese Vermischung mit einigem Aufwand blockiert: Ob es sich um eine Zahlung oder um die Information über eine Zahlung handelt, ist für eine Bank ein Unterschied ums Ganze. Und dies auch dann, wenn beides auf den gleichen Rechnern prozessiert werden mag. Es sind also sehr spezifische Typen von Signifikanten, die innerhalb von Naturwissenschaften und Ökonomie eine Rolle spielen, und selbstverständlich gibt es weitere, die die Darstellung zielgerichtet vernachlässigt hat. Deutlich aber ist in jedem Fall, dass die verschiedenen gesellschaftlichen Sektoren innerhalb der verfügbaren Zeichensysteme eine sehr spezifische Auswahl treffen. Und deutlich ist zweitens, dass es sich im Feld der Naturwissenschaften wie der Ökonomie um besonders ›zwingende‹ Signifikanten handelt.

Freiheit dieser Signifikanten

Dieser Dimension von Zwang ist nun, im nächsten Schritt, nachzugehen. Wenn Signifikant und Referent schlicht zusammenfallen, ist der Zwang evident; das Zeichen kollabiert und hört in gewissem Sinn auf, überhaupt Zeichen zu sein. Andere Mechanismen sind subtiler. Wenn das gleiche digitale Geländemodell entweder das Gelände ›simuliert‹, referentiell abbildet, oder aber einen Marschflugkörper steuert, so handelt es sich nicht um einen schlichten

Unterschied der ›Verwendung‹. Im einen Fall bilden die Zeichen eine eigene Sphäre, die zur Welt und zu praktischen Wirkungen einen definierten Abstand hält, im zweiten sind sie integraler Bestandteil einer Praxis, die selbst keine symbolische ist.

Zeichen also können in die Realität, die Sphäre der Referenten, in unterschiedlichem Maß eingebunden sein, und ich habe oben den Vorschlag gemacht, diese Eigenheit in den Begriffen der Performativitätstheorie zu beschreiben. Vor allem aber ergibt sich hier eine Möglichkeit, Naturwissenschaft und Technik, die bis dahin eng verbunden verhandelt wurden, in gewissem Maß wieder zu distanzieren. Die Naturwissenschaft selbst gehört, ihrem relativ ungebrochenen Wahrheitsmodell zum Trotz, der Sphäre des symbolischen Probehandelns an, die immer provisorisch und revidierbar ist, und eher auf Abbildung und Bewusstsein abzielt, als auf den tatsächlichen Umbau des Tatsächlichen. Die Technik wäre genau dies. Wenn beide sich also verbinden, zirkulär, insofern die Technik auf die Modelle einerseits zurückgeht, und diese gleichzeitig pragmatisch verifiziert, so ist dies eine Anordnung, die nicht Gleiches, sondern Verschiedenes miteinander verbindet. Zwei unterschiedliche semiotische Mechanismen werden verkoppelt und zusammengebannt. Die ›Reinheit‹ des Objekts, wie Latour sie erklärt, einer Natur, die mithilfe der Wissenschaft zu sprechen beginnt, und jene Fülle von Hybrid-Objekten, die von der Natur sprechen, obwohl sie aus Menschenhand stammen.

Kritik der Praxen

Was nun ist aus all dem zu folgern? Zunächst dass die Kopplung selbst einigermaßen unheimlich ist, und Anlass für die Theorie, auf beiden Seiten der Anordnung mit Zweifeln anzusetzen. Die radikale Zeichenkritik, die ausgehend von der Philosophie die Medien- und Kulturwissenschaften bestimmt, wäre zu verlängern in eine Kritik der technisch-ökonomischen Praxen, so unverrückbar-stabil und unhinterschreitbar sich diese gerieren. Ihr Bündnis mit einer Realität, die sie selbst hervorbringen, wäre zu demontieren, und die clevere Lösung, die Realität selbst als Signifikanten für Realismuseffekte zu nutzen, wäre einer semiotischen Kritik zu unterziehen.

Die Kulturwissenschaften, denke ich, müssen sich klar darüber werden, dass die radikale Zeichenkritik, die überbordende Skepsis gegenüber symbolischen Mechanismen, und damit gegenüber der eigenen Sphäre, der Sphäre, in der ein großer Teil der Kultur sich bewegt, nur möglich gewesen ist auf dem Hintergrund umso unverrückbarerer Gewissheiten; der Gewissheit, dass die kritische Anstrengung – die Ökonomie wird dafür sorgen – den Besuch im Supermarkt nicht infrage stellt, der Gewissheit, dass die Technik für eine Kontinuierung einsteht, die keine kritische Anstrengung gefährdet, und dass die Natur, gebannt in Fallgesetze und Quantentheorie, in den arbeitsteilig denkbar besten Händen ist.

Die radikale Zeichenkritik war also beides zugleich: übertrieben radikal, wo sie die Mechanismen der Kultur als ausschließlich arbiträr, als beliebig verfüg- und modellierbar modelliert, und ohne jeden Anspruch auf Wahrheit, der damit umso kompromissloser an die anderen Fächer fällt. Sie gerät damit ins Gleis der populären Kritik, dass Kultur und Reflexion ein Luxus seien, den man zumindest in angespannteren Zeiten fast ebenso gut auch lassen kann; und in der Forderung, die universitären Kulturwissenschaften mögen zumindest auf die berufliche ›Praxis‹ sich verpflichten, ist dies deutlich zu spüren.

Und gleichzeitig nicht radikal genug, wo sie sich auf die eigene Sphäre, die Kritik der eigenen Zeichen beschränkt. Konstruktivistische Modelle müssen an Naturwissenschaften und Ökonomie schlicht abperlen; dies begrenzt ihre Reichweite und ihren möglichen Wahrheitsgehalt. Ökonomen und Naturwissenschaftler wissen es besser; sie wissen, dass sie keineswegs einfach konstruieren, und wenn, dann keineswegs einfach ›arbiträr‹. Im Spiegel dieses Typs von Gewissheit also sind die eigenen Instrumente zu remodellieren. Erst wenn sie beißen kann, und zwar nicht nur nach innen sondern darüber hinaus auch nach außen, wird die Kulturwissenschaft ernster als bisher genommen werden.

Was nun sind die hauptsächlichen Ergebnisse der vorgestellten Überlegung? Da es sich um eine Recherche handelt, die ein Feld eher erkunden als schon in Provinzen aufteilen will, und da die Argumentation sehr unterschiedliche Einzelthemen durchquert, soll auch die Zusammenfassung eher skizzenhaft bleiben. Ich denke, dass gezeigt werden konnte, dass die Ökonomie für die Medienwissenschaft einen wichtigen Denkanreiz, gleichzeitig Vorbild, Gegenüber und Reibungspunkt, bildet. Wenn ökonomische Modelle in die Medienwissenschaft bislang kaum eingegangen sind, oder aber zusammengezogen werden auf die Fragen der ›Medienökonomie‹, den Geld- und den Institutionenaspekt der Medien, so scheint dies eher wissenschaftshistorisch als in der Sache erklärlich.

Die Bezüge selbst sind unabweisbar; und sie gehen wesentlich tiefer, sowohl was die Struktur der Fragestellung angeht, als auch den möglichen Gewinn, den zumindest die Medienwissenschaft aus einer Besinnung auf die Ökonomie ziehen könnte. Beginnt man mit den Affinitäten, so ist augenfällig, dass die Ökonomie wie die Medienwissenschaft Netzwerke rekonstruieren. Alles gruppiert sich um den Begriff der *Zirkulation*. Die Zeichen wie die Waren zirkulieren durch das Aderwerk der Gesellschaft, und die Zirkulation bringt beide gleichzeitig hervor. Wenn es darum geht, die Zirkulation als einen Prozess zu beschreiben, reicht es keineswegs aus, die ›magischen Kanäle‹, d. h. die technisch-institutionelle Anordnung des Aderwerks, nachzuzeichnen. Die ›Zirkulation‹, und das ist die Stärke dieser Vorstellung, vielmehr geht von den einzelnen *Akten* der Übertragung aus. Es sind diese Akte des Tauschs (in der Ökonomie) bzw. des Austauschs (im Zeichenverkehr), die das Netz konstituieren; Technik und Infrastruktur sind nicht vorgängig, sondern werden ausgebaut in enger Wechselbeziehung zu ihrer ›Nutzung‹; sie bauen, dies kann man von der Verkehrsinfrastruktur lernen, Nutzungsakte vor oder nach.

Und gleichzeitig, und dies ist der zweite Vorteil des Bezugs auf die Ökonomie, kehrt die Vorstellung eben keineswegs zum ›Menschen‹ und zu anthropologisch zentrierten Modellen zurück. Die Mechanismen des Warentauschs und des Güterverkehrs können es in ihrer Abstraktheit, in ihrer strukturbildenden Potenz und in ihrer ›Menschenferne‹ mit jedem Mikrochip aufnehmen; wenn die Strukturen, die sich herausbilden, also auf Akte zurückgehen, und diese Einzelakte und -entscheidungen, eben weil strukturbildend, grundsätzlich ernst zu nehmen sind, dann keineswegs im Sinne eines Handlungsmodells, das sich Akte nur als solche des freien Willens vorstellen kann. Immer verschwistert mit der Not vielmehr lehrt gerade die Ökonomie, dass es zwar die Menschen sind, die handeln, dass sie, wo sie handeln (müssen), sich von ihrem freundlichen Selbstbild aber weit entfernen.[1]

Die dritte Stärke eines ökonomischen Ansatzes wäre, dass mit der Zirkulation die Sphäre jenes *Dazwischen* in den Blick kommt, das medienwissenschaftliche Ansätze naturgemäß besonders interessieren müsste. Tausch, Austausch, Zirkulation, Verkehr und Verkehrsformen verbindet, dass der gesellschaftliche Raum als ein Raum von Relationen konzipiert wird, und zwar nicht abstrakt auf der Ebene des theoretischen Modells, sondern konkret in konkreten Akten der Zustellung und Relationierung. Wenn die Post einmal ›Relation‹ hieß, geht dies auf die selbe Wurzel zurück. Der gesellschaftliche Raum *schwirrt* in der unendlichen Zahl dieser Bezugnahmen; jeder Kaufakt im Supermarkt und jedes Klingeln des Telefons, jedes ›meine sehr verehrten Damen und Herren‹ und jeder Lkw auf der Straße strickt an diesem unendlichen Netz weiter.

Gehen wir einen Schritt ins Detail und zugleich ins Abstrakte. Marx, dies ist die Besonderheit seiner Darstellung im ›Kapital‹, setzt bei der Analyse der einzelnen Ware an, beschreibt diese aber exakt in Funktion ihrer Übertragung und Übertragbarkeit. Was als dinghaft-reell und 3-d-solide erscheint, verdankt seine ganze Existenz, seine spezifische Form und die meisten seiner Eigenschaften nicht der Produktion (Technik/Material) und nicht Gebrauch oder Brauchbarkeit, sondern der Tatsache, dass die Ware ausgetauscht werden soll; Waren werden für den Austausch produziert und es ist diese Tatsache vor allem, die in der Ware dinghaft sich niederschlägt. Der Austauschcharakter der Ware steht im Mittelpunkt, die Trennung von Wert, Tauschwert und Gebrauchswert wird in Relation zu diesem Austauschcharakter beschrieben.[2]

1 Dies übrigens bemerkt auch die Betriebswirtschaftslehre, wenn sie eine ihrer ehernen Grundannahmen, das Ineinsfallen von homo oeconomicus und Entscheidungsrationalität, gegenwärtig zu befragen beginnt.

2 Auf einer ersten, sehr groben Stufe erinnert diese Trinität übrigens an das Sender-

Nimmt man die Bewegung ernst, so hat sie Konsequenzen auch für ein medienwissenschaftliches Konzept des *Zeichens*. Entfernt sich bereits Saussure von einem substanzialistischen Zeichenbegriff, indem er das Zeichen als ›Wert‹, d. h. in seiner Relation auf die anderen Zeichen, bestimmt, so wäre der Vorschlag, den nächsten Schritt zu tun und das Zeichen in seiner Substanz und in seiner Funktionsweise von der Kommunikation, von den tatsächlichen Vorgängen seiner Übertragung, abhängig zu machen. Verschiedene Einzelüberlegungen hierzu wurden oben vorgeführt. So fragmentarisch sie sind, in so klarer Weise, denke ich, zeigen sie, dass die Tatsache, dass Zeichen zirkulieren und ausgetauscht werden, an die Grundbestände des Semiotischen reicht. Es ist eben keineswegs so, dass die Zirkulation konstituierte Zeichen voraussetzt, sondern sie bringt diese allererst hervor, in ihrer spezifischen Abstraktheit, in ihrer Fähigkeit, Kontexte zu verlassen und Kontexte zu überbrücken. Zeichen wie Waren sind gekennzeichnet durch ihre Kontextentbindung.

Völlig parallel zur Ware also ist der Vektor umzudrehen, und das Zeichen *in Funktion* seiner Zirkulation und seiner Übertragbarkeit neu zu beschreiben. Dies gilt insbesondere dort, wo es zunächst am wenigsten einleuchtend ist, am Beispiel des Formalen. Dass Formalsprachen und das Projekt der Formalisierung gerade gegen die Geschichte und gegen die hinfällige Menschenwelt stilisiert werden, wäre zu hinterschreiten eben nicht durch den Verweis darauf, dass auch das Formale eine Geschichte hat, sondern im theoretischen Argument selbst; im Aufweis, dass Form ein bestimmter Typus von Abstraktion ist, und Abstraktion das Resultat beschreibbarer Abstraktionsprozesse; wenn Zeichen Kontextentbindung verlangen und wenn das Maß der Abstraktion, dies war ja das Argument, zu tun hat mit dem Raum, den das Zeichen überbrückt, wenn Subsumtion (Begriffsbildung), Schemabildung und Form hier ihren gemeinsamen Fluchtpunkt haben, dann entsteht die Möglichkeit, Zeichenzirkulation und Zeichengenese tatsächlich in der Sache aufeinander zu beziehen.

Für die technischen Infrastrukturen des Medialen wurde Paralleles versucht. Gerade wenn man Medienwissenschaft auf eine ›Materialität der Kommunikation‹ zentriert, wäre darauf zu bestehen, dass

---

Empfänger-Modell: der Wert (abhängig von der verausgabten Arbeit) fällt auf die Seite der Produktion, der Gebrauchswert auf die Seite des Empfängers; der Tauschwert in die Sphäre der Zirkulation.

der Begriff des Materiellen nicht vorschnell verkürzt wird. Die materialistische Grundintuition gerät ins Unrecht, wo sie den *Akten* – ohne Zweifel völlig vergleichbar ›materiell‹ wie die Hardware – eine Position nur am Rand des Modells, als abhängige Variable des technischen ›Apriori‹ zuweisen kann. Auch die Medientechnik vielmehr wäre von der Zirkulation her zu fassen; nicht allein als deren Voraussetzung sondern eben genauso als deren Produkt; als eine gegenständliche Form, in der die Zirkulation sich niederschlägt, sich vergegenständlicht. Der Abschnitt zur ›Technik als System‹ hat dies zu zeigen versucht.

Schmerzlos zu verabschieden ist in der Folge die Rede von einer Autonomie der Technik; einer Technik, die sich autonom, und nur einstweilen noch gestützt auf die Menschen, reproduziert. Es erstaunt mich immer wieder, dass diese Phantasie – schwärzer schwarz gefärbt als jede Adornothese – ihren Weg gemacht hat in eine Öffentlichkeit, die andere Thesen wesentlich weniger begierig aufgreift. Dennoch ist sie falsch. Falsch, solange die Technik – alles andere als autonom – der menschlichen Arbeit bedarf und menschliche Arbeit in sich aufnimmt, bei ihrer Herstellung, Pflege und Weiterentwicklung, und solange Maschinen, wenn man sie miteinander allein lässt, sich eben keineswegs autonom reproduzieren; und übrigens kokett, weil dies jeder natürlich weiß. Grund genug, auch den Praxen im Modell einen Ort zu geben, am Punkt der Äußerung und der Hervorbringung von Technik (als Arbeit) und in der Fokussierung auf die Akte der Übertragung, die Zirkulation.

Zwischenthese wäre, dass es eine *politische Ökonomie der Zeichen und der Diskurse* gibt. Wo die politische Ökonomie die Mechanismen der Warenzirkulation untersucht, und spezifisch jene Strukturbildung, die sich im Rücken der Austauschpraxen und der auf sie bezogenen Rationalität ereignet, hätte die Diskursökonomie vergleichbare Mechanismen im Feld des Symbolischen zu zeigen. Das so umrissene Forschungsfeld, selbstverständlich, ist erst in groben Linien erkennbar. Innerhalb der Medienwissenschaft aber, meine ich, ist es eine Innovation. Und ein diskursökonomischer Ansatz könnte für das Fach einiges leisten; er könnte, bei Beibehaltung der materialistischen Grundintuition, jene verhärteten Gewissheiten aufbrechen, die die Medienwissenschaft gegenwärtig bestimmen, und das kuriose Selbstbewusstsein konterkarieren, mit dem einige medienwissenschaftliche Thesen immer noch auftreten. Positiv irritierend für das Fach wäre vor allem seine innere Komplexität; während das ›historische Apriori‹ – »Medien bestimmen unsere Lage« – nach zwei Stunden Anlernzeit buchstäblich jeder begreift, haben andere Ansätze diesen Vorteil grundsätzlich nicht. Auch die Diskursökonomie, wenn es sie je geben wird, kann mit solcher Evidenz sicher nicht konkurrieren. Es ist mir sehr bewusst, dass viel des Vorgetragenen äußerst angreifbar ist, und zudem, was schlimmer ist, auf spezifische Weise *kontraintuitiv*. Die Diskursökonomie ist einer derjenigen Ansätze, die auf die andere Seite wechseln und nach den Konstitutionsbedingungen, der Herkunft symbolischer bzw. technischer Systeme fragen. Allein diese Fragerichtung widerspricht der eingeschliffenen Gewohnheit; ausgehend von der Technik fragt sie zurück nach den ›Ursachen‹; und hinein in den Raum des Sozialen, der, will er nicht als aussichtslos komplex und verwirrend erscheinen, auf theoretische Vorannahmen grundsätzlich angewiesen ist. Das Vorgetragene rettet sich, indem es zunächst nur ein sehr allgemeines Modell des Tauschs und des Austauschs unterstellt, und die Innis-Erkenntnis, dass Medien Zeit und Raum überbrücken, zurückrechnet auf jene Akte der Übertragung, in denen dies tatsächlich geschieht. (Dass beide Fragerichtungen zyklisch verbunden und aufeinander angewiesen sind, wurde im Übrigen klar exponiert.)

Komplex und eben kontraintuitiv ist der Ansatz vor allem, weil er sehr etablierte Gliederungslinien des Fachs überschreitet. Wenn Semiotik und Institutionenlehre, Medientechnik und Medienökonomie, Mediensoziologie, Gedächtnis- und Schematheorie usf. als ›Ebenen‹ des Medialen üblicherweise getrennt werden, dann macht das viel Sinn; gleichzeitig, es wurde gesagt, beginnt Medienwissenschaft erst dort, wo diese Ebenen in Verbindung geraten. Das Modell der Zirkulation wäre hierfür ein Beispiel: genuin ökonomisch und ausgehend vom Raum der Mediennutzung/-pragmatik, wo es sicher seinen Schwerpunkt hat, verbindet es die Medienökonomie (im traditionellen, engeren Sinne) mit der Institutionenlehre und mediensoziologischen Fragen, und wirkt von dort aus in die Techniktheorie und die Semiotik hinein. Hier findet das Modell seine hauptsächliche Wirkung. Es zwingt dazu, Konzepte, die in Technik und Semiotik traditionell eine Rolle spielen, umzubauen und in Teilen zu revidieren, mit dem Ergebnis, dass der Zeichenbegriff insgesamt von der Zirkulation abhängig wird. Die beschriebene Bewegung wäre noch risikoreicher als sie ist, fände sie nicht Theorien vor, die auf anderem Terrain zu sehr ähnlichen Ergebnissen immer schon gekommen sind; Beispiel sei Derrida, dessen Beharren auf Kontext und Dekontextualisierung, auf dem Versand der Postkarte und der Verräumlichung von Zeichenprozessen allein im Feld der Philosophie und ohne explizite Bezugnahme auf Zirkulation oder Ökonomie sich entwickelt; eine Überlegung, die im Projekt einer Diskursökonomie sicher einseitig medientechnisch reinterpretiert und eines Teils ihrer Komplexität beraubt wird, vielleicht aber auch ein Stück konkretisiert werden kann.

Die zweite Bewegung des Buchs argumentiert gegenläufig, und auch dies ist in die Summierung nun einzubeziehen. Die Besinnung auf die Ökonomie zwingt dazu, auch die genuinen Unterschiede zwischen Ökonomie und Medien/Diskursökonomie neu zu bedenken. Wenn beide, der behaupteten Strukturanalogie und allen Affinitäten zum Trotz, keineswegs zusammenfallen, sondern – dies wäre sicher Konsens auch mit dem Alltagsbewusstsein – ein tiefer Graben beide Sphären immer auch trennt, dann liegt dies vor allem am Gegenstandsbereich. Die letzten drei Kapitel sind dieser Trennlinie nachgegangen. Mein Vorschlag hier war, eher revisionistisch-konventionell, auf die etablierte Trennung zwischen symbolischen und außersymbolisch-tatsächlichen Prozessen zurückzukommen. Mir ist sehr klar, und deshalb nenne ich die Entscheidung revisionistisch, dass die meisten gegenwärtig anerkannten Auffassungen diese grobe Dualität nicht teilen, ja, für obsolet erklären würden.

Die radikale Zeichenkritik, die die kulturwissenschaftliche Debatte der letzten dreißig Jahre bestimmt hat, hat weder einen Begriff des Tatsächlichen übrig gelassen, der unproblematisch zu verwenden wäre, noch das duale Zeichenmodell selbst, das, eben weil dual, immer nach der Annahme direkter Referenz und ähnlich naiven Auffassungen schmeckt. Ehe es um Referenz gehen kann – und ich glaube keineswegs, dass diese Frage erledigt ist –, muss es allerdings um die Spezifika gehen, die symbolische Prozesse und damit die Sphäre der Medien als solche überhaupt freistellen.

Alternative wäre, eine Implosion des Zeichens zu behaupten, und die radikale Zeichenkritik hat sich in diese Richtung ja durchaus verloren; eine Explosion in die Fläche des Bezeichneten hinein (Baudrillard), und den Zusammenbruch der Zeichenfunktion, wenn diese mehr meint als einen Unterschied, der einen Unterschied macht. Dem wäre entgegenzuhalten, dass trotz aller Vermischung, unklarer Grenzlinien und irritierender Interferenzen das Symbolische einen Raum bildet, der gegen andere gesellschaftliche Funktionen auf spezifische Weise freigestellt ist. Das Spielmodell Huizingas, das ich zur Klärung vorgeschlagen habe, unterscheidet vor allem den *Raum* des Spiels von seinem Umraum. Nur auf diese Weise können es *andere* Regeln sein, die in diesem Raum als im Umraum gelten.

Der Vorschlag war, das Symbolische nach diesem Muster zu betrachten; als einen Raum, der von den Vollzügen der Gesellschaft bewusst entkoppelt ist, um ein *Probehandeln* zu ermöglichen; Handeln und Probehandeln, ich wiederhole auch dies, würden sich darin unterscheiden, dass das Handeln irreversible Folgen hat, während das Probehandeln in Grenzen reversibel und freigestellt von tatsächlichen Konsequenzen ist.

Alle Medien, würde ich meinen, folgen diesem Muster – allerdings auf einigermaßen komplizierte Weise. Und nun ist die Frage wieder aufzunehmen, die im Abschnitt ›Technik‹ andiskutiert wurde. Die These des Probehandelns, und erweitert die Besinnung auf die Ökonomie und die Grenzlinie zum Tatsächlichen, nämlich legt nahe, *das Verhältnis von Symbolischem und Technischem*, das die Medien in ihrem Kern ausmacht, noch einmal neu zu begreifen. Ergebnis im genannten Abschnitt war, dass das Symbolische immer schon technisch ist, dass die Artikulation innerhalb des Signifikantensystems (Äußerung) und die Artikulation/Bereitstellung der Signifikantensysteme selbst (Medientechnik) als ein Kontinuum verstanden werden müssen, das die Ebene eines umfassend Technischen nicht verlässt. Nur auf dieser Basis, das war der zweite Gedanke, werden die Strukturanalogien zwischen beiden Sphären (Freistellung/Kontextentbindung, Systembildung auf den verschiedenen Ebenen medialer Systeme) tatsächlich denkbar.

Ihre Grenze findet diese Vorstellung dort, wovon nun die Rede ist. Denn kann man, so wird man fragen müssen, beides haben? Ein umfassend Technisches, das per definitionem immer schon der Sphäre des Tatsächlichen angehören würde, und ein Symbolisches, als zentrale Bestimmung der Medien, wenn dieses vom Tatsächlichen abgetrennt, ja ihm *entgegengesetzt* wird? Ich meine, die schlichte Antwort ist Ja. Und auch in der Sache scheint mir die Antwort verblüffend schlicht: Geht man davon aus, dass die Gesellschaft über eine Fläche von Technik und technischen Praxen verfügt, die ihr

Überleben sichern, in der Auseinandersetzung und im Stoffwechsel mit der Natur, so werden gleichzeitig bestimmte Techniken freigestellt, die abgekoppelt als ›symbolische‹ funktionieren. Im Fall der mündlichen Sprache sind dies die Laute der Stimme und das Schwingen der Luft, die mit anderen Praxen ohnehin nur gering verbunden sind. Das Lautmaterial ist für die Herausbildung von Zeichen vielleicht deshalb besonders geeignet; auf dieser Basis mag die Medienentwicklung immer artikuliertere und differenziertere Laute hervorgebracht haben, bis eben hin zum System der Sprache, das Laut und Gedächtnis, Artikulation, Konvention, Intersubjektivität und Traditionsbildung/Kultur auf so komplizierte (technische) Weise verschränkt. Spezifisch für die mündliche Sprache wäre, dass das Lautmaterial *zwar* technisch ist, für unmittelbar praktische Zwecke aber nicht gebraucht wird.

Gerade dies ist in sehr vielen späteren Mediensystemen anders. Der Tanz bereits macht Gebrauch von einem Körper, der, wenn er tanzt, für andere Zwecke nicht mehr zur Verfügung steht, mit der Konsequenz, dass es Zeiten für den Tanz und Zeiten eben für den Broterwerb gibt. Zeichnung und Schrift müssen Objekte aus der tatsächlichen Welt herausreißen, um sie für einen symbolischen Gebrauch überhaupt freizustellen (der Bilderrahmen z. B. trennt Bild und Wand), eine Skulptur aus Brot würde immer das Risiko eingehen, gegessen zu werden.[3]

Zweifellos nimmt diese Überlagerung im Verlauf der Mediengeschichte zu. Videorecorder und Mikrochips etwa sind so 3-dimensional-tatsächlich wie jede Werkzeugmaschine; das Material, das in sie eingeht, hätte auch in Maschinen ohne symbolische Funktion eingehen können. Auf diese Weise ergibt sich eine bedrohliche Doppelfunktion und eine Konkurrenz um Ressourcen: Signifikantenmaschinen müssen, gerade weil sie selbst der Sphäre des Tatsächlichen angehören, ihre Zeichen *freistellen* gegen den außersymbolischen Gebrauch; was ich Artikulation der Signifikanten genannt habe, wäre genau dies, sie hätte zu gewährleisten, was im Fall der Laute selbstverständlich ist, dass nämlich zwar die Signifikantenmaschinen, nicht aber die Signifikanten mit der tatsächlichen Welt sich vermengen.

3 Im Fall der Hostie ist dies gewollt. Den überwiegenden Teil griechischer Bronze-Statuen hat man eingeschmolzen, vor allem immer dann, wenn es galt, Kanonen zu gießen.

Medientheorie, die mit der Hardware argumentiert, mit den Chips des Computers oder den medientechnischen Infrastrukturen, hat Recht, indem sie das Zusammenwachsen von symbolischen und außersymbolischen Infrastrukturen betont. Gleichzeitig blendet sie aus, dass es sich eben nicht um beliebige Technik und um beliebige Infrastrukturen handelt. Die Versorgung mit Strom und die mit Kabelfernsehen mag sich technisch in einigem gleichen; die Trennlinie zwischen beiden einzuziehen aber kostet den Medienbegriff.

Erhält man sie allerdings aufrecht, dann kehren viele Fragen zurück: die nach der Funktionsweise des Symbolischen und seinen Eigenheiten, seiner Grenze und seiner Beziehung zur Welt, nach den Unterschieden zwischen den verschiedenen Zeichensystemen, ihrem Abstraktions- und Formalisierungsgrad usf.

Nur scheinbar also hat die Argumentation mit der Ökonomie und der Tatsächlichkeit der Austauschakte ins Tatsächliche geführt. Ebenso sehr zwingt sie dazu, das Symbolische als eine spezifische Funktion anzuerkennen, die sich die Gesellschaft leistet, weil sie als eine Ebene der Reflexion dem Tatsächlichen *gegenübertritt*. Die Trennung von Signifikant und Signifikat ist insofern zu rehabilitieren; wäre das Zeichen nur materiell, nur Signifikant, ginge es im Tatsächlichen schlicht auf; jedes Zeichen aber, und eben auch die ›operationalen‹ Zeichen der formalisierten Systeme sind mehr als das; sie sind abstrakt/formal in dem Maß, wie sie vom Tatsächlichen Abstand nehmen; im Austausch und in der Kontextüberbrückung hat ihre Abstraktion eine materielle Basis, gerade dies aber setzt die Abstraktion von den einzelnen Kontexten, ihrer Konkretion und Tatsächlichkeit, ab.

Wenn die zentrale Frage des ›Technik‹-Kapitels also war, auf welche Weise sich mediale Systeme herausbilden, so ist diese m. E. in einer Doppelbewegung zu fassen; wenn innerhalb der Mediengeschichte immer neue und immer kompliziertere Medienmaschinen, Infrastrukturen und Signifikantensysteme hervortreten, mit der Tendenz, dass diese sich als Systeme – technisch, institutionell, professionell – abrunden, sich verselbstständigen und gegen ihren Umraum absetzen, so geschieht dies, gestützt auf den irreduzibel technischen Charakter aller Signifikantensysteme, in der Sphäre des Tatsächlichen, tatsächlich parallel zu den Infrastrukturen für Wasser und Strom. Auf dieser Basis und in Spannung zu ihr aber finden *symbolische* Operationen statt, die aus der Definition des Medialen nicht entfernt werden können und die in der *Absetzung* vom Tatsächlichen ihre Pointe haben. Fiktiv und reflexiv umspielen sie das Tatsächliche, kommentieren es, verdoppeln und vervielfachen es, liefern Strukturentwürfe und Deutungen, formale Modelle und Karikatur. Dass sie das Tatsächliche luxurierend überbieten, gehört zu ihrer Definition. Einige wenige dieser symbolischen Praxen mögen in neue Techniken einmünden; an dieses Telos gebunden aber sind sie in keiner Weise.

Das Gesagte hat noch zwei weitere Konsequenzen. Keineswegs nämlich ist zwingend, dass, wer sich von der Ebene des Technisch-Medialen entfernt, sich damit zwangsläufig auf der Ebene des ›Inhalts‹ wiederfindet. Vielmehr wird deutlich, dass die McLuhan'sche Dichotomie, allein zwischen Medium und Botschaft zu unterscheiden, so gern sie in Anspruch genommen wird, bei weitem zu grob und deshalb irreführend ist. Gerade wenn man das Medium auf die Technik zentriert, tauchen zwischen Medientechnik/Infrastruktur und ›Inhalt‹ eine Fülle vermittelnder Ebenen auf: die der Nutzung/Pragmatik, um deren strukturbildende Kraft es ging, die Ebene der Mechanismen, die hier provisorisch ›diskursökonomisch‹ genannt wurden, und die des Symbolischen (des Codes), die technisch sein mag, sich in ihrer Funktionsweise von anderen Techniken aber signifikant unterscheidet.

Die zweite Konsequenz erscheint mir unvermutet, weil nun zwei Argumente zusammenkommen, die hier getrennt voneinander entwickelt worden sind: Wenn man einerseits die *systemische Schließung* medialer Systeme betont, auf technischer wie auf institutioneller Ebene, so wird nun klar, dass diese *korreliert* mit einer Definition des Symbolischen selbst, die das Symbolische von einem geschlossenen, von anderen gesellschaftlichen Funktionen freigestellten Raum abhängig macht. *Die technisch-institutionelle Schließung,* so kann man summieren, *hat vor allem anderen den Effekt, das Symbolische als Symbolisches freizustellen.* Obwohl sie im Tatsächlichen operiert, *dient* die systemische Schließung dem Symbolischen. Die Annahme, dass die medialen Infrastrukturen an die Stelle des Symbolischen treten und dieses historisch ablösen, kann insofern zur Seite gelegt werden.

Auf diesem Hintergrund nun seien die vielfältigsten Vermischungen zugestanden. Denn zweifellos ist die vorgeschlagene Trennung überklar und wird durch eine breite Palette von Gegenbeispielen befragt. Architektur, Mode und Design wären offensichtliche Mischformen, deren symbolischer Anteil vom tatsächlichen kaum getrennt werden kann. Das Geld operiert gleichfalls auf der fraglichen Grenze, und die Investition in technisch-mediale Infrastrukturen bleibt ein Machteffekt gerade darin, dass Tatsächliches und Symbolisches sich hier vermischen. Und schließlich, es wurde bereits angesprochen, durchzieht die Spaltung das Symbolische selbst: Wenn die selben Zeichen einen Vorgang entweder simulieren oder aber einen Automaten steuern können, und Computer und Kybernetik in Steuerung und Kontrolle ihren gemeinsamen Fokus haben, dann entsteht die Notwendigkeit, innerhalb des Symbolischen selbst verschiedene Register zu unterscheiden.

Die scharfe Trennung zum Tatsächlichen, die die reflexive Gegenübersetzung ermöglicht, stellt offensichtlich nur einen bestimmten Kern des Symbolischen dar. Umlagert wäre dieser Kern von einem ganzen Spektrum anders gearteter Zeichen, Zeichen, die ins Tatsächliche stärker eingebunden und involviert sind, bis hin zum Extrem einer vollständigen Funktionalisierung – etwa im Fall einer elektronischen Steuerung, die ein mechanisches Bauteil schlicht ersetzt. An diesem Pol allerdings, würde ich sagen, löst das Zeichen sich ins Tatsächliche auf. Und es verlässt übrigens auch den Korridor dessen, was der Alltagsverstand als ›Medien‹ ansprechen würde.

Kehren wir nun zur Ökonomie und zur Zirkulation zurück. Ich denke, dass gezeigt werden konnte, dass ökonomische Prozesse auch im Inneren von Zeichen und Diskursen wirksam sind. Was oben ›Verdichtung‹ genannt wurde, ist hierfür das wohl deutlichste Beispiel; die Vorstellung der Verdichtung verbindet quantitative und qualitative Momente, die Fläche der Diskursereignisse mit der semantischen Struktur. Nur auf dieser Basis konnte gesagt werden, dass die Zirkulation der Zeichen hineinreicht in die Substanz des Zeichens selbst; das Formale, das dem Semantischen entgegengesetzt schien, konnte als seine Variante gefasst werden.

Dieser Umschlag von Quantität in Struktur nun ist der Kern dessen, was ich hier ›ökonomisch‹ nenne. Knappheit, jene Basisbestimmung des Ökonomischen, wird von Waren wie Zeichen zunächst dementiert: Die Warenwelt ist in quantitative Wucherung übergegangen, parallel zur quantitativen Wucherung der Diskurse. Gleichzeitig bleibt sie gebunden an die 3-dimensionale Tatsächlichkeit, die Endlichkeit der Ressourcen, der Natur und der Lebenszeit, die dem

Durchsatz eine Grenze setzt. (Die Limitierung der Geldmenge spiegelt diese Begrenzung.) Die Menge der zirkulierenden Zeichen ist zunächst nicht limitiert. Sie limitiert sich in ihrem Rückbezug auf den *Code*; und wenn Diskurs letztlich keine andere Aufgabe hat, als am Code zu arbeiten und ihn umzuarbeiten, dann wären vielleicht nur luxurierend-aufwändige Mediensysteme (natürliche Sprache, Film, Photographie) von genuin ›ökonomischen‹ (den Formalsprachen) zu unterscheiden. Die Formalsprachen allerdings wären knapp und ›arm‹ vor allem auf der Ebene ihres Ich-Ideals; die tatsächlichen Praxen, verteilt auf Millionen verteilter PCs, pflegebedürftiger als jedes Tamagochi, macht diese Ökonomie fraglich. Im Mittelpunkt jedenfalls stände die Strukturbildung, die sich in den tatsächlichen medialen Praxen vollzieht.

Wenn es also eine politische Ökonomie der Medien und der Diskurse gibt, dann ist dies in jedem Fall eine spezifische Ökonomie. Innerhalb der Wirtschaftswissenschaften selbst hat man begonnen, sich für die Besonderheiten symbolischer Produkte zu interessieren und bestimmte Eigenschaften zusammenzustellen, die symbolische Produkte von außersymbolischen unterscheiden; dass durch die ›Immaterialisierung‹ der Signifikanten die Kosten der Einzelkopie und der Zustellung gegen Null gehen, wäre für Medienprodukte spezifisch und für Ökonomen, die mit materiellen Waren oder Dienstleistungen umzugehen gewohnt sind, einigermaßen irritierend; und in ähnlicher Weise, dass symbolische Produkte, wenn sie von vielen geteilt werden, an Wert nicht verlieren sondern gewinnen. Fragen wie diese, denke ich, eröffnen ein Feld, auf dem Ökonomen und eine kulturwissenschaftlich ausgerichtete Medienwissenschaft viel zu besprechen hätten.

Helmut H. Diederichs (Hg.). Geschichte der Filmtheorie. Kunsttheoretische Texte von Méliès bis Arnheim. stw 1652. 420 Seiten

Peter Geimer (Hg.). Ordnungen der Sichtbarkeit. Fotografie in Wissenschaft, Technologie und Kunst. stw 1538. 444 Seiten

Peter Gendolla / Norbert M. Schmitz / Irmela Schneider / Peter M. Spangenberg (Hg.). Formen interaktiver Medienkunst. stw 1544. 428 Seiten

Michael Giesecke
- Der Buchdruck in der frühen Neuzeit. Eine historische Fallstudie über die Durchsetzung neuer Informations- und Kommunikationstechnologien. stw 1357. 957 Seiten. 944 Seiten. Kartoniert
- Sinnenwandel, Sprachwandel, Kulturwandel. Studien zur Vorgeschichte der Informationsgesellschaft. stw 997. 374 Seiten
- Von den Mythen der Buchkultur zu den Visionen der Informationsgesellschaft. Buch und CD-ROM. stw 1543. 458 Seiten

Götz Großklaus. Medien-Zeit, Medien-Raum. Zum Wandel der raumzeitlichen Wahrnehmung in der Moderne. stw 1184. 264 Seiten

Christiane Heibach. Literatur im elektronischen Raum. Buch und CD-ROM. stw 1605. 293 Seiten

NF 142/2/3.04

Siegfried Kracauer
- Kleine Schriften zum Film. Herausgegeben von Inka Mülder-Bach unter Mitarbeit von Mirjam Wenzel und Sabine Biebl. In drei Teilbänden. Kartoniert und Leinen. 1692 Seiten
- Theorie des Films. Die Errettung der äußeren Wirklichkeit. Vom Verfasser revidierte Übersetzung von Friedrich Walter und Ruth Zellschau. Mit zahlreichen Abbildungen. stw 546. 454 Seiten

Albert Kümmel/Petra Löffler (Hg.). Medientheorie 1888-1933. Texte und Kommentare. stw 1604. 568 Seiten

Karl Ludwig Pfeiffer. Das Mediale und das Imaginäre. Dimensionen kulturanthropologischer Medientheorie. 618 Seiten. Gebunden

Stefan Rieger
- Die Ästhetik des Menschen. Über das Technische in Leben und Kunst. Mit zahlreichen Abbildungen. stw 1600. 512 Seiten
- Die Individualität der Medien. Eine Geschichte der Wissenschaften vom Menschen. stw 1520. 528 Seiten

Herta Wolf (Hg.)
- Paradigma Fotografie. Fotokritik am Ende des fotografischen Zeitalters. Band 1. Mit zahlreichen Abbildungen. stw 1598. 467 Seiten
- Diskurse der Fotografie. Fotokritik am Ende des fotografischen Zeitalters. Band 2. Mit zahlreichen Abbildungen. stw 1599. 492 Seiten

NF 142/3/3.04

30 Jahre suhrkamp taschenbuch wissenschaft
1973–2003
Das Jubiläumsprogrammm

Anläßlich des dreißigjährigen Jubiläums der stw haben wir zwanzig der wichtigsten und erfolgreichsten Bände, die in den letzten drei Jahrzehnten erschienen sind, ausgewählt und in gebundener Ausstattung neu aufgelegt. Ergänzt wird das Jubiläumsprogramm durch zehn neue Bücher »klassischer« und zeitgenössischer Autoren.

Hans Blumenberg. Die Lesbarkeit der Welt. stw 592. 415 Seiten

Pierre Bourdieu. Die feinen Unterschiede. Kritik der gesell-schaftlichen Urteilskraft. Übersetzt von Bernd Schwibs und Achim Russer. stw 658. 878 Seiten

Gilles Deleuze / Félix Guattari. Was ist Philosophie? Übersetzt von Bernd Schwibs und Joseph Vogl. stw 1483. 272 Seiten

Jacques Derrida. Grammatologie. Übersetzt von Hans-Jörg Rheinberger und Hanns Zischler. stw 417. 541 Seiten

Erik H. Erikson. Identität und Lebenszyklus. Drei Aufsätze. Übersetzt von Käte Hügel. stw 16. 224 Seiten

Paul Feyerabend. Wider den Methodenzwang. stw 597. 423 Seiten

Michel Foucault. Die Ordnung der Dinge. Eine Archäologie der Humanwissenschaften. Übersetzt von Ulrich Köppen. stw 96. 470 Seiten

Clifford Geertz. Dichte Beschreibung. Beiträge zum Verstehen kultureller Systeme. Übersetzt von Brigitte Luchesi und Rolf Bindemann. stw 696. 320 Seiten

Erving Goffman. Stigma. Über Techniken der Bewältigung beschädigter Identität. Übersetzt von Frigga Haug. stw 140. 180 Seiten

Jürgen Habermas. Erkenntnis und Interesse. Mit einem neuen Nachwort. stw 1. 420 Seiten

Axel Honneth. Kampf um Anerkennung. Zur moralischen Grammatik sozialer Konflikte. Durch ein Nachwort erweiterte Ausgabe. stw 1129. 341 Seiten

Thomas S. Kuhn. Die Struktur wissenschaftlicher Revolutionen. Übersetzt von Kurt Simon. stw 25. 227 Seiten

Claude Lévi-Strauss. Traurige Tropen. Übersetzt von Eva Moldenhauer. stw 240. 416 Seiten

Niklas Luhmann. Liebe als Passion. Zur Codierung von Intimität. stw 1124. 231 Seiten

John Rawls. Eine Theorie der Gerechtigkeit. Übersetzt von Hermann Vetter. stw 271. 674 Seiten

Richard Rorty. Der Spiegel der Natur: Eine Kritik der Philosophie. Übersetzt von Michael Gebauer. stw 686. 438 Seiten

Wilhelm Schmid. Philosophie der Lebenskunst. Eine Grundlegung. stw 1385. 566 Seiten

John R. Searle. Sprechakte. Ein sprachphilosophischer Essay. Übersetzt von R. und R. Wiggershaus. stw 458. 306 Seiten

Ernst Tugendhat. Vorlesungen über Ethik. stw 1100. 399 Seiten

Joseph Weizenbaum. Die Macht der Computer und die Ohnmacht der Vernunft. Übersetzt von Udo Rennert. stw 274. 369 Seiten

Neuerscheinungen

Theodor W. Adorno. Einleitung in die Soziologie. Herausgegeben von Christoph Gödde. stw 1673

John Dewey. Philosophie und Zivilisation. Übersetzt von Martin Suhr. stw 1674

Rainer Forst. Toleranz im Konflikt. Geschichte, Gehalt und Gegenwart eines umstrittenen Begriffs. stw 1682

Michel Foucault. Schriften zur Literatur. Herausgegeben von Daniel Defert und François Ewald unter Mitarbeit von Jacques Lagrange. Übersetzt von Michael Bischoff, Hans-Dieter Gondek und Hermann Kocyba. Auswahl und Nachwort von Martin Stingelin. stw 1675

Kai-Uwe Hellmann. Soziologie der Marke. stw 1679

Maurice Merleau-Ponty. Das Primat der Wahrnehmung. Übersetzt von Jürgen Schröder. Herausgegeben und mit einem Nachwort von Lambert Wiesing. stw 1676

Stefan Rieger. Kybernetische Anthropologie. Eine Geschichte der Virtualität. Mit zahlreichen Abbildungen. stw 1680

NF 143/3/6.03

Gerhard Roth. Fühlen, Denken, Handeln. Wie das Gehirn unser Verhalten steuert. Neue, vollständig überarbeitete Ausgabe. stw 1678

Ferdinand de Saussure. Wissenschaft der Sprache. Neue Texte aus dem Nachlaß. Herausgegeben und mit einem Nachwort von Ludwig Jäger. Übersetzt und textkritisch bearbeitet von Elisabeth Birk und Mareike Buss. stw 1677

Slavoj Žižek. Die Puppe und der Zwerg. Das Christentum zwischen Perversion und Subversion. Übersetzt von Nikolaus Schneider. stw 1681